우울증을 순간 치유받고 싶은 분의 책

우울증 순간치유

강요셉 지음

예수님이 우울정신영적질병을 순간치유 하신다.

성령

우울증
순간치유

성령

들어가는 말

우울증이 순간치유 된다고 하니까, 믿지 못하겠다고 생각하는 분도 계실 것입니다. 사기라고 생각하는 분들도 계실 것입니다. 아니 우울증이 어떻게 순간치유 된다는 말인가 하고 의아해 하시는 분들도 계실 것입니다. 그러나 필자는 이렇게 부정적으로 생각하시는 분들은 세상의술이나 심리적인 기교로 우울증을 치유 받으려고 했던 분들이라고 생각됩니다. 세상에서 우울증은 불치병이고, 난치병이라, 완치가 불가능한 병으로 인정하고 있습니다.

필자가 순간치유를 주장하는 것은 성령의 역사에 의해서 예수님의 이름으로 치유하는 영적치유를 말하는 것입니다. 필자는 실제적으로 지난 20여 년간 많은 수의 우울증 환자들을 성령의 역사와 예수님의 이름으로 치유하여 왔습니다. 이 책에서 제시되는 비결대로 우울증환자나 우울증을 치유하는 사역자가 우울증을 치유한다면 모두 가능하다고 찬사를 보내실 것입니다.

"자라보고 놀란 가슴 솥뚜껑보고 놀란다"고 무조건 사람들의 풍문을 가지고 불치병이니, 난치병이니, 하고 부정적으로 생각이 굳어있으면 절대로 우울증을 순간치유 할 수가 없을 것입니다. 반대로 예수님이 하시지 못하는 일이 없다, 성령의 역사와 예수님의 이름으로 얼마든지 우울증이 순간치유 된다는 믿음으로 대하면 순간치유를 체험하게 될 것입니다. 세상의술로 우울증은 불치병입니다. 왜냐하면 우울증이나 정신적인 문제나 영적인 문제를 일으키는 근본적인 요소들은 환자의 잠재의식에 형성되어 있습니다. 사람의 잠재의식을 사람의 의술이나 심리적인 방법으로 정화하거나 치유할 방도가 없습니다. 그렇기 때문에 세상에서는 불치병이라고 하는 것입니다.

반드시 성령의 역사에 의하여 잠재의식을 치유하고 정화할 수가 있습니다. 성령의 역사가 영의 깊은 곳에서 일어나 내면세계 즉 잠재의식을 현재의식으로 드러나게 하여 정화하면서 밖으로 배출해야 치유가 되는 것입니다. 예수를 믿고 성령으로 거듭난 크리스천이 우울증은 불치병이라고 단정하는 이유는 필자와 같은 성령의 깊은 역사로 내면을 치유하지 못하는 분들이 하는 말이라고 판단됩니다. 필자가 우울증을 치유하는 방식대로 성령의 역사가 깊은 곳에서 일어나 영의차원이 되어야 잠재의식에 형성된 우울증이나 정신적인 문제나 영적인 문제를 일으키는 근본적인 요소들이 현재의식으로 드러나서 밖으로 배출이 되기 때문입니다.

불치병이다, 순간치유 된 다를 가름하는 근본은 성령의 깊은 역사를 일으킬 수 있느냐 없느냐의 영성이 문제인 것입니다. 부디 우울증과 정신신경 영적질병으로 고통당하는 분들과 치유 사역자들이 이 책을 통하여 좋은 이정표가 되기를 소원합니다.

주후 2017년 09월 10일
충만한 교회 성전에서
저자 강요셉목사

세부적인목차

1부 예수님의 절대적인 소원은 영혼건강

1장 예수님이 원하시는 것은 영혼건강

(시42:5)"내 영혼아 네가 어찌하여 낙심하며 어찌하여 내 속에서 불안해 하는가 너는 하나님께 소망을 두라 그가 나타나 도우심으로 말미암아 내가 여전히 찬송하리로다."

지금 세상을 거대한 정신 병원이라고 하는 분들이 있습니다. 2017년 8월 27일 아무개 교회 목사님이 주일 설교하시면서 하시는 말씀입니다. 우리나라에서 어떤 교회라면 알아주는 대형교회입니다. 자신의 교회에서 1년에 2-3명의 젊은이가 우울증으로 자살을 한다는 것입니다. 지금 성도들 중에도 우울증환자가 많다는 것입니다. 이렇게 설교를 하시더라고 했더니 우리 사모가 우울증 한자가 많다고 말만 하면 어떡한단 말입니까? 치유해주어야지요. 필자가 이렇게 말했습니다. 우울증은 아무목사나 다 치유할 수가 없습니다. 적어도 10년 정도 내면을 치유하는 전문성이 있어야 우울증을 앓는 성도를 돌보며 치유할 수가 있습니다. 필자와 같이 오랜 기간 전문적으로 내면을 치유하는 사역을 한 목회자가 우울증을 앓는 성도를 돌보며 순간치유 할 수가 있습니다.

생각하면 할수록 참으로 안타깝다는 것입니다. 성령께서 감동하시기를 20년 이상 내면세계를 개별적으로 치유하고 있다는 목사가 그 말씀을 듣고 그냥 있을 수 있겠느냐고 감동하셨습니다. 그래서 그동안 우울증을 치유한 실증을 모아서 우울정신영적질병을 앓는 성도들을 도울 수 있도록 글을 씁니다. 이글을 통하여 많은 수의 우울정신영적질병으로 고생하는 분들이 희망과 자유 함을 누리기를 소원합니다.

예수님은 이 땅에 대궐 같은 교회 지으려고 오시지 않았고, 많은 성도들을 모아서 위세를 자랑하게 하기 위해서 오시지 않았습니다. 우울증으로 고생하는 한 사람 한 사람을 치유하여 하나님의 나라와 성전을 만들기 위해서 오셨습니다. 그런데 목회자들이 주님의 뜻을 제대로 수행하지 못하는 것 같아서 참으로 안타깝습니다. 이제라도 성도 한 사람 한 사람을 하늘나라가 되게 하는 사역을 해야 할 것입니다. 우리가 건강이라하면 육신건강이라 말을 하고 육신건강에만 신경을 쓰지만, 사실 정말 중요한 것은 정신건강입니다. 정신이 건강해야 그 사람이 보다 건강한 삶을 살 수 있는 것입니다. 그렇기 때문에 육신의 건강보다 더 많은 관심을 가지고 더 많은 투자를 해야 하는 것이 정신의 건강이라고 말씀드릴 수 있습니다. 우리 사람들에게는 두 가지 감정이 있다고 합니다. 기쁜 감정과 슬픈 감정이라고 합니다.

그런데 기쁜 감정은 우리의 삶에 기쁨을 주고 활기차게 하지만, 슬픈 감정은 우리를 우울하게 만들고 우리의 삶을 망가뜨리는 위력을 가지고 있습니다. 때문에 우리들은 기쁜 감정을 가지도록 애써야 하고, 가능하면 우리 안의 슬픈 감정에 대하여서는 우리가 잡히지 않도록 상당한 노력을 해야 합니다. 그런데 의외로 많은 분들이 슬픈 감정에 잡혀 있어 쉽게 슬퍼하고 쉽게 울기도 하고, 그 슬픔 감정을 이기지 못해서 분노를 느끼며 불안에 떨기도 하고 정상적인 생활을 하지 못하는 분들도 있습니다. 우리나라만 우울정신영적 환자가 많은 것처럼 말하지만, 사실은 미국에도 우울정신영적 환자가 굉장히 많다고 그럽니다. 2015년도 한 해의 통계에 따르면 미국이 한해에 우울정신영적 질병을 위해 쏟아 붓은 돈이 약 50조원이라고 합니다. 이렇게 우울정신영적 질병에 미국이 엄청난 돈을 쏟아 붓고 있다고 합니다.

이렇게 말할 수 있습니다. 물론 사람이 살다보면 기쁜 일도 있고, 슬픈 일도 있습니다. 그런데 기쁜 일은 오랫동안 간직하지 못하면서 이 슬픈 일에 대해서는 너무나 오래 간직하고 기억하고 있다는 것이 문제입니다. 절대로 우울정신영적 질병에 안 걸리는 사람은 '뭐 그럴 수 도 있지' 하는 사람은 절대로 우울정신영적 질병에 안 걸립니다. 근데 왜 하필 내가 그런 일을 당하는가? 하는 사람들은 우울정신영적 질병에 걸릴 확률이 너무나 많습니다. 자신이 우울한 생각을 가질 때 조심하여야 할 것은 단순히 우울한 감정 때문에 내가 우울정신영적 질병에 빠져있고 우울해 하고 있구나. 라고 생각해서는 안 됩니다. 그 우울한 감정을 뒤집고 들어오는 존재가 있다는 것을 아셔야 합니다.

이 우울한 감정을 통해서 우울한 생각을 통해서 나의 삶을 망가뜨리려고 하는 흑암의 존재가 있다는 걸 꼭 기억하시고, 자신의 마음의 짐을 벗어버리도록 노력해야 합니다. 제가 전인 치유를 하면서 의외로 뭔가에 눌려 있는 분들이 있습니다. 몸이 눌린 것이 아니라, 마음이 눌려 움직이지 못하는 사람들 많이 보았습니다. 그런데 의외로 이런 사람들이 교회 안에도 많이 있습니다. 교회 밖에만 우울정신영적 질병에 걸린 사람들이 있는 것이 아니고, 교회 안에도 우울정신영적 질병에 걸려 고생하는 분들이 많이 있습니다. 심지어 직분자들 중에서도 이 우울정신영적 질병에 때문에 고생하고, 여자권사님들 중에도 울화병으로 고통당하면서 지내시는 분들이 많습니다. 예배의 기쁨과 하나님의 축복을 제대로 누리지 못하는 사람들도 많습니다. 우울정신영적질병에서 해방 받는 말씀을 통해서 정신질환에 걸리신 분들이 있다면 치유 받으시기 바랍니다. 우울정신신경영적질병 발생원인을 종합하면 이렇습니다.

첫째, 현대의학에서 말하는 원인. 우울정신영적 질병에 걸리는 이유는 화학적 불균형에 의해서 걸린 다고 했습니다. 이 말을 조금 풀어서 전달하면 우리 뇌에는 정보 전달자가 있습니다. 이 두뇌에 있는 정보 전달자가 정보를 충분히 전달해 주지 못할 때 우울증이 일어나는 것입니다. 그래서 이 신경전달 물질이 충분히 전달되어지면 기분이 좋은데, 이 정보를 전달하는 신경 전달하는 물질이 충분히 전달되어지지 못하면 이 사람의 감정이 낮아져서 우울정신영적 질병에 걸린다고 합니다. 의사들이 우울정신영적 질병을 치유할 때는 약물 투여의 이유는 정보 전달물질이 충분히 전달되어지지 않았으므로 그 뇌에 활발한 운동이 일어날 수 있도록 약물을 투여하는 것입니다.

아드레날린은 호르몬으로 흥분상태, 그러니깐 교감신경이 활성화 된 상태에서 분비가 잘되는데, 특별히 심박수를 늘리고 혈압을 낮추는 작용을 합니다. 이름은 아드레날린 말고도 에피네프린이라고도 합니다. 신체가 긴장했거나 흥분했을 때 분비되는 만큼이나, 잘 활동할 수 있도록 심박수가 늘어나는 것입니다. 그리고 혈당을 높이는 작용도 작지만 한다고 합니다.

그리고 세로토닌과 도파민은 신경 전달물질로서 호르몬은 아닙니다. 호르몬은 내분비계통에 분비되어야 하는 것입니다. 그러니까 혈액을 통해서 온 신체로 가야하는 것입니다. 아드레날린은 혈액으로도 분비됩니다. 신경말단에서도 분비가 됩니다. 그러니까 아드레날린은 신경 전달물질이면서도, 호르몬의 역할도 하지만, 도파민이나 세로토닌은 호르몬의 역할보다는 신경 전달 물질로서의 기능이 강합니다. 둘 다 대뇌에서 신경 전달 물질로 쓰인다고 밖에 더 설명 못하겠습니다. 세로토닌은 수면 주기나 우울증과 관련이 있다고 합니다. 도파민은 정신분열증이나 사랑에 빠졌을 때 그 농도가 정상과는 상당히 달라진다고 합니다.

사람들이 호르몬이 정상적으로 흐르지 않을 때 우울정신영적 질병에 걸립니다. 우울증이 가을에 그리고 주부에게 심한 이유가 여기에 있습니다. 몸에만 감기가 오는 것이 아닙니다. 마음에도 감기가 걸립니다. 다름 아닌 우울증입니다. 특히 계절적으로 가을만 오면 계절성 우울증이 더 심해지기도 한다는 것이 전문가들의 설명입니다. 한 자료에 따르면 가을철에 우울증이 가장 많다고 합니다. 특히 주부 우울증은 더 심각합니다.

한 가정의 안방마님으로서의 막중한 역할과 비중이 매우 큰 주부가 우울증에 걸리면 한 가족에게 끼치는 영향도 막심할 뿐 아니라, 자칫 심할 경우 이혼과 자살 등 극단적인 상황을 초래할 수도 있습니다. 이 때문에 마음의 감기라고 불리는 우울증 증상이 있을 경우 비록 일시적이라 할지라도 자칫 방치해서 더 큰 병으로 키우기 보다는 적절한 시기에 전문적인 치료를 받는 것이 이롭다는 것이 전문가들의 공통된 지적입니다.

　사실 가을만 되면 쓸쓸해지고 우울해 지는 것은 그만한 이유가 있다고 합니다. 이것은 인체의 생체시계와 밀접한 관련성이 있다는 것입니다. 인간의 생체시계는 일조량과 밀접한 관련이 있는데 가을에는 특히 일조량이 적어짐에 따라 멜라토닌이라는 호르몬 양이 늘어나게 된다고 합니다. 멜라토닌은 수면 조절 호르몬으로 기분을 가라앉게 하는 우울증과 관련이 깊습니다. 또 뇌 신경전달물질인 세로토닌과 도파민, 노에피네프린 등의 불균형도 우울증 원인으로 꼽힙니다.

　또 주부가 우울증에 쉽게 걸리는 이유는 여성이 성호르몬의 변화가 심한 까닭입니다. 주부들은 결혼 후 임신과 출산, 폐경기 등을 거치면서 심한 호르몬의 변동을 겪게 되는데 이 가운데 여성호르몬인 에스트로겐의 농도가 떨어지면 우울증에 빠지게 된다는 설명입니다. 갱년기에 즈음해 난포 호르몬이 급격히 감소하는 것도 우울증과 관련이 있기도 합니다.

　더군다나 남성에 비해 여성이 더욱 감성적이어서 쉽게 정신적인 상처를 받을 수 있는데다 육아와 자녀교육, 끝없이 이어지는 집안 일로 주부 스트레스는 이마 저만 큰 것이 아닌 까닭입니다. 또 자신을 내세우기 보다는 누구의 아내, 또는 누구의 엄마로서 살다보면 정체성의 혼란을 겪는데다가 사회적으로 소외되기도 해 주부 우울증은 더 심해질 수 있다는 분석입니다. 한 조사에 따르면 우울증 환자는 전 국민의 5%정도지만, 30~40대가 전체 환자의 40%이며, 그 중 2/3가 여자라는 얘기도 들립니다.

왜 갱년기 우울증에 걸리는가? 호르몬에 이상이 왔기 때문입니다. 그래서 갱년기 우울증도 다 다릅니다. 어떤 분은 조금 빠르게 오시는 분들도 있고, 어떤 분들은 조금 느리게 오시는 분들도 있고. 어떤 분들은 지나 간 줄도 모르고 지나가시는 분들도 있었습니다. 제일 큰 축복은 지나간 줄도 모르고 지나가는 것이 좋습니다. 괜히 또 갱년기 우울증에 걸리셔서 삶을 비관을 하고, 내가 괜히 저 남자를 만나서 내 삶이 이렇게 되었지 하면서 골치 아픕니다. 가능하면 주님 안에서 늘 기뻐하시면서 계시다가 우울증이 있었는지 없었는지도 모르게 지나가는 것이 제일 좋습니다.

우울증에는 두 가지가 있습니다. 하나는 양성 우울증이 있습니다. 또 하나는 양극성 우울증이 있습니다. 양성 우울증은 무엇인가 하면, 한 가지 증세가 계속 되는 것을 양성 우울증이라고 합니다. 다 슬픈 감정만 계속 되는 것 이것이 양성 우울증이라고 하는 것입니다. 그럼 양극성 우울증이란 쉽게 말하면 조울증이란 말을 들어 보셨습니까? 두 가지 증세가 반복되는 것을 말합니다. 조금 전에는 울더니, 1분 후에는 웃는 것입니다. 또 1분 후에는 막 웃더니 또 1분 후에는 우는 것입니다. 어제까지만 해도 너무 기분이 좋아 웃다가 오늘 만나면 기분이 완전히 내려가 있습니다. 이것이 두 가지 증세를 보이는 것이 양극성 우울증인 것입니다. 한 가지가 계속 되는 것을 양성 우울증이라고 합니다.

그리고 사람이 질병으로 인하여 오랫동안 고생을 하면 우울증이 걸린다고 의사들이 말합니다. 그럴 것입니다. 오랫동안 질병으로 고생을 하면 즐거움 많이 없을 수도 있고. 질병으로 인하여 슬프고 또 왜 나만 이렇게 고생을 해야 하는가 하는 생각도 들 수 있을 것입니다. 그러다 보니 우울증이 걸릴 수 있다는 것입니다. 그런가 하면 그 사람의 뇌에 문제가 있었기 때문에 우울증에 걸린다고 말씀하시는 분들도 있습니다. 제가 볼 때는 저희가 참고해야 할 말씀이고 많이 배워야할 말씀입니다.

둘째, 심리학자들과 상담사들이 주장하는 원인. 많은 심리학자들이나 일반 상담을 하시는 분들은 우울정신신경영적 질병에 원인에 대해 조금 더 구체적으로 말을 하고 있습니다. 이 사람이 과거에 어떤 상처가 있었다. 이 치욕스런 상처의 경험을 잊어버리지 못하고 있기 때문에 우울증에 걸린다. 이런 말들을 합니다. 그렇겠지요. 분명히 이 사람이 기분이 나쁠 때에는 기분 나쁜 이유가 있을 것입니다. 우울정신영적 질병에 걸렸을 때에는 우울정신영적 질병에 걸릴 만한 이유가 있었을 것입니다. 전부다 과거의 사건과 관련이 있는 것입니다. 그래서 우울한 사건이 있었다든지… 충격적인 사건이 있었다든지… 또한 치욕스러운 경험이라든지… 이런 것들을 치유하지 못하고 치욕스런 경험으로 가지고 있다가 보니까, 우울정신영적 질병에 걸려 다운이 되는 것입니다. 그런가 하면 이 치욕스러운 상처, 경험으로 인해 이 사람의 사고가 너무 부정적인 그런 사고로 가득하기에 우울정신영적 질병에 걸릴 수밖에 없는 것입니다.

이 사람이 이 상처를 들어내고 누군가에게 이야기를 하면 치유될 수 있는 길도 있을 것인데, 들어내지 않고 자꾸 혼자 마음의 벽을 쌓는 것입니다. 저는 이런 분들을 많이 보았습니다. 뭔가 말을 하면 도와줄 수 있는 길이 있겠고, 말을 하기만 하면 해결될 수 있는 길이 있겠는데, 말을 하지 않는 것입니다. 마음의 벽을 자꾸 쌓는 것입니다. 사람들을 향하여 마음의 벽을 쌓다보니 결국 자신 혼자만이 갇히게 되는 것입니다. 마음의 벽을 자꾸 쌓아 보세요. 자신 앞에 벽을 쌓아 보세요. 자신만 저 멀리를 보지 못하고 다른 사람은 다 보게 됩니다.

우울정신영적 질병에 걸리신 분들이 복음 안에서 치유 받기 원하는 마음을 가지고 목사님이나 내면치유 사역자에게 말을 하면 충분히 치유 될 수 있는데, 말을 너무 안 하는 것입니다. 입을 다물고 마음의 벽을 그대로 쌓고 있다 보니 치유될 수 있는 길이 없어지는 것입니다. 이런 것은 굉장히 위험한 것입니다. 그렇기에 우울정신영적 질병에 걸린 다고 말을 하고 있습니다. 우리들은 이런 것들을 잘 참고해야 하겠습니다. 맞는 말이기에 치유에 참고해야 합니다. 그러나 정신과 의사들이나 심리학자들이 모르고 있는 것이 무엇이냐 하면 영적인 배경을 모르고 있는 것입니다. 다시 말해서 영적인 문제를 모르는 것입니다. 모든 사람에게는 상처가 있을 수 있고, 모든 사람에게는 부정적인 생각이 있을 수 있고, 모든 사람에게는 마음의 벽을 쌓아 둘 수 있는 가능성이 다 있으나, 이런 것들을 통하여 배후에서, 사단이 이 사람을 정복하려하는 엄청난 영적인 존재가 사람을 공격하는 무엇인가가 있다는 것을 의사들이 모르고 있다는 말입니다.

그러니 약물 치유를 하고 심리 치유를 하는 이유는 이 부분에 대해서 모르기 때문에 자기가 아는 분야에서만 치료하는 대책을 세우다 보니 약물 치료를 하고 심리 치료를 하는 것입니다. 그러나 저희들은 이 두 가지를 충분히 참고하여야 합니다. 이 의사들의 말이나 심리학자들의 말을 충분히 참고를 하면서, 우리가 조금 관심을 가지고, 이 사람에 대해서 도와줘야 할 부분이 있다면 영적인 문제에 대해서 영적인 배경에 대해서 자신에게 이러한 생각을 자꾸 넣어주는 존재에 대해서 영적으로 말해 줄 필요가 있다는 것입니다. 그러니 정신과의사나 심리의사들이 하는 사역은 서로 보완하면서 사역하면 참 좋습니다. 너무 한 쪽만을 주장하면 고립될 수 가 있기 때문입니다. 저는 이런 부분을 심리학자들의 말도 조금 참고하는 것도 괜찮다고 봅니다.

셋째, 성령치유 사역자들이 주장하는 원인. 어떠한 형태의 죄이든지 적은 것이 씨앗에 되어 누룩과 같이 우리들의 정신과 마음과 육체를 파괴해 나가는 것입니다. 표면적인 생각이 잠재의식까지 진행되어 신경 세포가 파괴되고 자율 신경이 파괴되어 자신의 생각이나 의지대로 조절이 되지 아니합니다. 말초신경의 자극은 내장기관의 파괴를 가져오고 뿐만 아니라, 인체의 호르몬 기능이 조화를 잃게 됩니다. 이로 인하여 체액과 혈액이 산성화되거나 혼탁해져서 인체의 여러 가지 질병에 대한 면역력이 상실됩니다. 그래서 특별한 부위의 세포가 비정상적인 세포로 파괴되면서 육체의 병으로까지 진행되어 갑니다. 영의 병과 원인이나 결과가 유사합니다. 그러나 외적인 악한 영의 영향이나 침투로 인하여 질병이 발생하는 것이 아니라, 내적인 자신의 성품이나 인격(혼)이 조화를 이루지 못한 마음인 병든 영혼의 죄로 말미암아 일어나는 질병입니다. 주로 특별한 신체적 장애가 없음에도 불구하고 신체적 통증을 동반하는 질병으로 대개 자율신경의 부조화를 통하여 병으로 진행됩니다.

자율 신경은 교감신경과 부교감신경으로 나누는데 좌절, 낙심, 분노, 미워하는 마음, 질투하는 마음, 원망하거나 불평하는 마음, 불안이나 염려나 낙심 등은 교감신경과에 속합니다. 반대로 기쁜 마음, 평안한 마음, 사랑의 마음이나 용서의 마음, 온유한 마음 등은 주로 부교감 신경에 속합니다. 이 자율신경의 균형이 조화가 깨어질 때 각종 장기의 혈관 근육 등에 퍼져 있는 세포에 영향을 주므로 신체에 이상을 일으키게 됩니다. 자율 신경을 자극하는 것이 바로 인간의 감정이나 화나 정신적 혹은 심적 스트레스를 받게 되어 평안함이 깨트려지고 하나님과의 불화가 시작됩니다. 이 스트레스는 하나님의 뜻대로 살지 못하거나 믿음으로 살지 못한 죄의 결과입니다. 그래서 하나님은 우리에게 주 안에서 항상 기뻐하라고 하시는 것입니다(빌4:4-7).

감정적인 충격을 받으면 사고기능은 저하되고 합리적인 판단이 흐려져서 앞뒤를 생각할 겨를이 없이 공격적이 됩니다. 이로 인하여 심령이 상하게 되어 본성인 육성이 드러나게 됩니다. 이러한 화가 분노로 격한 심령으로 확산됩니다. 이러한 화병이 통제되지 못하면 빈발하게 되어 병적이 되고 질병으로 진행됩니다. 충격이나 신경성 원인에 의한 모든 질병은 모두 이 혼에 속한 병인데 영적인 질병과 정신적인 질병과 육체적인 질병의 3가지 형태로 진행됩니다.

화나 분노가 내적으로 스며들거나 발산되지 않은 상태로 속으로 심령이 상하게 됩니다. 정신적인 손상이 계속되어 뇌신경 세포의 파괴가 진행되면 노이로제나 우울증 및 정신병으로 발전하게 됩니다. 그렇지 않고 내장기관의 신경세포가 손상이나 자극이 계속되면 육체적인 질병으로 발전하게 되어 심신 상관병으로 발전하게 됩니다. 심신 상관병이란 육체의 이상 현상으로 발전된 혼(마음)의 병을 의학적으로 심신 상관병이라 말합니다. 양방에서는 신경성질병이라고 말합니다.

우울정신영적질병의 발생은 대략 이렇게 진행이 됩니다. 우울정신영적질병의 발생은 유전적 영향이 큽니다. 이렇게 영적이고 정신적인 문제로 고통을 당하는 분들은 이미 자신의 내면에 잠재하여 있던 요소들이 드러난 것입니다. 이런 유형의 사람들의 가계력을 조사해 보면 조상 중에 무당이 있다든지, 남묘호랭객교를 믿었든지, 천리교를 믿었다든지, 절에 스님이 있다든지, 우상을 지독하게 섬겼다든지, 절에 재물을 많이 시주 했다든지, 부모가 알코올 중독자이거나 영적이고 정신적인 질병으로 고생하다가 돌아간 사람이 있다든지, 등등의 원인이 반드시 있었습니다. 이런 사람들은 태아시절에 귀신이 침입을 하여 자리를 잡고 있기도 합니다. 유아시기에도 침입을 합니다. 그러니까, 영적정신적인 문제 보균자들입니다. 이런 잠재적인 요인이 있는 사람들이 다음과 같은 충격을 받았을 때 현재의식으로 나타나 우울정신영적질병의 형태로 밖으로 나타납니다.

◎ 1차 충격 환경의 위기: 사업이나 직장 가정 및 인간관계의 파탄이나 다른 사람으로부터 영향이나 자극이나 충격을 받게 됩니다. 학생들은 학교에서 친구들로부터 의심이나 왕따 등을 당함으로 충격을 받게 됩니다.

◎ 2차 충격 자아의 위기: 이를 자신의 인격이나 믿음으로 소화하지 못하면 내적인 갈등이나 불안, 염려, 의심, 초조, 미움, 원망, 불평 등이 발동하며 육성이 발동 됩니다.

◎ 3차 충격 영적 위기: 갈등이나 불안이나 미움이나 원망이 심화되어 말로 불평을 나타내거나 행동으로 표현하게 되고, 심령이 메말라오며 보복하려는 심령이 되거나 기도가 막히거나 여러 가지 육체의 일로 외적으로 나타납니다. 다른 사람의 말을 들으려고 하지 않고 무조건 혈기를 내고 짜증이 많아집니다.

◎ 4차 충격 신체적 위기: 정신적 혹은 육체적 이상 현상들이 외적으로 나타나기 시작하여 분명한 질병의 형태로 나타납니다. 정신이상 우울증 불면증으로 나타납니다. 장기의 질병으로 나타납니다.

◎ 5차 충격 파멸의 위기: 질병이 악화되어 영혼의 파멸을 가져오거나 나아가서는 육신의 사망으로 연결되기도 합니다. 혹은 신경적으로 파멸이 오면 돌이키기 어려운 정신적인 이상을 가져오거나 영적으로 악화되면 악한 영의 침입으로 파멸의 위기를 맞게 됩니다.

이에 대한 치유 사역은 혼(마음)의 내적치유사역의 방법과 함께 육체의 질병에 준하는 치유 사역을 겸하면 효과적입니다. 우울증이나 또한 정신병과 같은 경우라도 육체적 손상으로 인한 정신병이나 약물중독에 의한 육체의 병에 준하여 치유해야 합니다.

우울증이나 정신적인 문제나 영적인 문제로 고통당하는 분들의 가계력을 살펴보니 모두 어른 들 중에 이와 비슷한 질병으로 고통을 당했던 분들의 후손들이었습니다. 모두 가계에 흐르는 영들의 전이에 의하여 발생한다고 보아야 정확하고 순간치유가 가능합니다. 우울정신질병의 영향에 의한 성격이상은 혼적인 병이 상당히 진행된 상태입니다. 병든 마음이 여러 가지 영의 질병으로 나타나거나 영적으로 파멸되어 가는 영적 현상이요, 이상 인격이며 병든 영혼입니다. 건전한 마음과 건전한 인격은 단순한 마음에서 나오며 어린아이와 같은 순전한 마음에서 나오게 됩니다. 그러나 교만한 마음이나 복잡하고 혼란한 마음이나 정신 상태는 비정상인 인격 현상을 일으킵니다. 성격이상이나 괴팍한 성격 등이나 지나친 의심, 지나친 이기주의, 지나친 고집, 지나친 질투, 지나치게 자주 발하는 혈기, 지나친 결벽성, 지나치게 말이 많거나, 지나치게 말이 적거나, 지나치게 불결함, 지나치게 게으르거나, 지나치게 인색하거나 등은 병적이랄 수 있는 상태이며, 이는 혼(마음)의 병이 상당히 진행된 상태입니다.

이러한 혼의 질병들은 하나님의 축복의 선물이요, 성령의 열매인 평안을 잃어버린 너무나 복잡한 인간의 육신적인 마음에서 나오게 됩니다. 믿음으로 살지 않고 영으로 살지 않는 육신적인 생활 태도는 신경력의 지나친 소모를 가져오거나 혼적인 병의 열매로 나타납니다. 영적으로는 육체의 일로 나타나며, 육신적으로는 사망의 삯인 육신의 질병으로 나타나며, 혼적으로는 영혼의 질병으로 나타나는 성격(인격)이상으로 발전하거나 좀 더 심해지면 정신이상으로까지 발전되기도 합니다.

선천적인 유전적 요인도 있지만 후천적인 환경과 교육이나 신앙과의 영향을 받는 것이 바로 영혼의 질병이요, 인격(성격)이상입니다. 과학자나 의사나 불신자는 혼의 병을 윤리 도덕이나 심리적이나 의학적 혹은 과학적으로만 고치려고 합니다. 이 성격이상은 고착되어 굳어 있고 자신의 존재 자체로 되어 있기 때문에 인간의 어떠한 가르침이나 수양(修養)으로는 근본적인 치료는 불가능합니다. 영혼의 질병은 단순한 혼의 기능 이상만이 아니라, 영의 기능 이상과 문제이기 때문입니다. 영의 변화는 오직 예수의 생명 즉 하나님의 성령만이 변화 시킬 수 있습니다. 영의 변화는 영의 깨달음이 있어야 하는데 이 영의 깨달음은 하나님의 은혜요 성령의 선물입니다. 말씀과 더불어 성령이 역사하는 기름부음이 있어야 하며 성령의 나타남이 있어야 합니다.

이러한 성령의 기름부음과 나타남은 영적 지각 기능이 살아나서 지각되는 영적 감각이 있는 사람이라야 합니다. 성령의 역사에 민감하게 반응할 수 있는 사람이라야 하는데, 하나님의 성령은 예수의 피로 씻어진 심령(거듭난 심령)이 아니고는 역사하지 않기 때문에 현재의 의학으로는 거의 불가능합니다. 우울정신영적 질병은 심리학적이나 교육적으로는 어느 정도 호전될 수 있지만 근본적으로는 고쳐지지 않는 것입니다. 믿음의 사람들도 성령의 도우심을 받지 않고서는 불가능하다는 사실을 인지하고 성령의 사역에 민감하게 반응하는 영성이 필요한 것입니다. 예수를 십년을 믿어도 변화되지 않는 것은 이러한 이유에서입니다. 또한 성령의 은사자라고 자랑하는 사람이나 기도를 하루에 몇 시간씩 하는 영적이라는 사람들도 인격이 변화되지 않는 것은 이러한 영적 원리를 적용하지 않고 살기 때문입니다.

이러한 영적 원리를 적용하고 사는 삶의 태도가 하나님의 영으로 인도함을 받는 삶입니다. 성령은 ① 성령의 임재가운데 전하는 말씀 속에 있으며, ② 성도들의 마음 안에 있으며, ③ 성령 충만한 성도들 가운데 역사하고 있습니다. 그래서 마음을 열고 영으로 기도를 해야 성령이 충만한 것입니다. 그래야 영의 사람으로 성령으로 인도를 받을 수 있는 것입니다. 이러한 영적 원리를 잘 활용하여 영혼을 인도하는 사역자가 눈을 뜬 인도자입니다. 이러한 영적 원리를 적용하고 사는 것이 신앙생활입니다. 소경이 소경을 인도하면 다 같이 멸망할 뿐입니다. 그러므로 성령사역을 잘 이해하고 성령의 나타나는 영적 현상과 그 원인을 이해함이 영적 눈을 뜨는데 지름길입니다.

2장 영혼육의 건강을 원하시는 예수님

(살전 5:23)"평강의 하나님이 친히 너희를 온전히 거룩
하게 하시고 또 너희의 온 영과 혼과 몸이 우리 주 예수 그
리스도께서 강림하실 때에 흠 없게 보전되기를 원하노라"

우울증 정신질병 영적인 질병이 발생하게 하는 원인은 잠재의
식에 독소가 쌓여있기 때문입니다. 평소에 예방 신앙을 통하여 잠
재의식에 영적이고 심리적인 독소가 쌓이지 않게 하는 것은 물론
이고, 쌓여있는 독소를 정화하고 배출해야 합니다. 잠재의식의 영
적이고 심리적인 독소는 진리의 말씀과 성령의 역사로만 해결할
수가 있습니다. 그렇기 위해서는 진리와 성령이 충만한 믿음생활
을 해야 합니다. 성령충만한 믿음생활을 하기 위해서는 건물교회
가 중요합니다. 건물교회에서 성령으로 충만하게 유지할 수가 있
어야 하기 때문입니다. 또한 담임목회자가 중요합니다. 필자가 그
동안 우울증 정신질병 영적인 질병을 치유하면서 체험한 바로는
담임목회자가 적어도 10년 이상 우울증 정신질병 영적인 질병을
치유한 전문인이라야 우울증 정신질병 영적인 질병을 순간치유
할 수가 있습니다. 전문성이 요구되는 사역이기 때문입니다.

그러나 담임목회자가 하는 말이 "열심히 철야하며 기도하면 우
울증이 치유된다. 열심히 신앙생활하면 우울증에서 해방된다. 열
심히 전도하면 우울증이 치유된다." 이러한 관념적인 방법으로는
우울증을 순간치유 할 수가 없습니다. 분명하게 말씀드리면 성령

의 역사로 잠재의식을 정화하고 영적이고 심리적인 상처를 현재의식으로 끌고 나와서 밖으로 배출해야 우울증이 순간치유 됩니다. 순간치유를 받고도 믿음생활을 바르게 해야 합니다. 치유 받을 당시와 같은 성령충만한 믿음생활을 해야 합니다. 그렇지 못하면 얼마가지 않아서 재발할 확률이 높습니다. 성령으로 충만함을 유지하려면 혼자로서는 불가능합니다. 잘 생각하여 보세요. 개인이 혼자 성령충만을 유지하며 신앙 생활한다는 것은 무리가 있지 않습니까? 건물교회가 성령으로 충만한 곳이어야 합니다. 담임목사님이 성령으로 충만한 분이어야 할 것입니다.

하나님은 영육의 무기력이나 탈진을 통하여 영적인 기초 작업을 든든하게 하십니다. 하나님은 전인격이 성령의 지배를 받으면서 살아가기를 소원하십니다. 성령께서 전인격을 지배하면 영적인 무기력이나 "번아웃: Burn out"(탈진)하고 상관이 없기 때문입니다. 크리스천들이 무기력해지고 탈진에 빠지는 근본적인 원인은 실제적이고 체험적인 신앙이 되지 못하고 관념적인 신앙생활을 하기 때문입니다. 처음 예수를 믿고 교회에 출석하면서부터 하나님을 만나는 체험적인 신앙이 되면 영적인 기초가 든든하여 웬만한 세파에도 흔들리지 않기 때문입니다. 실제적인 신앙으로 영-혼-육의 균형을 유지하면서 환경을 장악하면서 살아갈 수가 있습니다. 자신 안에서 올라오는 성령의 권능으로 살아가기 때문입니다. 영적인 무기력과 탈진에 빠지는 것은 내면세계가 부실하기 때문입니다. 내면세계를 강하게 하는 것은 생명의 말씀과 성령으로 충만해지는 것입니다. 내면을 강하게 하는 다른 방법이 없습니다. 오로지 생명의 말씀과 성령으로 충만 받는 것입니다. 성령 충만은 성령으로 기도하는 것입니다. 크리스천이 영적인 기초를 든든하게 하기 위하여 이렇게 하시기를 바랍니다.

첫째, 성령으로 세례를 받아야 한다. 성도들은 물세례 받는 것으로 만족하면 안 됩니다. 반드시 성령으로 세례를 받아야 합니다. 그래야 잠재의식이 정리되기 때문에 우울정신영적인 문제와 무기력이나 탈진을 예방할 수가 있습니다. 교회는 성도들을 성령으로 세례를 받게 하는 곳입니다. 성령세례는 성령세례 받은 사람(담임목사)을 통하여 전이 됩니다. 필자는 성령세례에는 관념적인 성령세례와 체험적이고 실제적인 성령세례가 있다고 생각합니다. 예수를 믿을 때에 성령님께서 믿게 하셨기 때문에 믿을 때 성령세례를 받았다고 하는 것은 관념적인 성령세례입니다. 우리는 체험적이고 실제적인 성령세례를 받아야 합니다. 예수님을 믿을 때 우리 안에 오신 성령께서 전인격을 장악하시는 것을 실제적 체험적인 성령세례라고 하는 것입니다. 성령세례를 받은 사람은 자기가 성령세례를 받았다는 것을 압니다. 다른 사람도 자신이 성령으로 세례를 받는 것을 볼 수가 있습니다. 성령세례는 우리가 의식할 수 있는 의식적 체험입니다.

오순절 성령강림이 있을 때 성령이 제자들 각 사람 위에 임하였습니다. 그리고 제자들은 나가서 복음을 증언하기 시작했습니다. 제자들에게 '여러분들은 언제 성령세례를 받았습니까?' 라고 물으면 '오순절입니다' 라고 분명히 대답할 것입니다. 사도바울이 갈라디아교회에 편지를 씁니다. "너희가 성령을 받은 것이 율법의 행위로냐 혹은 듣고 믿음으로냐?"(갈 3:2). 사도 바울이 이 질문을 하는 것은 갈라디아교회가 성령 받은 것을 알고 있었다는 것입니다.

성경은 성령 받은 것에 대해서 많은 기록을 남기고 있습니다. 빌립이 전도했던 사마리아교회, 고넬료의 가정, 에베소교회 등 성령 받은 교회나 가정들은 성령을 받은 것을 정확히 알고 있습니다. 성령세례는 우리가 알 수 있는 분명한 체험입니다. "당신은 성령을 받았습니까?"라는 질문에 대해서 딱 부러지게 "예" "아니오"로 대답할 수 있는 체험입니다. 아울러 성령세례는 하나님과 그리스도에 대한 감사와 사랑을 불러일으킵니다.

성령세례는 예수를 믿을 때 영 안에 임재하신 성령께서 순간 전인격을 장악하는 것입니다. 성령으로 세례를 받을 때 하나님의 영광과 그분의 존재의 실상을 전인격이 자각하는 것을 의미합니다. 살아계신 성령의 역사를 몸으로 느끼고 눈으로 볼 수 있는 현상이 일어나는 것입니다. 물론 다른 사람도 자신이 성령으로 세례를 받는 것을 눈으로 볼 수가 있는 것입니다. 그래서 성령세례 받은 사람들은 이렇게 말합니다. "(벧전 1:8)예수를 너희가 보지 못하였으나 사랑하는 도다. 이제도 보지 못하나 믿고 말할 수 없는 영광스러운 즐거움으로 기뻐하니" 교회는 성도들이 성령으로 세례 받아 권능 있는 삶을 살게 하는 곳입니다. 성령으로 세례를 받아야 성도가 진정한 하늘의 사람으로 변화되기 시작합니다. 성령세례는 참으로 중요한 체험입니다.

둘째, 기도를 바르게 해야 한다. 일부 크리스천들이 기도를 대수롭지 않게 여깁니다. 자신은 기도하고 있다고 생각하기 때문입니다. 그러나 기도는 바르게 해야 합니다. 기도가 바르지 못하니 내면이 정화되지 않는 것입니다. 기도는 영혼의 호흡이요, 하나님과의 대화라 합니다. 이것은 가장 깊숙한 곳에 거하는 영의 흐름이 외부적으로 흘러나오는 것입니다. 영력이 흘러나오고 영적 생명이 흘러나옴으로 영에 몰입됨으로 인하여 성령 안에서 기도할 수 있게 되는 것입니다. 영력은 우리 몸의 지성소인 영속에 임재하여 계시는 하나님의 능력입니다. 우리가 지성소에 계시는 하나님을 만나기 위해서는 성령의 인도를 받는 깊은 영의 기도가 되어야합니다. 이 기도를 통하여 하나님으로부터 주어지는 각종 은혜와 능력과 응답을 받게 됩니다. 이러한 기도를 통하여 하나님으로부터 주어지는 생명이 우리의 심령을 거룩하게 만들어가고, 영적인 생명과 능력을 키워 나가는 것입니다. 열매가 맺어지고 영적인 지각이 예민해지고 영성이 개발되어집니다.

그러므로 성령 안에서 기도하는 훈련이 필요합니다. 우리의 간구는 마음의 소원이나 원하는 바를 구함으로 성령 안에서 기도하기가 심히 어렵습니다. 그러나 영으로 기도하고 마음으로 기도하면 성령 안에서 기도하기가 쉬워집니다. 성령에 몰입되어 아무런 자신의 생각이나 욕심도 없이 오로지 하나님으로부터 주어지는 것을 받게 되는 기회가 되기 때문에 영으로부터 주어지는 각종 은혜와 능력과 은사가 넘치게 됩니다.

영적인 기능과 지각이 발달됨으로 성령의 인도함을 따르는 성도가 됩니다. 성령 안에서 기도하기 위하여 성전 뜰에서 먼저 육신의 생각으로 기도하지만, 시간이 흐르고 마음이 안정이 되고, 생각이 주님의 사랑과 말씀을 묵상하면서 진지하고 순전한 마음으로 하나님의 성소에서 깊어지는 영의기도를 하게 됩니다.

그리고, 영으로 사는 삶을 통하여 성령의 인도를 받아야 합니다. 하나님은 데살로니가 전서 5장 17-18절에서 "항상 기뻐하라. 쉬지 말고 기도하라. 범사에 감사하라 이는 그리스도 예수 안에서 너희를 향하신 하나님의 뜻이니라." 고 말씀하십니다. 항상 영의 상태가 되게 하라는 것입니다. 영의 상태가 되어야 영이신 하나님과 동행하며, 교통하기 때문입니다. 기도에 대하여는 "기도 쉽게 바르게 하는 방법"과 "응답받는 기도 습관 20가지"을 참고하시기를 바랍니다.

셋째, 예배에 빠짐없이 참석해야 한다. 크리스천에게 예배는 참으로 중요합니다. 예배를 어떻게 드려야 하는지를 밝히 알고 행해야 합니다. 예수를 믿고 교회에 나가는 크리스천이 영혼의 만족을 누리지 못하고 영육에 변화가 없다면 건물교회에도 문제가 있고, 자신의 성전에도 문제가 있는 것입니다. 빠른 시간 내에 원인을 찾아 해결해야 할 것입니다. 건물교회는 하나님께 영과 진리로 예배드리면서 자신의 몸과 마음에 있는 성전이 잘되기 위해서 나가는 것입니다. 자신의 몸과 마음에 있는 성전이 잘되어 영혼의 만족을 누릴 수 있는 교회를 찾아야 할 것입니다. 자신의 영혼이 잘되게 하는 건물교회를 찾는 것은 정말로 중요한 일입니다.

하나님은 이렇게 말씀을 하십니다. "아버지께 참되게 예배하는 자들은 영과 진리로 예배할 때가 오나니 곧 이 때라 아버지께서는 자기에게 이렇게 예배하는 자들을 찾으시느니라. 하나님은 영이시니 예배하는 자가 영과 진리로 예배할지니라"(요 4:23-24). 온 몸과 마음이 하나님만을 주목하는 예배, 하나님께 참되게 예배하는 것은 무엇을 의미합니까? 어떻게 드리는 예배를 가리켜 아버지께 참되게 예배하는 것입니까?

하나님께 참되게 예배하는 자는 영으로 예배합니다. 영으로 드리는 예배가 무엇입니까? 우리가 이를 바르게 알기 위해서는 먼저 성경말씀을 바르게 알아야 합니다. 원래 헬라어 성경을 보면 24절에서 "하나님은 영이시니… 영으로 예배하라." 하는 구절의 '영'을 가리켜 '성령'(pneuma)으로 표기했습니다. 복잡하게 설명하지 않겠습니다. "하나님은 영이시니." 즉 하나님은 성령 하나님이십니다. 그러므로 "영으로 예배할지니라." 즉 성령 하나님으로 예배하라는 말씀입니다. 더 쉽게 설명을 드리면 '성령의 인도함 가운데, 성령님 안에서 예배하라.'는 것입니다.

하나님은 자신 안에 계십니다. 하나님은 고린도전서 3장 16절에서 "너희는 너희가 하나님의 성전인 것과 하나님의 성령이 너희 안에 계시는 것을 알지 못하느냐" 하나님은 영이시기 때문에 보이는 성전(건물교회)에 거하시는 것이 아니고, 성도의 마음과 몸의 성전에 임재 하여 계십니다. 영이신 하나님은 특정한 장소(건물교회)에 거하기 않으시고, 예수를 주인으로 영접한 사람의 심령에 좌정하고 계신다는 말입니다. 그래서 자신 안에 임재 하여 계신 하나님과 교통해야 합니다. 그래야 하나님과 항상 동행할 수 있습니다.

그렇다고 보이는 성전(교회)이 필요가 없다는 것이 아닙니다. 자신 안에 있는 성전을 깨끗하게 하려면 건물교회에 나와서 생명의 말씀을 들어야 합니다. 성령의 역사가 심령에서 일어나게 해야 합니다. 이렇게 자신의 심령이 생명의 말씀을 듣고 깨어나게 하려면 건물교회에 가서 예배를 드리면서 목사님으로부터 진리의 말씀을 들어야 합니다. 성령으로 기도하여 성령 충만을 받아야 합니다. 이렇게 자신의 영을 깨우고 성령으로 충만 받으려면 자신의 능력으로는 한계가 있습니다. 한계를 극복하기 위하여 건물교회가 있는 것입니다. 성도 간에 친교를 하고 모여서 말씀을 배우고 영성훈련을 하기 위하여 건물교회가 필요한 것입니다. 깊은 영성을 유지하고 영적으로 자라야 하나님과 동행하며 친밀하게 지낼 수가 있습니다. 자신이 영적으로 자라는 만큼씩 하나님의 복이 따르는 것입니다.

자신의 믿음이 자라게 하기 위하여 보이는 건물교회가 필요한 것입니다. 건물교회에서 깊이 있는 생명의 말씀을 듣고, 성령으로 기도하며 성령 충만 받아 세상에서 살아가면서 자신 안에 계신 하나님과 끊임없이 교통하며 친밀하게 지내야 합니다. 그렇기 때문에 건물교회와 성도의 몸과 마음의 성전 모두가 잘되어야 하는 것입니다. 건물교회에 가서 목회자로부터 체험적인 진리의 말씀을 듣고 성령으로 기도하여 자신의 믿음이 자라기 위하여 보이는 교회가 잘 되어야 합니다. 그런데 하나님을 섬기기 위하여 신앙생활을 하는 신자들은 하나님을 섬기기 위하여 보이는 교회만을 생각하고, 보이는 교회 중심으로 믿음 생활을 하게 됩니다. 보이는 건물교회중심으로 믿음 생활을 하다가 보면 자신에게 중요한 자신의 몸과 마음의 성전에 관심을 갖지를 못합니다. 자연스럽게 중요한 자신의 몸과 마음의 성전관리에 등한하게 됩니다. 이런 이유로 인하여 예수를 십년을 믿어도 믿음이 자라지 않고, 전인격이 변하지 않는 것입니다. 성도는 심령이 거하신 성령님이 자신을 완전하게 장악할 때에 예수님의 인격으로 변화되는 것입니다. 그런데 보이는 성전에만 관심을 가지고 자신의 몸과 마음의 성전에 관심을 등한히 합니다. 자연스럽게 자신 안에 성령하나님과 관계가 막혀서 예수를 믿어도 오만가지 문제로 고통을 당하면서 세상을 살아가는 것입니다.

넷째, 말씀 안에서 살아야 한다. 우리가 성경말씀을 배우는 목적이 무엇일까요? 머리에 저장하여 자랑하려고 하는 것은 아닐 것입니다. 성경말씀을 배우는 목적은 하나님의 뜻을 깨달아서 삶에 적용하여 풍성한 열매를 맺게 하기 위함입니다. 그러나 성경지식이 해박한 사람들도 하나님의 뜻을 삶에 적용하며 살아가는 이들은 보는 게 어렵습니다. 그 이유는 성경지식을 그냥 머리에 저장하는 데 그치기 때문입니다. 성경지식을 적지 않게 알고 있지만, 정작 삶에서 어떻게 적용할지 모릅니다.

건물교회에서는 적용하는 것 같은데 세상에 나가서는 다른 방식으로 살아갑니다. 예를 들어, 학교나 직업, 직장의 선택, 사업이나 투자에 대한 성경의 원칙, 성경적인 배우자의 선택, 자녀교육, 자녀의 인생이나 학업진로의 조언, 친구의 사귐, 돈의 사용 등 삶에 적용하는 하나님의 뜻에 대해 무지합니다. 그래서 일상의 삶에서 다양한 선택을 하고 결정을 할 때, 하나님의 뜻이 아니라, 세상풍조나 세상의 지혜에 따라 결정하며 살아갑니다. 말하자면 성경지식은 적지 않은 데, 하나님의 뜻에 무지한 채 살아가고 있는 현상입니다. 그래서 삶에서 아무런 열매가 없는 이들이 허다합니다. 사업과 투자와 직장에서 형통하지 못하고, 자녀들도 세속적인 사람들이 되고, 가정생활이나 가족관계도 평안하지 못하고 기쁨이 없습니다. 성경은 많이 배우고 알아서 비밀이 열리는 것이 아니라, 말씀을 삶에 적용함으로 깨달음을 통해서 비밀이 열리는 것입니다. 하나님의 뜻을 깨달아서 삶에 적용하려면 성령이 주시는 지혜가 있어야 가능합니다. 말하자면 성경을 읽거나 배울 때, 성령이 내주하는 기도의 습관을 들여서 성령께서 지혜를 주셔야 합니다. 성령이 주시는 지혜가 없다면 아무런 열매도 없으며 형통한 삶도 내 것이 아닙니다.

지혜가 있다는 것은 하는 일에 풍성한 열매가 있어 사람들이 칭찬해야 증명이 되는 것입니다. 또한 예수님도 종을 선택하는 조건으로 충성과 지혜를 들고 있습니다. 충성이란 하나님의 뜻에 순종하는 믿음직스러운 성품을 말하며, 지혜란 성령이 주시는 분별력, 통찰력, 이해력, 리더십 등으로 하는 일마다 풍성한 열매를 맺어야 합니다.

그러므로 성경말씀을 삶에 적용하려면 성령이 주시는 지혜가 있어야 하고, 지혜가 탁월한 성경교사로부터 삶에 적용하는 하나님의 원칙을 배워야 할 것입니다. 교회에서 하나님의 원칙을 알려주지 않으니 교회를 오래 다녔지만 삶에 힘이 없고 하는 일마다 형통한 열매가 없는 이유입니다. 삶에 적용하지 못하는 성경지식은 아무짝에도 쓸모없는 쓰레기일 뿐입니다. 성경말씀이 곧 하나님이라는 말을 곱씹어 보시기를 바랍니다. 하나님은 전지전능한 능력으로 자신의 존재감을 드러내시는 분이십니다. 그러므로 자신의 머리에 성경지식을 많이 쌓아두고 있지만, 삶에서 살아계신 하나님을 증명하지 못하는 이유를 찬찬히 생각해보기 바랍니다.

다섯째, 혈통을 정리해야 한다. 우울정신영적질병은 혈통으로 대물림되는 경우가 많습니다. 그렇기 때문에 혈통에 역사하는 악령을 정리해야 우울정신영적질병으로부터 자유로울 수가 있습니다. 영의 세계는 육적인 눈으로 볼 수가 없고, 영의 눈으로만 볼 수 있는 세계입니다. 보이지는 않지만 빼앗고 빼앗기는 실제적인 역사가 일어나는 세계입니다. 물론 혈통의 문제가 아무런 문제를 일으키지 않는다면 들추어내서 해결하려고 할 필요가 없습니다. 무엇 때문에 아무런 문제를 일으키지 않는데 잠재의식을 터치하면서 해결하려고 하겠습니까? 그런데 분명하게 문제를 일으키고 영적인 성장을 하지 못하도록 방해하기 때문에 성령으로 형통을 정리하는 사역을 하는 것입니다.

우리가 마땅히 '세대적 악령'에게 관심을 가져야 하는 이유는 그 악령으로 인해서 사람들이 당하는 고통이 너무도 크기 때문입니다. 부모가 모두 우울증이거나 정신분열병이면 자녀가 우울증이나 정신분열병에 걸릴 가능성은 39.2%이고, 형제들 인 경우 14.2%, 사촌인 경우 3.9%, 손자 손녀인 경우 4.3%로서 대상자와의 혈연관계가 가까울수록 발병 가능성이 높아진다고 합니다. 필자의 체험으로는 정상적인 가정에서 우울증이나 정신적인 문제나 영적인 문제가 발생하는 것은 5%내외라고 생각됩니다. 모두 가계에 흐르는 영들의 이동에 의하여 발생한다고 보아야 정확하고 순간치유가 가능합니다.

영적이고 우울증 정신적인 문제로 고통을 당하는 분들은 이미 자신의 내면에 잠재하여 있던 요소들이 드러난 것입니다. 이런 유형의 사람들의 가계력을 조사해 보면 조상 중에 무당이 있다든지, 남묘호랭객교를 믿었든지, 천리교를 믿었다든지, 절에 스님이 있다든지, 우상을 지독하게 섬겼다든지, 절에 재물을 많이 시주 했다든지, 부모가 알코올 중독자이거나 영적이고 정신적인 질병으로 고생하다가 돌아간 사람이 있다든지, 등등의 원인이 반드시 있었습니다. 이런 사람들은 태아시절에 귀신이 침입을 하여 자리 잡고 있기도 합니다. 유아시기에도 학대나 심한 놀람을 통하여 침입을 합니다. 그러니까, 영적정신적인 문제 보균자들입니다. 혈통을 성령으로 정리해야 자유 함을 누릴 수가 있습니다.

여섯째, 성령의 지배와 인도를 받아야 한다. 하나님은 모든 성도들이 성령의 지배를 받기를 소원하십니다. 영적인 무기력과 탈진을 예방하려면 영혼에 만족을 누려야 합니다. 영혼의 만족은 성령의 지배를 받아야 가능합니다. 왜 예수를 믿으면서 영혼의 만족을 누리지 못하는가? 자신의 전인격이 성령의 지배를 받지 못하기 때문입니다. 한마디로 세상 것이 섞여있기 때문입니다. 세상 것이 섞여서 방해함으로 영혼의 만족을 누릴 수가 없는 것입니다. 이것은 아주 심각하게 받아드려야 합니다. 그래야 성령의 역사에 관심을 가져서 성령의 지배를 받는 성도가 될 수 있기 때문입니다. 전인격이 성령의 지배를 받지 않고는 영혼이 만족을 누릴 수가 없기 때문입니다. 우리 예수 믿는 사람들의, 삶의 특징이 있다면, 그것이 무엇이라고 생각하십니까? 입으로만 예수를 믿는다고 시인하는 그런 보통의 신앙의 삶이 아니라, 예수를 믿고 난 다음에 변화된 삶을 살아가는 성도들의 특징을 말하는 것입니다. 이러한 성도들의 삶의 특징이 무엇이겠습니까? 그것은, "영-혼-육 전인격이 성령의 지배를 받는 삶"이라, 그렇게 말 할 수 있습니다.

그러면, 성령의 지배를 받는 삶이란, 또 무엇을 말하는 것입니까? 전인격이 성령께 사로잡혀 사는 것을 말하는 것입니다. 성령을 주인으로 모시고 세상을 살아가는 것입니다. 매사를 성령님과 의논하고 성령의 뜻을 따라 사는 것을 성령의 지배를 받는 삶이라고 말할 수 있습니다. 성령의 인도함을 받아, 성령의 능력에 의해서 살아가는 삶을 말하는 것인 줄로 믿습니다. 성령님이 나를 지배하고 다스리는 삶, 이전에 우리의 삶이, 육체의 본능이 지배하는 삶이었고, 죄가 지배하는 삶이었다면, 이제 예수를 믿고, 변화를 받고 난 다음에 나타나는 삶은, 성령에 의해서 지배를 받는 삶이 되어야 합니다.

성령님의 인도를 받아야 합니다. 성령님은 우리를 가르치면서 함께 하십니다. 아무리 함께 하셔도 지식이 없는 동행은 의미가 없습니다. 서로를 알고, 서로의 필요를 알고, 그 가르침이 따르는 것은 말할 수 없는 도움인 것입니다. 성령의 역사와 도움이 없이는 우울증의 순간치유를 할 수가 없습니다.

3장 모세의 탈진우울극복과 영혼건강

(민 11:14-18) "책임이 심히 중하여 나 혼자는 이 모든 백성을 감당할 수 없나이다. 주께서 내게 이같이 행하실 진대 구하옵나니 내게 은혜를 베푸사 즉시 나를 죽여 내가 고난당함을 내가 보지 않게 하옵소서, 여호와께서 모세에게 이르시되 이스라엘 노인 중에 네가 알기로 백성의 장로와 지도자가 될 만 한 자 칠십 명을 모아 내게 데리고 와 회막에 이르러 거기서 너와 함께 서게 하라. 내가 강림하여 거기서 너와 말하고 네게 임한 영을 그들에게도 임하게 하리니 그들이 너와 함께 백성의 짐을 담당하고 너 혼자 담당하지 아니하리라"

하나님은 영이십니다. 영이시면서 하나님은 살아계십니다. 하나님은 탈진을 통하여 자신의 나약함을 보게 하시고, 하나님의 은혜로 일어서게 하십니다. 우울증이나 탈진에 빠지는 것은 나쁜 것만은 아닙니다. 누구나 우울증이나 탈진에 빠질 수가 있다는 것입니다. 하나님은 탈진을 극복하여 한 차원 높은 카리스마적 권능을 나타내어 사용하는 크리스천이 되게 하십니다. 목회자나 성도들이나 할 것 없이 탈진을 극복하는 비결을 터득해야 합니다. 자기가 자기를 관리하는 방법을 스스로 터득해야 합니다. 목회자를 탈진에 빠지지 않도록 조언해줄 사람은 교회 내에 아무도 없습니다. 오로지 성령님만이 탈진에 빠지지 않도록 경각심을 갖게 하십니다. 그러므로 본인 스스로 성령님의 인도를 받으면서 자기를 관리하는 자기만의 비결을 터득해야 합니다.

목회자는 자신을 관리해 줄(신경써줄) 사람이 없는 것이 특징입니다. 오로지 동행하시는 성령님뿐입니다. 반대로 성도들의 고민을 들어주기 위해 전화기는 24시간 대기조입니다. 문제는 목회자들이 성도들을 관리하고 목회사역에 전념하다보면 언젠가 탈진 현상이 찾아오는 것입니다. 탈진이란 문자 그대로 힘과 기운이 완전히 빠져 정서, 신체, 사회생활 전반에 걸쳐 피로와 무력증을 느끼는 것입니다. 요즈음 세상에서도 '번아웃신드롬'으로 '번아웃(Burn-out)'은 '타버리다, 소진하다'라는 뜻으로 탈진을 조심하라고 했습니다. 목회자가 우울증이나 탈진상태에 이르면 사역에 대한 의욕을 잃고 신체의 질병, 부부간의 갈등을 초래하므로 건강한 사역자가 되려면 스트레스를 해결할 수 있는 나름대로의 비결을 터득해야 합니다. 성도들도 마찬가지입니다. 세상에서 사업과 직장 일을 하면서 당하는 스트레스로 인하여 탈진에 빠질 수가 있기 때문입니다. 탈진에 빠지는 사람들은 주로 '마르다 콤플렉스'에 빠진 완전주의자들이 많습니다. 마르다 콤플렉스란 마르다가 예수님을 대접하기 위해 분주하게 음식을 준비하느라, 예수님의 말씀 듣기(자기 관리)를 소홀히 한 것을 비유한 것으로 목회자들이 성도들을 돌보느라 정작 자신을 돌보지 못하는 상황을 의미합니다.

탈진은 남을 도와주는 직종에 종사하는 사람들에게서 주로 발생합니다. 원인은 스트레스. 과도한 업무, 대하기 어렵고 같이 있고 싶지 않은 사람들과 함께 일하면서 겪는 갈등, 급변하는 환경, 자존감이 낮거나 완벽 주의적 성격, 지식의 고갈, 심리적 부담감, 영적갈등 등을 겪다보면 소명은 점점 시들해집니다. 소명이 시들어지면서 영력과 체력이 소모됩니다. 특히 겸손하면서도 강력해야 한다는 것, 종이 되면서도 지도자가 돼야 한다는 상반되는 심리 사이에서 에너지를 소진하기도 합니다. 자신이 하는 일에 재미나 흥미를 느끼는 것이 아니라, 부담을 느끼면서, 힘들어 하면서, 버거워하면서 일을 할 때 스트레스가 쌓이게 됨으로 얼마가지 않아 우울증이나 탈진에 빠지는 것입니다. 정확하게 말하자면 자신의 내면세계가 약하기 때문에 우울증이나 탈진에 빠지는 것입니다. 그래서 행복은 자신이 하고 싶은 일을 예수님 안에서 늙도록 하는 것입니다. 일에 재미가 있으니 영육의 무리가 생기지 않는 것입니다.

어떻게 이 탈진을 극복할 수 있을까요? 마가복음 6장 31절에 "따로 한적한 곳에 와서 잠간 쉬어라"고 한 것처럼, 예수님 자신도 한적한 곳에 가서 쉬셨습니다. 쉬신 것이 잠을 주무신 것이 아니고 기도하면서 영적인 충전을 하신 것입니다. 세상 사람들은 가끔 여행을 즐기고 아무도 없는 곳에서 시간을 보낼 것을 권면합니다. 또 식사 수면 운동 등에 좋은 건강습관을 만들고, 일과 가정을 분리하며, 배우자 또는 친구들이 포함된 정서적인 모임을 만드는 것도 바람직하다고 합니다. 뿐만 아니라, 일의 우선순위를 정하고 거절할 것은 거절하고 마음에 분노를 쌓아두지 말아야 한다고 합니다. 그러기 위해서는 유머와 웃음을 잃지 않고 의도적으로 노래를 즐겨 부르는 것도 한 방법이 될 수 있다고 합니다. 이는 어디까지나 세상 사람들의 방법이고 이론일 뿐입니다. 이렇게 해도 쌓인 스트레스가 해소되지 못합니다. 아니 이렇게 실천하기도 버거울 것입니다.

평소에 자신의 내면세계를 생명의 말씀과 성령으로 정화하여 강하게 하는 영적활동을 해야 합니다. 필자는 하나님께서 탈진을 겪도록 하는 것은 부실한 내면을 강하게 하기 위한 배려라고 생각합니다. 우울증이나 탈진을 겪으면서 기도하여 자신의 나약함을 알게 하고, 자신 안에 하나님께서 임재 하여 성전삼고 계신 것을 체험하고, 성전이 견고하게 지어짐과 동시에 내면을 강하게 하려는 하나님의 섭리라고 보는 것이 맞는다고 생각합니다. 스트레스 뒤에는 영적인 문제가 있기 때문입니다. 스트레스는 잠재의식에 형성되어 있습니다. 잠재의식에 형성된 스트레스는 세상의술이나 방법으로 해소가 불가능하다고 생각하는 것이 정확합니다. 성령으로 기도하여 영에서 성령의 기름부음이 올라와야 잠재의식이 정화되는 것입니다.

그러므로 성령으로 충만한 상태에서 기도하면서 심령을 정화하는 것입니다. 이렇게 영적인 상태에서 기도하면서 풀어야 잠재의식에 형성된 스트레스가 정화되는 것입니다. 만성스트레스가 되기 전에 정화해야 합니다. 세상 적이고 인간적인 방법으로는 우울증이나 탈진을 극복할 수가 없습니다. 가장 중요한 것은 성령으로 충만한 깊이 있는 영적 생활로 스트레스의 영향에서 벗어나는 것입니다. 성령의 지배를 받는 영의 상태에 들어가는 것은 우울증이나 탈진의 해독제가 됩니다. 문제는 하루하루 스트레스를 정화하는 자신 만의 비결을 터득하여 적용하는 것이 중요합니다. "여호와께서 그 백성의 상처를 싸매시며 그들의 맞은 자리를 고치시는 날에는 달빛은 햇빛 같겠고 햇빛은 칠 배가 되어 일곱날의 빛과 같으리라"(사 30:26). 매일 성령의 임재가운데 말씀을 묵상하는 시간과 깊은 영의 기도로 심령을 정화하는 시간을 갖는다면 목회자뿐만 아니라, 평신도들도 삶의 투쟁에서 자유함과 평화를 누릴 수 있을 것입니다. 문제는 만성 스트레스에 걸리지 않도록 하는 것입니다. 만성스트레스에 걸리지 않도록 매일매일 자기 관리를 해야 합니다. 자신은 자신이 관리해야합니다. 어떤 분들은 하나님께서 건강을 책임져주신다고 말합니다. 그러나 이것은 어디까지나 바람이고 자신의 건강을 자신이 챙겨야 합니다.

이제 본격적으로 모세가 우울증과 탈진을 극복하고 카리스마적인 권능을 가지고 하나님의 사명을 감당한 사실을 성경을 통하여 알아보겠습니다. 광야에서의 40년 동안 그가 경험한 것은 "나는 스스로 아무것도 할 수 없어. 나는 못난이야. 나는 능력이 없어. 나는 형편없는 존재야." 하나님의 도움 없이 살아갈 수가 없다는 것을 체험한 것입니다. 그래서 하나님께서 자신을 민족의 지도자로 세우시려고 할 때도 그는 쉽게 받아들이지 못하고 거부했습니다. "안 하겠습니다. 내게 무슨 능력이 있습니까? 내가 무슨 지도자가 될 만한 사람입니까?" "모세가 하나님께 아뢰되 내가 누구이기에 바로에게 가며 이스라엘 자손을 애굽에서 인도하여 내리이까?(출애굽기 3:11)" 모세는 이렇게 말합니다. "내가 어떻게 바로 왕이라는 거대한 권력자 앞에 설 수 있겠습니까! 내가 도대체 어떻게 이 백성을 인도해 낼 수 있겠습니까! 난 못 합니다. 나는 말도 잘 못해요. 지도자가 될 만한 자격이 없어요." 그러나 결국 순종합니다.

첫째, 모세가 영육으로 지치게 된다. 이스라엘 백성들이 행진을 계속합니다. 시내광야를 지나 바란 광야에서 머물게 되었습니다. 그때 모세가 우울증과 탈진에 빠지는 모습이 민수기 11장에 나오고 있습니다. 15절을 보면 "나를 죽여 내가 고난 받는 것을 보지 않게 하소서"하고 한탄합니다. 모세가 이렇게 한탄하는 데는 이유가 있습니다. 1절을 보면 "백성들이 악한 말로 원망하매…."라고 말씀합니다. 백성들이 원망했고 불평했습니다. 그래서 모세가 지친 것입니다. 원망과 불평은 공동체로 하여금 병들게 합니다. 지도자로 하여금 사기를 떨어뜨리게 합니다. 그리고 전진을 가로막는 걸림돌 역할을 합니다. 그때 누가 불평을 했는가 하면 4절을 보면 "그들 중에 섞여 사는 다른 인종들이"라고 말씀합니다.

여기 다른 인종은 애굽에서 10가지 재앙이 내려 하나님이 이스라엘 민족을 형통하게 하실 때 애굽인들과 타 인종들이 그 모습을 부럽게 보고 느꼈던 사람들입니다. 그래서 그들은 이스라엘 백성들이 출애굽 할 때 함께 나왔습니다. 출애굽기12장 38절을 보면 "수많은 잡족들이" 그랬는데 이들이 바로 그들입니다.

그들이 왜 불평을 했는가 하면 4절을 보면 "그들이 탐욕을 품었다"고 했습니다. "누가 우리에게 고기를 주어 먹게 하랴, 우리가 애굽에 있을 때에는 값없이 생선과 오이와 참외와 부추와 파와 마늘들을 먹은 것이 생각나거늘"(4-5)하고 원망합니다. 그랬더니 4절을 보면 "이스라엘 자손들도 울며… 불평하였다"고 했습니다. 그러니까 이 비 이스라엘 민족들 즉 잡족들이 충동질 하고 불평을 주도하였다는 말입니다. 그러자 이스라엘 백성들이 따라서 울며불며 고기를 달라고 불평을 하였다는 것입니다. 이들은 배가 고파서 불평한 것이 아닙니다. 이미 만나를 먹고 있을 때 고기를 달라고 불평하였습니다. 10절을 보면 "백성의 온 족족들이 각기 자기의 장막 문에서 울었다"고 했습니다. 소수의 잡족들이 불평을 시작하니까 그 불평이 점점 확대되어 "나중에는 백성의 온 족속들이 자기 장막 문에서 울었다"고 했습니다.

데모하는 것을 보면 처음부터 많은 사람들이 몰려드는 것이 아닙니다. 처음에는 몇 명의 시위대가 시위를 시작합니다. 그러면 얼마 안가서 시위대가 시청 앞 광장을 메우게 되는 것입니다. 그 모습을 모세가 보았습니다. 기가 막혔을 것입니다. 여기가 광야인 것도 모르고 고기를 달라고 불평하면서 울고 앉아있는 백성들이 무지하고 철없게 보였을 것입니다. 순간 모세가 힘을 잃습니다. 지칩니다. 사기를 잃습니다. 너무 힘겨운 백성들입니다. 그래서 모세가 하나님께 한탄합니다. 11절을 보면 "어찌하여 주께서 종을 괴롭게 하시나이까, 어찌하여 내게 주의 목전에서 은혜를 입게 아니하시고 이 모든 백성을 내게 맡기사 내가 그 짐을 지게 하시나이까?" 모세가 마침내 감정을 폭발합니다. 그렇지 않아도 지금까지 백성들이 하는 짓을 보니 정이 떨어졌었는데 오늘 모습을 보니까 완전히 정이 떨어집니다. 그래서 탈진합니다. 기진맥진 합니다. 모든 힘을 소진합니다. 만사가 귀찮았을 것입니다. 그래서 하소연을 한 것입니다. "내게 은혜를 베푸사 나를 죽여 내가 고난당함을 보지 않게 하소서"(15절). 그 말은 한마디로 "죽고 싶다"는 말입니다.

오늘 모세의 모습은 어제의 모습과 너무 다릅니다. 이것을 우울증과 탈진이라고 합니다. 번 아웃되었습니다. "기름이 소진되었다" 그 말입니다. 부모들이 하나도 아니고 여러 아이가 한꺼번에 속을 썩일 때 하는 말이 "자식이 원수여!", "무자식 상팔자여!"라고 말합니다. 욥이 "내가 태어났다고 모두 좋아하던 날 죽었더라면"하고 탄식합니다. 엘리야가 이세벨의 도전을 받고 "내가 족하오니 죽여주소서!"하고 탄식합니다. 똑같은 말입니다. 사람의 일생은 항상 평온한 것이 아닙니다. 큰소리치면 안 됩니다. 조금 성공했다고 자만해도 안 됩니다. 모세의 그 권위, 기적, 능력, 애굽의 바로를 이기고 여기까지 백성을 끌고 옵니다. 모세는 권위 있는 강력한 지도자였습니다. 카리스마가 넘칩니다. 그런데 백성들이 불평 불만할 때 탈진합니다. 그리고 "죽여주소서!"하고 하소연을 합니다. 사람은 이런 때가 있습니다. 그래서 사람은 언제든지 큰 소리 치면 안 됩니다. 내가 언제 어떻게 될지 자랑할 일이 아닙니다. 항상 경성해야 합니다.

둘째, 모세의 영적 탈진의 원인. 모세의 영적 탈진의 원인은 무엇입니까. 그것은 과로와 격무 때문입니다. 사람은 아무리 능력을 소유한 사람일지라도 자기 능력에 한계가 있습니다. 혼자 일 못합니다. 하나님도 혼자 일하시지 않습니다. 예수님도 혼자 일하지 않으셨습니다. 하나님은 계획하시고, 예수님은 계획을 이루시고, 성령님은 알게 하시면서 일하십니다. 성부·성자·성령은 삼위일체 한 하나님이십니다. 하나님은 믿는 사람을 통하여 일하십니다. 그래서 부족하지만 우리를 부르신 것이고, 제자들을 부르신 것입니다. 그런데 모세는 혼자 일했습니다. 혼자 권위적으로 일하고 나를 따르라고 호령하기를 좋아했습니다. 그러면 곧 한계가 오게 됩니다. 격무는 사람을 지치게 만듭니다. 오늘 혼자 일하는 스타일이 있습니다. 회사나 교회에서 일을 독점하는 사람들이 있습니다. 그것은 일 잘 하는 것이 아닙니다. 혼자 일하는 사람은 가장 서툰 사람입니다. 그러다가 사람들이 쓰러지는 것입니다. 모세가 격무 때문에 한계에 부딪치게 된 것입니다. 능력 있는 지도자는 되도록 많은 사람들에게 일하며 움직이게 만듭니다. 하나님과 예수님은 우리들에게도 제자들에도 일을 맡겨 놓으시고 가셨습니다. 그리고 능력을 주시고 감당하게 하십니다. 그래서 우울증과 탈진은 나쁜 것 만은 아닙니다.

셋째, 하나님께서 모세의 영적탈진을 해결하여 주신다. 모세는 그 탈진을 어떻게 극복하였습니까. 하나님께서 해결해 주셨습니다. 필자도 우울증과 탈진에 빠졌을 때 깊은 영의기도 가운데 위로하여 주시고 음성으로 앞길을 알려주시는 것을 듣고 서서히 탈진을 극복하였습니다. 해결방안이 3가지입니다.

1) **업무 분담입니다.** 분문 민수기11장 16-17절을 보면 이렇게 말씀하십니다. "백성중 지도자 될 만한 사람 70명을 데리고 오라 내가 그들에게 영을 주어 네 짐을 담당하게 하리라" 이것이 오늘날 장로제도의 시초입니다. "그들이 너를 도와 너 혼자 담당하지 아니하리라" 모세는 그 위기를 업무 분담으로 해결하게 합니다. 즉 백성들의 불평을 70명의 장로들이 함께 담당하여 처리하게 하였습니다. 그동안 모세 혼자서 일을 감당하였습니다. 재판도 혼자 하였습니다. 그곳에 장정만 60만 명이 모였습니다. 일반인까지 포함하면 300만 명이나 되었을 것입니다.

가축들은 모래처럼 많았습니다. 울타리도 없이 300만 명이 모여 광야에서 하루 저녁 잠자고 나면 그동안에 무슨 일인들 없었겠습니까. 그러면 다음날 모세 혼자서 재판을 하였습니다. 뙤약볕에서 백성들은 길게 줄서 있었고 모세는 혼자 듣고 판결하였습니다. 일을 이렇게 혼자 하면 안 됩니다. 그러니까 몸과 마음과 영이 피곤해지는 것입니다. 몸과 마음이 피곤해지면 짜증이 나게 되어 있습니다. 그 상태에서 모세가 불평불만을 듣게 됩니다. 모세는 그 순간 탈진하게 되고 우울증과 탈진에 빠지게 된 것입니다. 그래서 적당한 분담이 필요합니다. 집안 가사도 교회일도 직장 일도 서로 분담하는 것이 중요합니다. 분담에 참여자가 많은 것은 좋은 현상입니다. 이것은 그 공동체가 건강하다는 증거입니다. 거기에 능률이 있습니다. 적당한 쉼도 있습니다. 그런가 하면 팔짱만 끼고 있는 분들도 있습니다. 이런 분들이 또 뒤에서 불평불만을 많이 합니다. 고로 그 공동체가 약화되는 것입니다.

2) 백성에게 응답하셨습니다. 민수기 11장 18절을 보면 "고기를 실컷 한달 동안 먹게 하시겠다."고 하셨습니다. 그 순간 모세의 눈이 번쩍 뜨였습니다. 반가워서가 아니고 기대감에서도 아닙니다. 너무 하나님 말씀이 황당해서 입니다. 그래서 22절에서 말하기를 "그들을 위하여 양떼와 소떼를 잡은 즉 족하오며 바다의 모든 고기를 모은즉 족하리이까?"하고 말합니다. 모세는 그 정황에서도 "왜 불가능한 말씀을 하십니까?" 하고 항변을 하고 있습니다. 이 백성이 장정만 60만 명인데 노약자 여자 아이들까지 하면 300만 명 이상이 될 것인데 무슨 재주로 그들에게 싫도록 코에서 고기냄새가 날 때 까지 한 달 동안 먹게 하신다는 말씀입니까 그 말입니다. 그러니까 모세가 피곤하고 짜증나고 탈진한 것입니다. 탈진이라는 말은 영적 육체적 탈진이라는 말입니다. 지금 모세의 귓전에는 백성들의 불평불만 소리만 들리고 있습니다. 물을 달라, 고기를 달라 아우성 소리만 듣고 있습니다. 지금 몸도 마음도 피곤에 지쳐 있는데 고기를 달라는 그 불평소리에 순간 질려버렸습니다. 그래서 모세는 그만 마음속이 상할 대로 상해 있었던 것입니다.

그 순간 어제의 기적, 어제의 감격과 놀라움과 은혜는 다 잊어버린 것입니다. 엊그제 있었던 출애굽의 기적이나 홍해를 건널 때 나타났던 기적들은 생각도 나지 않습니다. 매일 아침마다 하늘에서 만나가 내렸고, 오늘 아침도 그것을 먹었습니다. 지금 불기둥과 구름기둥 밑에서 살아가고 있습니다. 바위에서 나오는 물을 마시고 있습니다. 오늘 아침도 그 물을 마셨습니다. 그런데 오늘 여기서 또 기적이 일어날 줄은 상상도 못하고 있는 것입니다. 이것이 인간의 한계입니다. 그래서 모세가 그 순간 깜짝 놀라서 "왜 불가능한 말씀을 하시는 겁니까?"하고 항변을 한 것입니다.

우리들이 영적으로 탈진에 빠지면 이렇게 인간적이 됩니다. 그러다가 우리 앞에 큰 문제가 발생하게 되면 엊그제의 기적, 미래의 소망도 다 잊게 됩니다. 사람이 영적으로 탈진하게 되면 신앙의 눈이 멀게 됩니다. 오늘 가정에 큰 문제가 발생하면 감당하기 어려워지게 됩니다. 그러면 그때 주어진 현실은 훨씬 더 크게 보입니다. 더 무섭게 보입니다. 더 감당하기 어렵게 보입니다. 영적 탈진은 이렇게 무서운 것입니다. 한시라도 빨리 회복해야 합니다. 하나님은 모세에게 일을 분담시키셨습니다. 생각할 시간을 주시고 쉼의 여유를 주셨습니다. 그리고 백성에게 고기를 먹게 하시겠다고 약속하셨습니다.

3) **불평불만을 야기한 사람들의 징계입니다.** 민수기11장 31절을 보면 하나님은 바람으로 바다의 메추라기를 끌어오십니다. 메추라기는 철새입니다. 그 지역은 철새 이동지역입니다. 하나님은 동남풍을 이용해서 철새들을 몰아오셨습니다. 그랬더니 하룻길 즉 32km 정도의 넓은 지역에 두 큐빗 높이 즉 1m 높이로 쌓였다고 했습니다. 32절을 보면 "백성들이 메추라기를 주어 음

식을 만들어 먹었다"고 했고, 33절을 보면 "고기가 아직 이 사이에 있어 씹히기 전에 여호와께서 백성에게 대하여 진노하사 심히 큰 재앙으로 치셨다"고 했습니다. 그리고 34절을 보면 "욕심을 낸 백성들을 거기에 장사지냈다"고 했습니다.

여기서 생각할 것이 하나 있습니다. 하나님은 백성들이 모세에게 불평 불만한 것을 모세에게 한 것이 아니고 하나님께 한 것으로 해석하신 것입니다. 하나님을 불신한 것으로 해석하셨습니다. 그래서 하나님은 이 문제를 징계로 마무리 하신 것입니다. 그중에서도 불평불만을 주도자들이 있었습니다. 이 불평불만은 모세에게 하는 것이 아닙니다. 하나님께 한 것입니다. 그래서 하나님은 무섭게 책임을 물으신 것입니다. "고기가 아직 이 사이에 있어 씹히기 전에 여호와께서 백성에게 대하여 진노하사 심히 큰 재앙으로 치셨다"고 했습니다.

성령의 감동을 받고 예수를 믿어 세상에서 나온 우리는 하나님으로 만족하는 법을 배워야 합니다. 하나님께서 주시는 것 외에 다른 것을 추구하면 하나님과 관계가 단절됩니다. 하나님은 우리들의 소욕을 충족하여 주십니다. 하나님께서 주시는 것으로 만족을 누릴 줄 아는 크리스천이 하나님의 자녀입니다. 오늘 현대의 신앙인들은 이 영적 탈진을 조심해야 합니다. 현대인들의 탈진이 어디서 오는가 하면 업무의 과중에서 옵니다. 인간적인 욕심에서 옵니다. 사람의 인체 능력은 한계가 있습니다. 무시하고 계속 과도하게 일하면 우울증이나 영적 탈진이 오게 됩니다.

넷째, 모세의 카리스마의 근원의 비밀. 카리스마는 '영적인 선물'로 이해되어야 하며, 이것은 은혜의 구체화, 즉 인간 피조물에 대한 하나님의 관대하시고 권세 있는 관심의 구체적인 표현을 의미합니다. 예수를 믿고 성령으로 거듭난 크리스천은 카리스마가 선물로 주어졌습니다. 신앙인 우리는 예수님에게서 언제나 그 해답을 찾으며, 제자다운 삶을 위해 기도하며 행동하려고 합니다. 예수님에게서 보여진 카리스마를 생각해 봅니다.

카리스마라는 말은 헬라어로 하나님이 거저주시는 은총에 대한 표현으로 선물, 은사를 의미합니다. 모세는 하나님과 대면하면서 하나님께서 지시하는 대로 순종하는 카리스마적 권능입니다. 하나님의 카리스마적 권능이 모세를 통하여 100% 나타나는 것입니다. 모세는 이스라엘의 역사에서 가장 우뚝한 인물입니다. 그는 어느 특정 범주에 갇히지 않는 멀티플레이어형 영도자였습니다. 그는 본디 레위 인들의 가문에 속하였지만(출2:1), 예언자이자(신34:10), 입법자요, 판관(행6:14), 곧 영도자로서 이스라엘 백성을 약속된 땅까지 인도하는 역할을 수행했습니다.

요즈음으로 치면, 입법·사법·행정 3권을 관장했을 뿐 아니라, 종교적 리더십까지 행사했던 셈입니다. 후대 역사가들은 그의 독보성을 이렇게 집약합니다. "그 후에는 이스라엘에 모세와 같은 선지자가 일어나지 못하였나니 모세는 여호와께서 대면하여 아시던 자요, 여호와께서 그를 애굽 땅에 보내사 바로와 그의 모든 신하와 그의 온 땅에 모든 이적과 기사와 모든 큰 권능과 위엄을 행하게 하시매 온 이스라엘의 목전에서 그것을 행한 자이더라(신 34:10-12)"

하나님과의 대면 대화, 이집트 파라오를 제압한 온갖 기적들, 시내산에서 받은 십계명 등 희대의 사건들을 통해 드러난 모세의 면면에 대한 칭송입니다. 워낙에 교양의 일환으로도 두루 알려진 바이니, 그가 하나님의 권능을 빌려 연출한 이스라엘 백성의 이집트 탈출 및 광야 행군을 굳이 상세히 기술할 필요는 없을 것입니다. 전대미문의 카리스마! 도대체 그것이 발원된 비밀은 무엇일까요? 신명기는 그 답을 한 문장으로 제시합니다. "이 사람 모세는 온유함이 지면의 모든 사람보다 더하더라(민 12:3)" 주님께서는 모세의 충실함과 온유함을 보시고 그를 거룩하게 하시어 만인 가운데에서 그를 선택하셨습니다.

무슨 주석과 설명이 더 필요하겠습니까? '겸손'과 '온유'는 '순종'의 덕과 같은 과에 속하는 단어들로서, 사실상 순종을 가리킵니다. 모세는 온전하게 순종하였습니다. '충실함'은 '충직'을 가리킵니다. 요컨대, 모세의 카리스마는 100% 하나님 표 권능이라는 말입니다. 하나님 일에 부름 받은 이들이 반드시 가슴에 새겨두어야 할 대목입니다. 어디에서나 모세는 없었습니다.

출애굽 하는 그날 그 장관? 경천동지(驚天動地)할 기적들? 홍해 바다의 갈라짐? 돌 판에 새겨진 십계명? 거기 모세는 없었습니다. 오직 하나님만 존재했을 뿐입니다. 모세는 그저 즐거운 바지 슈퍼맨, 진짜배기는 여호와 하나님이십니다. 카리스마? 말뜻 그대로 깡그리 그분으로부터 받은 것입니다. 그냥 분부하신 대로 따랐더니, 그냥 한눈팔지 않고 끝까지 의리를 다했더니, 천하를 호령할 권능이 하늘에서 마구 쏟아졌을 뿐. 내 손에 들린 지팡이가 증언합니다. "여호와는 말의 힘이 세다 하여 기뻐하지 아니하시며 사람의 다리가 억세다 하여 기뻐하지 아니하시고, 여호와는 자기를 경외하는 자들과 그의 인자하심을 바라는 자들을 기뻐하시는 도다(시편 147,10-11)" 말씀하십니다.

우리는 모세의 형형한 눈에 반하지 말고, 우주 끝에서 끝을 꿰뚫는 하나님의 안광(眼光)에 빠져야 합니다. 모세를 경탄치 말고, 모세의 막후 여호와 하나님을 숭상해야 합니다. 카리스마적 권능을 갖고자 하는 분들에게 모세는 비밀이자 비결이자 답입니다. 큰일을 꿈꾸는 자들이 도대체 무엇을 구비해야 하는지, 그것을 가르쳐 주는 선생님입니다. 주님 앞에 겸손한 자, 곧 순종하는 자만이 바다를 가르는 카리스마를 행할 수 있음을 깨닫게 합니다.

충만한 교회는 매주 다른 과목을 가지고 매주 화-수-목(11:00-16:00)집회를 인도합니다. 무료집회입니다. 단 교재를 구입해야 입장이 가능합니다. 매주 다른 과목으로 집회를 합니다.

병원이나 세상 방법으로 해결하지 못하는 무슨 문제든지 해결을 받겠다는 믿음을 가지고 오시면 15가지 질병과 문제도 모두 치유 받습니다. 천국을 누리고 싶은 분은 믿음을 가지고 오시기만 하면 무슨 문제라도 치유되고 해결이 됩니다. 오시면 천국을 체험하고 누리며 살아가게 됩니다.

4장 엘리야 탈진우울극복과 영혼건강

(왕상 19:1-14) "(4) 자기 자신은 광야로 들어가 하룻 길쯤 가서 한 로뎀 나무 아래에 앉아서 자기가 죽기를 원하여 이르되 여호와여 넉넉하오니 지금 내 생명을 거두시옵소서 나는 내 조상들보다 낫지 못하니이다 하고"

엘리야로 하여금 영적탈진의 전형을 우리에게 보여주고 있습니다. 엘리야는 바알의 제사상 450인과 아세라 선지자 400인과 갈멜산 정상에서 영적대결을 청하여 여호와만이 하나님이심을 증명해 보이고, 큰 승리를 거두게 되었습니다. 이 승리의 기세로 우상의 심장부였던 이스르엘로 달려가서 바알 종교를 완전히 멸절시키려고 했습니다. 그러나 이세벨의 대적으로 좌절되게 되었을 뿐만 아니라, 자신의 생명도 부지할 수 없게 됩니다. 그는 갈멜산의 대결투에 온 힘과 정신과 영력을 다 기울여서 승리하기만 하면 모든 것을 끝일 줄 알았는데 너무나도 허탈하게 된 것입니다.

엘리야의 마음에 찾아온 것은 실망과 좌절과 낙담이었습니다. 그 때에 엘리야에게 우울증과 영육의 탈진이 찾아왔습니다. 육체적 정신적 피로로 인해서 엘리야는 기진맥진해 더 이상 이세벨과 싸울 힘이 없었습니다. 자신의 사역이 실패했다는 자괴감으로 그는 낙담하여 그곳을 도망치게 됩니다. 그에겐 이 탈진 상태에서 벗어나 육체적, 정신적, 영적 재충전이 필요했습니다.

그래서 그는 하나님의 산 호렙으로 도망을 칩니다. 그래서 그는 "여호와여 넉넉하오니 지금 내 생명을 취하옵소서"(왕상19:4)라고 울부짖습니다. 그는 완전히 탈진했습니다. 죽기를 간구할 정도로 극도로 쇠약해져 있었던 것입니다.

몇 년 전 연세가 지극하신 어느 목사님께서 저에게 전화를 하셨습니다. 하시는 말씀이 "자신이 젊었을 때에 큰 은혜를 받아 뒤늦게 목사(그 분은 47세에 목사가 되었음)가 되었는데 목사가 된 이후 7년 되었을 때 영적 탈진이 온 후로 그 이전의 은혜를 회복하지 못하고 결국은 목회를 마치게 되었다"고 말씀하셨습니다. 목사님이 하시는 말씀이 우리나라에 능력이 있다는 목사님에게 찾아가 안수를 받아도 소용이 없었다는 것입니다. 정말 수도 헤아리기 어려울 정도로 많은 목사님에게 안수를 받았다는 것입니다. 그래도 효과가 없어서 한의원에 찾아가 한약을 1년을 먹었어도 끝내는 그 은혜를 회복하지 못했노라고 하면서 자신의 사역을 후회하는 말을 들었습니다.

그래서 필자가 이렇게 말했습니다. 목사님! 목사님은 탈진을 다른 목사님들을 통하여 해결하려고 한 것이 잘못된 것입니다. 안수 한 번에 탈진을 해결하려고 시도한 것이 잘못입니다. 한 곳에 정착하시면서 하나님께 기도하여 세미한 음성을 들었어야 했습니다. 하나님의 음성을 듣고 순종했으면 탈진은 회복이 되었을 것입니다. 성경에 나오는 모세나 엘리야나 예레미야나 히스기야나 모두 하나님의 음성을 듣고 탈진을 극복하였습니다. 이렇게 말씀을 드렸더니 당시에는 그런 영적인 비밀을 알지 못했다는 것입니다. 이 분은 영적인 안목이 넓지 못하여 목회를 포기한 것입니다. 지금 교계에는 사모님이 영육으로 탈진에 빠져서 목회를 하지 못하는 분들도 많습니다. 우울증, 조울병, 조현병으로 고생합니다. 이런 분들의 간증을 들을 때 분명 영적 탈진은 목회에 있어서 어두운 그림자임에 틀림없습니다. 목회자가 우울증이나 탈진이 찾아왔다면….

첫째로 하나님과 사람과 함께 이제는 "자신"를 돌아봐야 할 시점이 되었다는 것입니다. 갑자기 이기적인 사람이 되라는 말이 아닙니다. 탈진이 밀려오면 그런 증세가 나중에 후유증이 되어 큰 병이라는 부메랑으로 되돌아오기도 합니다. 탈진은 에너지가 바닥이 났음에도 전력질주를 했다는 신호입니다. 차에 기름이 없으면 기름을 채워주어야 하는데 기름도 없이 전력질주를 하면 차는 순간 망가지거나 멈추고 맙니다. 차일피일 미뤄두었던 것들을 처리하지 않으면 안 된다는 신호가 탈진입니다. 탈진을 부정적으로 보면 안 됩니다. 프랑스의 대체의학자이며 심리치료사인 기 코르노는 마음의 치유에서 그런 말을 하였습니다. 모든 병은 몸이 급사(急死)하지 않도록 몸이 만들어낸 대체물이라는 것입니다. 고로 모든 병은 메시지입니다. 그래서 병이 하는 말을 들으면, 살아나지만 병이 하는 말에 귀 기울이지 못하면 그는 죽고 만다는 것입니다. 그러니 병에게 감사하라는 역설적인 말을 하였습니다. 즉 탈진에 지쳐하지 말고 탈진에 감사해야 합니다. 하나님께서 탈진한 당신의 종들에게 뭔가 새롭게 말씀하실 것이 있다는 메시지가 바로 탈진이기 때문입니다. 영적으로 한 단계 업그레이드가 되는 계기가 된다는 것입니다. 카리스마적인 권능을 갖게 되는 계기가 됩니다.

둘째로 자신의 내면세계를 성령으로 정리하라는 신호입니다. 탈진이 찾아오는 것은 자신의 내면세계가 부실하다는 영육의 신호입니다. 탈진의 주범은 스트레스입니다. 스트레스가 쌓였다는 것은 잠재의식에 상처와 영적인 문제와 이성적인 문제가 복합적으로 뒤엉켜서 영육이 자기 기능을 하지 못하게 방해한다는 것입니다. 이들로 인하여 스트레스를 더 많이 받게 되는 것입니다. 이것을 성령으로 정리하라고 탈진이 찾아오는 것입니다. 반드시 영에서 성령의 역사가 일어나야 잠재의식이 정화되는 것입니다. 자신의 노력이나 능력으로 잠재의식을 정화할 수가 없습니다. 전문적으로 성령 치유하는 곳에 가서서 성령으로 세례를 받으면서 생명의 말씀과 성령의 역사로 치유를 받으면 빠른 시간 내에 정상으로 회복이 되는 것이 보통입니다.

빠른 시간 내에 내면세계를 정화하지 않고 시간을 끌면 만성스트레스에 걸리게 됩니다. 만성스트레스에 걸리면 회복하는데 시간이 많이 걸리고 정도에 따라서 회복을 하지 못할 수도 있습니다. 우리 크리스천들은 마음 안에 성전의식을 가지고 내면관리에 관심을 갖아야 합니다. 탈진에 빠졌다가 생명의 말씀과 성령으로 내면이 강화되면 카리스마적인 권능이 강하게 나타납니다. 그렇기 때문에 탈진은 나쁜 것만은 아닙니다.

셋째로 육신에 건강검진이 필요하듯 전인적인 건강검진이 필요한 때가 되었음을 자각해야 합니다. 우리나라 사람들은 모이면 먹습니다. 모임의 장소가 먹는 곳입니다. 이 때 음식을 아무것이나 먹지 말라는 것입니다. 반드시 음식을 조절해야 합니다. 아무 음식이나 먹으면 안 됩니다. 당뇨나 지나친 복부비만은 적신호입니다. 필자는 먹는 것을 철저하게 절재합니다. 그리고 미뤄두었던 운동도 하나님의 일이라는 확신을 갖고 임해야 합니다. 얼마 전 타계하신 클레어몬트 신학대학의 목회상담학 교수인 하워드 클라인벨은 평소 운동을 하는 것은 몸에 선물을 주는 행위라고 말하였습니다. 몸에 그간 못 준 선물을 주어야 할 때가 온 것입니다.

넷째로 세미한 음성을 들어야 합니다. 즉 재 소명에 대한 부르심입니다. 흔히 말하는 첫사랑의 회복입니다. 주님이 나를 불러주신 그 부르심을 기억하며 지금 있는 현장에서 다시 한 번 재 소명(Re-Calling)을 받을 필요가 있습니다. 가능하다면 첫 부르심을 받았던 기도원이나 교회에 가서 성령으로 충만한 가운데 깊은 영의기도를 해보는 것도 은혜를 회복하는데 중요한 계기가 될 수 있을 것이라고 봅니다. 엘리야가 동굴에서 세미한 음성을 듣고 살아나고 소명을 회복했듯 각자의 "영적 동굴"로 들어가서 기다리며 성령으로 기도하는 마음자세가 필요하다고 봅니다.

성경의 엘리야는 모세와 함께 구약의 양대 기둥이고 예수님이 변화산에서 불러내기도 하셨지만, 극한 탈진 속에 삶의 의미를 상실 했습니다. 왕상 17,18장에 엘리야는 하나님께 기도해 국가에 비가 오지 않게도, 오게도 했고, 또 영적대결을 청하여 기도로 하늘에 불이 떨어져 이방 선지자들을 다 죽이고 영적 승리로 큰 역사를 이루고는 19장에서 갑자기 영적 난조에 빠집니다.

첫째, 엘리야의 탈진 원인. 왜 엘리야가 이렇게 나약한 존재가 되고 말았을까요? 본문에 그 이유를 추정할 수 있는 단서가 나타납니다. 본문 10절입니다. "저가 대답하되 내가 만군의 하나님 여호와를 위하여 열심히 특심하오니 이는 이스라엘 자손이 주의 언약을 버리고 주의 제단을 헐며 칼로 주의 선지자들을 죽였음이오며 오직 나만 남았거늘 저희가 내 생명을 취하려 하나이다." 자신이 하나님의 일을 열심히 했지만, 이제 "자신 혼자 밖에 남지 않았다."라는 한탄을 하고 있는 것입니다. 말로 할 수 없는 고독감이 그를 찾아왔고, 그는 '자신 밖에 없다.'라는 두려움에 빠진 것입니다.

우리도 비슷한 경우에 빠집니다. 열심히 살아갑니다. 항상 최선을 다하고, 자신에게 주어진 일을 잘 감당합니다. 그런데 어떤 계기에 '자신 밖에 없다.' 라는 생각에 빠지면 주저앉게 됩니다. '나 혼자 아무리 열심히 해도 소용이 없다.' 라는 생각에 빠지면 모든 의욕을 잃어버리고 맙니다. '혼자만 남았다.'라는 고독감은 그렇게 힘든 것입니다.

또한 엘리야는 육체적으로 탈진했을 것입니다. 그동안 열심을 가지고 하나님의 일을 했습니다. 우리가 같이 읽은 10절에도 "여호와를 위해 열심히 특심하오니" 라는 단어가 이를 증명합니다. 그러다가 그는 지친 것입니다. 그것을 탈진, 영어로

Burn out 이라고 합니다. "열심으로 살다가 다 타버리고 재만 남았다." 라는 뜻으로 그렇게 말하는 것입니다. 엘리야는 지금 사방에 적이고 자기를 도와줄 사람이 없다는 생각에 그만 우울 증에다가 탈진이 찾아온 것입니다. 혼자라고 할 때 두려움은 배가합니다. 그렇기 때문에 하나님께서 항상 함께하신다고 알려 주시는 것입니다. 필자도 탈진에 빠졌을 때 깊은 기도 가운데 하나님께서 함께하고 계시다는 음성을 들은 다음부터 탈진이 서서히 해소가 되었습니다.

둘째, 엘리야의 탈진현상들. 본문에 엘리야의 우울증과 탈진 원인은 없지만 그는 영적인 대승리, 인생의 클라이막스 뒤에 오는 영육의 탈진감(스트레스)을 이기지 못했습니다. 그는 성경에 흠 없는 사람이라고 나오지만 본문에서 겁쟁이, 비겁자 도망병이 됩니다. 우리 인간은 아무리 의인이고 완벽해서 죄인이고 흠집이 있습니다. 엘리야라는 위대한 종의 실패를 통해 유한한 죄인의 한계를 발견합니다. 엘리야가 영적인 탈진이 생길 때 보여주는 6가지 모습이 본문에 나옵니다.

1) 형편이 크게 보입니다. 사람이 영적으로 건강하고 힘이 있으면 삶의 문제들을 스스로 극복할 수 있다고 생각하지만 탈진이 되면 자신은 작게 보이고 환경과 문제가 크게 보입니다. 베드로는 예수님을 보고 물에 들어갔지만 풍랑을 보고 물에 빠졌고, 이스라엘 백성은 가나안 땅에 거인(Giant)인 아낙 자손을 보고 자신이 메뚜기처럼 보였습니다. 본문 3절에 "저가 이 형편

을 보고"가 나오는 것처럼 엘리야는 아합과 이세벨이란 환경이 크게 보여 탈진 했습니다.

2) **생명에 대한 두려움입니다.** 인간은 자기 생명 존재의 안정감이 깨져 버릴 때 두려움이 엄습하고, 두려움은 하나님을 떠난 모든 인간들이 가진 기본적 본능입니다. 하나님은 성경 말씀을 통해 "두려워하지 말라"고 말씀하십니다. (여호수아1:9)"두려워 말라", (이사야41·43장)"너는 내 것이고 너와 함께 하리라", (시편27편)"여호와는 나의 빛과 구원"입니다. 본문 3절 "그 생명을 위해 도망하여"라고 나옵니다. 사람이 성령, 용기, 믿음이 충만하면 생명을 돌아보지 않지만, 탈진에 빠지면 목숨을 보존하고 싶어집니다.

3) **현실 도피입니다.** 본문 3절 중반에 "도망하여"가 나옵니다. 영적 탈진에 빠진 엘리야는 갈멜산과 사마리아의 사역이 다 싫어지고 하나님도 귀찮아져 갈멜과 브엘세바까지 140km를 단순에 달려갑니다. 그는 자기 사환을 거기 놔두고 하룻길 쯤 더 가서 깊은 광야 로뎀나무 밑에서 생활하며 거기서 힘을 얻어 호렙산까지 40일을 갑니다. 사람이 우울증이나 탈진이 되면 주위의 모든 것(남편, 부모, 아이들, 목사, 친구, 직장, 학교, 교인)이 다보기 싫어집니다. 탈진에 빠진 요나는 배 밑창으로 도망쳤고, 다윗도 현장이 힘들어 블레셋에 도망쳤습니다.

4) **극단적 선택입니다.** 본문 4절에 "죽기를 구하여 가로되"가 나옵니다. 사람이 우울증이나 탈진에 빠지면 극단적인 생각(이혼, 사표, 자살)을 합니다. 탈진으로 부정적인 생각이 사로잡

힐 때 행동이 달라지고 이건 위험 합니다.

5) **비교 의식입니다**. 본문 4절 하반절에 "나는 내 열조보다 낫지 못하니이다"가 나옵니다. 성경에 엘리야를 모세와 버금가는 사람이라고 나와 있는데 그는 열조(아브라함, 이삭, 야곱, 모세, 갈렙, 여호수아)보다 자기를 보며 비교의식이 생깁니다. 모든 사람이 이명박, 조용기, 빌리 그래함(Billy Graham), 베니힌 같은 위대한 거구들이 되는 것이 아니라 자기만의 길(My Way)이 있습니다. 우울증과 탈진은 비교의식을 가지게 합니다.

6) **자기 연민에 빠집니다**. 본문 10절에 "저가 대답하되 내가 만군의 하나님 여호와를 위하여 열심이 특심하오니 이는 이스라엘 자손이 주의 언약을 버리고 주의 단을 헐며 칼로 주의 선지자들을 죽였음이오며 오직 나만 남았거늘", 14절에 "오직 나만 남았거늘" 이라고 나옵니다. 상담심리학적으로 내가 아니면 안 되는 메시야 콤플렉스(Complex)가 있습니다. 엘리야는 자신을 혼자 주님의 일을 떠맡았다고 십자가의 메시야로 생각했고 이런 생각이 자기 연민에 빠지게 했습니다. 자기 동정과 연민은 건강치 못한 증거입니다.

셋째, 엘리야의 탈진 회복. 하나님께서 탈진에 빠진 엘리야를 회복시키시는 5가지 과정이 있으셨습니다.

1) **잠을 자며 쉬어야 합니다**. 본문 5절에 "로뎀나무 아래 누워 자더니"가 나옵니다. 엘리야가 마음으로 기도하다가 잠을 자는 것입니다. 절대로 잠만 자는 것이 아닙니다. 마음으로 기

도하며 영육이 쉼을 갖는 것입니다. 사람은 낮에 활동 할 때 혈압이 올라가고 몸의 균형이 깨지는데 8시간 이상 잠을 자므로 자율신경이 균형을 잡아 건강해 집니다. 또한 잠을 충분히 자야 면역 기능이 향상되어 병균을 이길 힘도 생기고 스트레스(Stress)도 날려 버립니다.

2) **먹는 것입니다.** 본문 5절에 "천사가 어루만지며 이르되 일어나서 먹으라 하는지라"가 나오고 호렙에 이르러 두 번 먹었다는 기록이 나옵니다. 사람은 영적 존재이고 육체의 존재여서 몸과 영혼은 떨어 질 수 없습니다. 크리스천은 영-혼-육이 균형이 잡혀야 합니다. 한쪽으로 치우치면 문제가 발생합니다. 전인격을 성령께서 지배해야 합니다. 우리는 세상 것으로 만족하지 말고 하나님께서 주시는 것을 먹어야 합니다. 엘리야는 하나님께서 주시는 것을 먹었습니다. 예수님은 낙심한 제자들에게 갈릴리 바닷가에서 구운 생선과 떡을 먹이셨고, 엠마오에서 십자가 죽음을 보고 낙심한 제자들에게 떡을 떼시며 위로해 주셨습니다.

3) **안수와 어루만짐 입니다.** 본문 5절 중반에 "천사가 어루만지며", 7절에 "여호와의 사자가 또다시 와서 어루만지며"가 나옵니다. 주님께서 안수를 통하여 잠재의식의 스트레스를 처리하고 소진한 영적능력을 충전한 것입니다. 엘리야가 로뎀나무 아래서 잠 잘 때 하나님의 사자가 그를 어루만졌습니다. 이는 안수로 영적충전과 스트레스를 정화했다는 말입니다. 힘들고 아파하는 사람은 말보다 안수하여 영적충전과 스트레스를 정화

하면 새 힘을 얻게 됩니다. 동물들 뿐 아니라 사람들도 어루만짐(skin ship)을 통해 영적충전과 스트레스 해소와 위로를 느낍니다. 안수를 통하여 소진한 영력을 보충합니다.

4) 부드러운 말씀의 위로입니다. 탈진을 극복하는 최고의 치료제입니다. 본문 9절 "엘리야가 그 곳 굴에 들어가 거기서 유하더니 여호와의 말씀이 저에게 임하여 이르시되 엘리야야 네가 어찌하여 여기 있느냐", 13절에 보면 "엘리야야 네가 어찌하여 여기 있느냐"라고 하시면서 하나님이 부드러운 터치로 엘리야에게 위로해 주시는 내용이 나옵니다. 하나님은 우리를 몽둥이로 때리시고, 쫓아다니며 심판하시고 골탕 먹이시는 분이 아니라 인자와 자비로 우리를 이끄시는 분이십니다. 필자도 하나님의 음성을 듣고 탈진이 해소되기 시작을 했습니다.

5) 두 번째 기회를 주시는 소명(Calling)입니다. 하나님께서 함께 하심을 알려주십니다. 혼자가 아니라는 것을 확인 시키십니다. 하나님은 굴에 숨어 있는 엘리야에게 "너는 돌이켜 하사엘과 예후에게 가라! 엘리사에게 기름을 부어 일하게 하라!"고 명령하십니다. 우리는 하나님의 일을 하다가 그만두고 싶은 마음이 있고 탈진이 되어 다 놓고 싶어집니다. 그럼에도 하나님은 우리에게 돌이 킬 수 있는 두 번째 기회를 주십니다.

넷째, 하나님의 소명을 받는다. 호렙산(시내 산)은 모세가 하나님을 만난 장소이고, 하나님의 계명을 받은 곳이고, 이스라엘의 선조들이 하나님의 임재 앞에서 하나님을 성실하게 섬기겠다고 언약을 체결했던 거룩한 곳입니다. 즉 호렙 산은 하나님이 이스라엘 백성에게 자신을 처음으로 드러내 보이셨던 곳입니다. 하나님은 호렙 산의 동굴에 있던 엘리야에게 말씀하십니다. "엘리야야 네가 어찌하여 여기 있느냐(왕상 19:9)"

이 질문에서 핵심은 '여기'라는 부분입니다. 하나님은 엘리야에게 허락하신 사명지인 이스라엘을 떠나 도망하여 여기 호렙 산에 있는 이유를 질문함으로 엘리야에게 자신의 현주소를 다시 생각해 보고 자기의 사명을 다시 붙잡게 하려고 한 것으로 보입니다. 우울증이나 탈진한 예언자는 하나님께 자기중심적인 불평을 터뜨리며 오직 사태의 어두운 면만을 주시하고 있습니다. "오직 나만 남았거늘 그들이 내 생명을 찾아 빼앗으려 하나이다(왕상 19:10)"

엘리야의 탄식에는 하나님에 대한 무언(無言)의 비난이 서려 있습니다. 그러나 하나님은 엘리야를 불러 당신 앞에 세웁니다. "너는 나가서 여호와 앞에서 산에 서라(왕상 19:11a)" 하나님은 탈진하여 고장 난 당신의 종 엘리야를 재소환하십니다. 하나님은 엘리야를 '리콜'(recall)하십니다. 고장 난 자동차만 리콜 대상이 아니라, 탈진한 인간도 리콜 대상이 됩니다. 영적 탈진에 빠진 사람들이 보통의 말로 혹은 지금까지의 방식으로 설득되어 그들의 암울한 영적인 동굴 밖으로 걸어 나오는 일은 거의 없습니다. 하나님은 지금까지 엘리야의 사역을 이끌었던 전통적인 방식인 바람과 지진과 불이 아니라(참고 출 19:16~18), 새로운 방식인 '세미한 소리(음성)'를 통하여 그를 다시 세웁니다(왕상 19:11b~12). 영력을 충전하니 소명을 다시주십니다.

그리고 하나님은 엘리야에게 새로운 임무를 맡기십니다. 다메섹의 하사엘에게 기름을 부어 아람 왕이 되게 하고, 예후 장군에게 기름을 부어 이스라엘의 왕으로 세우고, 엘리사에게 기름을 부어 엘리야의 후계자로 삼으라는 것입니다(왕상 19:15~16). 하나님은 우상 숭배자들에게 내릴 심판을 세 가지 방식으로, 곧 이스라엘의 대적(하사엘)과 장래의 통치자(예후)와 장래의 예언자(엘리사)를 통해 집행하려고 하십니다.

엘리야의 새로운 사역은 이전 사역보다 보다 확대됩니다. 사역 영역이 국제적으로 확장되고, 국가의 최고 지도자를 교체하고, 후임자를 세움으로 엘리야 자신의 사역이 유종의 미를 거두도록 해야 합니다. 그리고 하나님은 영적 탈진으로 좁아진 엘리야의 시야를 교정하여 바알에게 무릎 끓지 아니한 칠천 인의 동역자를 보게 합니다(왕상 19:18). 그의 제2기 사역은 더 이상 외롭지 않을 것입니다.

이어지는 열왕기상 19:19~21은 엘리야가 이스라엘로 되돌아가 엘리사를 만나 그를 후계자로 부르는 사건과 엘리사의 순종을 보여 줍니다. 엘리야는 하나님의 명령이 자기에게 구체적으로 전해지자 호렙 산에서의 쉼과 재충전의 시간을 청산하고 거기서 떠나 자기가 임해야 할 사역지로 주저하지 않고 나아갑니다. 처음 왔던 길로 되돌아가는 엘리야의 장도는 그가 그에게 새롭게 부여된 사명을 받아들였음을 통지하고, 그의 개인적 위기가 끝났음을 알려 줍니다.

다섯째, 탈진을 치유하시는 하나님. 하나님은 음성을 통하여 새로운 사명을 고취시킴으로써 엘리야의 우울증과 영적 탈진을 치유하십니다. 엘리야의 불평을 압도하는 새로운 사명 의식의 고취가 그의 입을 막게 됩니다. 엘리야의 사역 포기와 생명 포기는 하나님의 직접적인 재위임에 의해서 극복됩니다. 하나님이 그에게 새로운 사명을 주셨을 때 의심은 끝나고 걱정은 사라집니다. 하나님은 탈진한 엘리야를 '리콜'(recall)하셔서 '리콜링'(recalling, 재소명, 제2의 소명)하심으로 그를 치유하시고 새롭게 사용하십니다. 사역 속에서 경험하게 되는 탈진과 우울증과 좌절감으로 말미암아 자기 의와 자기 연민에 빠져 영적 탈진에서 헤매는 사람이 치료받을 수 있는 최상의 방법은 새로운 사명을 발견하여 매진하는 것입니다. 하나님의 음성을 듣는 것입니다. 인간은 밥만 먹고 사는 게 아니라 의미를 먹고 삽니다. 인간은 의미 없음을 견딜 수 없습니다. 인간을 살게 하는 힘은 '의미에의 의지'입니다. '왜 사는지를 아는 사람은 어떻게든 살 수 있습니다.' 엘리야는 이때 왜 살아야 하는지를 재발견한 것입니다.

여섯째, 새로운 삶을 사는 엘리야. 엘리야의 제2기 사역에는 동역자가 바뀝니다. 지금까지의 사환과는 결별하고 후임자가 될 엘리사와 함께 동역합니다. 그의 새로운 사역은 전통적인 하나님의 현현 양식인 바람과 지진과 불이 아닌 새로운 방식인 세미한 음성으로 시작됩니다. 우울증이나 영적 탈진은 지금까지의 삶의 방식을 떨어내는 진통의 과정이기도 합니다. 진통의 과정이 끝나면 새롭게 탄생하여 새로운 일을 감당할 수 있게 됩니다. 그리고 사역의 범위가 더 확대됩니다. 탈진을 극복하니 하나님의 카리스마적인 권능을 가진 사역자가 됩니다. 엘리야에게 음성을 들려주심으로 엘리야가 하나님께서 함께 하신다는 믿음으로 담대함을 갖게 하십니다. 하나님께서 동행하시니 자신에게 카리스마적인 권능이 있다는 것을 확인합니다.

엘리야 시대뿐만 아니라, 현대에도 사람들은 때때로 탈진과 우울증, 그리고 극한 고독감과 좌절감을 경험하게 됩니다. 그런데 이때 영적으로 회복시키시고 재기할 수 있게 해 주시는 하나님으로부터 두 번째 소명을 발견하면 삶에 대한 새로운 의지와 희망을 얻을 수 있게 됩니다. 우울증이나 탈진은 영적으로 한 단계 업그레이드 하는 계기가 되는 것입니다.

5장 바울의 탈진우울극복과 영혼건강

(행18:1-17)"(9-10)밤에 주께서 환상 가운데 바울에게 말씀하시되 두려워하지 말며 침묵하지 말고 말하라. 내가 너와 함께 있으매 어떤 사람도 너를 대적하여 해롭게 할 자가 없을 것이니 이는 이 성중에 내 백성이 많음이라 하시더라."

바울은 이 고린도에서 심한 영적 탈진과 위기를 경험하게 됩니다. 다른 곳에서는 바울이 그렇게 힘들어 한 적이 별로 없었는데 이 고린도지역에서만은 매우 나약하고 두려워 떨었습니다. 그러나 하나님께서는 이런 바울을 인격적으로 도와주시고, 그의 심령을 회복시켜 주셔서 고린도 가운데 놀라운 성령의 역사를 이루어 주셨습니다. 우리들도 믿음생활을 하다가 보면 어느 순간에 갑자기 영적 육체적 우울증이나 탈진과 고갈과 탈진을 경험할 때가 있습니다. 내면이 심히 위축이 되고 어떤 세력에 짓눌려서 아무것도 하지 못하고 괴로워 할 때가 있습니다. 저희들이 오늘말씀을 통해 우리가 이러한 때에 어떻게 영적탈진을 벗어나서 영적으로 도약을 하고, 카리스마적인 권능을 나타내는 성장을 할 수 있는 가 배울 수 있기 바랍니다.

먼저 1절과 2절을 보시겠습니다. 바울이 아덴을 떠나 고린도에 이르렀을 때에 아굴라와 브리스길라 부부가 로마로부터 와서 바울과 합류하게 되었습니다. 이들은 로마의 황제 글라우디오가 "유대인들은 모두 로마에서 떠나라"는 칙령을 듣고 어쩔 수 없이 이곳 고린도까지 내려온 자들이었습니다. 그들은 오랫동안 생활하던 삶의 터전 로마에서 쫓겨나 생면부지의 고린도 땅에 와서 새 삶을 시작해야 할 때에 얼마나 힘들었겠습니까? 그러나 그들에게는 믿음이 있었습니다. 그들이 언제 누구로부터 복음을 전해 들었으며 어떻게 신앙생활을 시작하게 되었는지 잘 알려져 있지 않습니다. 그러나 어쨌든 그들은 일찍이 복음을 전해 듣고 로마에서도 가정교회를 이루며 신앙생활을 하다가 고린도로 내려왔습니다. 그런데 마침 그곳에 바울사도가 왔다는 말을 듣고 바울과 합류하게 된 것입니다. 더구나 아굴라와 바울의 직업이 똑같이 장막 만드는 일이어서 서로 쉽게 동역할 수가 있었습니다.

5절에 보면 그동안 마게도냐에 있던 실라와 디모데도 고린도로 내려와서 함께 동역하게 되었습니다. 이제 바울은 아굴라가정과 실라, 디모데등 4명의 동역자들과 함께 고린도 개척역사를 섬기게 되었으니 얼마나 힘이 되고 위로가 되었겠습니까? 이에 바울은 하나님의 말씀에 붙잡혀서 유대인들에게 예수는 그리스도라고 밝히 증명하였습니다. 바울은 아덴에서 주로 변론을 많이 하고 체험적인 실제적인 메시지를 전했습니다. 물론 아덴사람들에게는 그런 철학적인 메시지도 필요했겠지만 왠지 그 메시지에는 힘이 없었습니다.

그래서 고린도에서는 단순하고 분명한 복음의 핵심을 전파하였습니다. "우리 죄를 위해 십자가에서 죽으시고 부활하신 예수님은 우리 모든 인생들의 참다운 그리스도요, 구원자가 되십니다." 실제로 고린도전서 2:1,2절에 보면 그가 고린도에서 복음을 전파할 때에는 "말과 지혜의 아름다운 것으로 아니 하였나니 이는 그가 예수 그리스도와 그의 십자가에 못 박히신 것 외에는 아무 것도 알지 아니하기로 작정하였다"고 고백하였습니다. 그는 이처럼 예수 그리스도의 십자가의 복음과 부활의 복음에 사로잡힌바 되어 담대하게 말씀을 선포하였습니다. 살아계신 하나님을 증명하는 복음을 전했습니다.

사람이 무엇에 사로잡힌바 되는가 하는 것은 매우 중요합니다. 돈에 사로잡힌바 된 사람은 자나 깨나 돈 벌 궁리만 합니다. 돈에 사로잡힌 자는 모든 것이 돈벌이로 보입니다. 모든 것이 돈으로 보입니다. 노름에 사로잡힌 자는 밥도 안 먹고 잠도 안자고 눈에 쌍심지를 켜고 노름을 합니다. 밤에 눈을 감으면 화투짝이 왔다 갔다 합니다. 실제로 서울 수유리 어느 병원 영안실에서 있었던 일입니다. 어느 초상집에 문상을 간 한 문상객이 갑자기 장례식장에서 친구들과 밤을 새며 화투를 치던 도중에 심장마비로 죽는 사고가 발생하였습니다. 그런데 그 사람이 오른손에 뭔가를 꽉 쥐고 있더라는 것입니다. 그래서 의사들이 몇 사람 달려들어서 그 시신의 주먹을 펴 봤습니다. 그랬더니 그 손안에 무엇이 있었는지 아십니까? 화투 두 짝이 있었는데 바로 삼팔 광땡이었다는 것입니다. 그는 남의 집 문상을 와서 내기화투를 치는데 삼팔 광땡이 걸린 것입니다. 밤새도록 돈을 잃기만 하다가 마침내 싹쓸이를 하게 된 것입니다. 그는 그 화투 두 짝 삼 팔 광땡을 보는 순간 너무 흥분을 한 나머지 심장마비로 죽어 버린 것입니다. 이처럼 노름이나 게임에 사로잡히게 되면 무슨 일이 일어날지 모릅니다.

바울은 과거에 교만과 자기 의에 사로잡힌바 된 사람이었습니다. 때문에 그는 복음을 전하는 스데반집사를 돌로 쳐 죽이는 데도 눈 하나 깜짝하지 아니하고 진두지휘를 하였습니다. 예수 믿는 자들을 발본색원하여 잡아 가두기 위해서 저 멀리 다메섹까지 원정핍박을 갔던 냉혈한이었습니다. 이처럼 그가 인간적인 혈기와 야심에 사로잡힌바 되었을 때에 그는 예수 믿는 성도들을 못 살게 굴던 사단의 똘마니 이었습니다. 그러나 이제 그가 말씀에 사로잡힌바 되었을 때에 그는 담대하게 예수님의 생명의 복음, 진리의 복음, 부활의 복음을 전파하는 복음의 투사가 되었습니다. 예수 그리스도의 좋은 군사가 되었습니다. 한 영혼을 구원하기 위해 목숨을 거는 선한 목자가 되었습니다. 사람은 그 무엇인가에 사로잡힐 수밖에 없습니다. 자신이 주체가 되어서 인생을 살아가는 것 같지만 실상은 그 어떤 세력에 사로잡혀서 조종되고, 움직여지고 있는 것입니다. 저희들이 세상욕심과 죄의 세력에 사로잡힌바 되어, 추하고 더럽고 냄새나는 인생을 살지 아니하고, 하나님의 거룩한 말씀에 사로잡힌바 되어서 생명의 말씀을 전파하는 향기 나는 인생을 살 수 있길 기도합니다.

그러나 바울의 말씀선포를 들은 유대인들의 반응이 어떠했습니까? 6절 말씀을 보시겠습니다. "저희가 대적하여 훼방하거늘 바울이 옷을 떨어 가로되 너희 피가 너희 머리로 돌아갈 것이요 나는 깨끗하니라. 이후에는 이방인에게로 가리라 하고." 유대인들은 하나같이 귀를 막고 복음을 듣지 않고자 하였습니다. 아니

거기서 그치지 않고 이제는 바울을 대적하여 훼방하기까지 하였습니다. 그러나 바울은 마음이 힘들어지거나 위축되지 않았습니다. 오히려 하나님께서 자신을 이방인 복음역사에 부르셨던 그 처음 사명을 영접하고, 옷을 떨어 버리며 말했습니다. "이후에는 내가 이방인에게로 가리라."

바울이 이처럼 이방인 중심의 사역방향을 잡았을 때에 하나님께서는 그의 믿음을 어떻게 축복하셨습니까? 7절을 보십시오. "거기서 옮겨 하나님을 공경하는 디도 유스도라 하는 사람의 집에 들어가니 그 집이 회당옆이라." 하나님께서는 하나님을 공경하는 이방인 디도 유스도라는 순수한 양을 준비해 놓고 계셨습니다. 뿐만 아니라, 그는 유대인들의 회당 옆에 살고 있었기 때문에 자연스럽게 회당장인 그리스보라는 사람과도 연결이 되어서 그들이 복음을 영접하는 성령의 역사가 일어나게 되었습니다. 결국 이 두 사람이 계기가 되어서 수다한 사람들이 믿고 세례를 받게 되었습니다.

그러나 8절에서 9절로 넘어가면서 우리는 쉽게 이해가 되지 않는 대목을 만나게 됩니다. "밤에 주께서 환상 가운데 바울에게 말씀하시되 두려워하지 말며 잠잠하지 말고 말하라." 이 말씀을 통해 볼 때 바울의 내면가운데 순간적으로 두려움이 엄습한 것을 볼 수가 있습니다. 바울은 그동안 1,2차 전도여행을 통해서 많은 지역을 순회하며 복음을 전파해 왔습니다. 안디옥교회에서 파송을 받은 이후로 실루기아, 바보, 버가, 비시디아 안디옥, 이고니온, 루스드라, 더베등 소아시아지방과 빌립보, 데살로니가,

베뢰아, 아덴, 고린도에 이르기까지 여러 유럽지역들을 개척하였습니다. 어떤 곳에서는 성공적인 복음역사를 이루기도 하고, 어떤 곳에서는 돌에 맞아 죽을 고비를 넘기기도 하고, 광주리에 담겨져 피신을 하기도 하고, 교도소에 갇히기도 하고, 유대인들의 훼방 때문에 야반도주를 하기도 하였습니다. 그러나 이 모든 역경과 어려움 속에서도 바울은 지금까지 잘 견뎌왔습니다.

아마도 그의 마음속에 구원의 은혜와 부르심의 은혜가 분명했기 때문에 이 모든 어려움들을 잘 극복할 수 있었을 것입니다. 그러나 어느 순간에 이르러 바울의 마음속에 힘든 생각, 연약한 생각이 들기 시작하였습니다. "내가 언제까지 이처럼 힘들게 복음역사를 섬겨야만 하는가?" "언제까지 훼방하는 사람들과 싸우며 개척역사를 이루어 나가야만 하는가?" 몸은 연약하고 나이는 들어가는데 동역자도 없이 독신의 몸으로 선교역사를 이루어 나아가고자 할 때 힘든 생각이 들었을 것입니다.

바울은 결혼을 안 했기 때문에 피곤에 지칠 대로 지쳐서 돌아와도 따뜻한 밥 한 끼니 챙겨 주고, 꿀 차라도 한 잔 대접해 줄 동역자가 없었습니다. 그러니 얼마나 외롭고 힘들었겠습니까? 지난 빌립보에서 교도소에 갇혔을 때에 맞은 채찍자국도 자꾸만 욱신거렸을 것입니다. 루스드라에서 돌에 맞았던 자리도 자꾸만 쑤셔서 밤에 잠을 잘 수가 없었을 것입니다. 평생 동안 그를 괴롭혀온 고질병 안질은 점점 눈을 침침하게 만들었고 오랫동안 성경을 읽을 수도 없게 하였습니다.

그러나 이러한 육체적 고통보다도 그를 더 힘들게 하는 것은 마음에 파고드는 두려움과 연약한 생각이었습니다. 온 힘을 다해서 복음을 전파해 보지만 시도 때도 없이 나타나서 복음역사를 훼방하는 유대인들의 방해공작들은 그에게서 의욕과 열정을 빼앗아 갔습니다. 언제 또 어디서 돌멩이가 날아올지, 누구의 고소로 체포되어, 매를 맞고, 교도소에 갇히게 될지 모를 일이었습니다. 물론 지난날에는 믿음으로 이 모든 어려움들을 잘 극복해 왔지만 핍박과 시련이 계속될 때 사람이 지치게 되고, 피곤한 생각, 두려운 생각이 몰려오게 됩니다.

실제로 고린도 전서 2:3절에 보면 바울은 이때의 심정을 이렇게 토로하고 있습니다. "내가 너희 가운데 거할 때에 약하며 두려워하며 심히 떨었노라." 또 고린도후서 1:8,9절에서는 이렇게까지 말하였습니다. "형제들아 우리가 아시아에서 당한 환난을 너희가 알지 못하기를 원치 아니하노니 힘에 지나도록 심한 고생을 받아 살 소망까지 끊어지고 우리 마음에 사형선고를 받은 줄 알았으니." 얼마나 힘들었으면 살 소망까지 끊어졌다고 말했겠습니까? 이런 현상을 가리켜서 우리는 영적 탈진이다, 영적 고갈이요, 위기다 이렇게 말합니다. 우리 선교사님들 중에도 이런 경험을 한 분들이 많이 있다고 합니다. 처음 선교지에 나갔을 때는 성령이 충만해서 출발을 합니다. "세계는 우리의 밥이라, 나는 시베리아의 아버지다. 중국의 12억 영혼이 나를 부른다." 이렇게 외치며 부푼 가슴을 안고 선교지에 나갑니다. 그러나 막상 선교지는 만만치가 않습니다. 언어의 장벽, 물질자립의 어려움, 학문의 십자가, 자녀교육의 어려움, 문화적 충격, 거기다가 현지

인들의 냉대와 테러에 대한 위협까지 다가올 때, 얼마나 힘들겠습니까? 우리도 그렇습니다. 처음 예수님을 만나고 목동이 되고 목자가 됐을 때는 뭐든지 다 할 수 있을 것 같습니다.

그래서 신발 밑창이 다 닳도록 전도를 다니고 심방 다닙니다. 필자도 그랬습니다. 새벽 5시에 일어나 새벽기도를 하고, 저녁 12시, 1시까지 기도를 하면서 말씀을 묵상해도 피곤한 줄을 모릅니다. 다음날이면 또 어김없이 일어나서 교회로 달려옵니다. 김치 하나에 밥을 먹어도 하나님께 감사를 하고, 사명감이 넘치는 생활을 합니다. 그러나 돕던 성도들의 믿음이 식어지고, 아무리 전도해도 전도가 되지 않고, 하는 일도 잘되지 않고, 거기다가 몸도 좀 아프고, 교회에서 다른 이들이 별로 관심과 사랑을 보여주지 않으면 지치고 피곤하고 힘든 생각이 듭니다. 거기다가 주변 사람들의 방해와 가족들로부터 냉대를 받게 되면 두려움과 염려가 파고들어 옵니다. 이것이 바로 우리에게도 찾아오는 영적위기요, 탈진인 것입니다. 그러나 한편으로는 우리가 이 부분을 읽을 때에 마음에 위로가 되기도 합니다. 왜냐하면 그 유명한 바울도 힘들 때가 있었다는 사실자체가 우리에게는 위안이 되기 때문입니다. "아 바울도 이런 때가 있었구나. 바울은 슈퍼맨이요, 철인인줄 알았는데 바울도 힘들 때가 있었네! 헤맬 때가 있었네! 탈진할 때가 있었네!" 이렇게 생각하면 위로가 됩니다. 그러면 하나님께서는 이런 바울을 어떻게 도와주셨습니까? 사도행전 18장 9,10절 말씀을 보시겠습니다. "밤에 주께서 환상 가운데 바울에게 말씀하시되 두려워하지 말며 잠잠하지 말고 말

하라. 내가 너와 함께 있으매 아무 사람도 너를 대적하여 해롭게
할 자가 없을 것이니 이는 이 성중에 내 백성이 많음이라 하시더
라." 하나님께서 함께하신다는 음성을 들려주십니다. 절대 혼자
가 아니니 두려워하지 말라는 것입니다. 필자가 탈진에 처했을
때 하나님은 동일하게 음성으로 저를 위로하여 주셨습니다.

**첫째, 하나님께서는 바울에게 두려워하지 말라고 말씀하셨습
니다.** 바울에게 있어서 지금 가장 큰 문제는 바로 두려움이었습
니다. 또 돌에 맞지 않을까라는 두려움, 교도소에 갇히지 않을
까라는 두려움, 유대인들이 훼방을 놓지 않을까라는 두려움, 이
런 두려움들이 바울의 마음을 어둡게 하고 위축되게 하고 연약
하게 하였습니다. 그러나 이런 두려움은 바로 사단이 심는 무기
입니다. 사단은 할 수 있는 대로 우리의 마음속에 두려움을 심어
서 더 이상 투쟁하지 못하도록, 복음역사를 힘 있게 섬기지 못하
도록, 헌신하지 못하도록, 힘을 빼고 움츠려들게 합니다. 사람이
한번 두려움의 세력에 사로잡히게 되면 주변 환경이 큰 성벽처
럼 느껴지게 되고, 자기 자신은 마치 메뚜기와 같다는 심정이 듭
니다. 그래서 하나님께서는 바울에게 말씀하셨습니다. "두려워
하지 말라." 하나님께서는 바울의 마음속에 침투하기 시작한 두
려움의 세력과 싸워주신 것입니다. 우리도 영적으로 지치고 탈
진되고 낙심이 될 때 가장 먼저 싸워야 할 요소가 바로 내적인
두려움의 세력인 것입니다. 그러면 우리가 어떻게 두려워하지
않을 수 있습니까? 실제로는 힘들어 죽겠는데 실제로는 두려운

데 어떻게 두려움과 싸워 이길 수 있습니까? 내면을 강하게 하여 하나님의 음성을 듣는 것입니다.

10절을 보십시오. "내가 너와 함께 있으매" 하나님께서는 바울과 함께 계신다고 약속하셨습니다. 바울은 지금 자기 주위에 아무도 없다고 생각하였습니다. 다른 사람 다 있는 아내도 없다고 생각하였습니다. 그러나 하나님께서 바울과 함께 계신다고 약속해 주십니다. 나와 함께 하시는 하나님, 나의 아픔을 아시고, 외로움을 이해하시고, 슬픔과 고통을 이해하시는 하나님께서, 천지를 창조하신 하나님께서 나와 함께 하십니다. 이 든든하신 하나님께서 나와 함께하신다는 사실을 생각할 때에 우리는 두려워하지 않을 수가 있습니다. 두려움의 세력과 싸워 이길 수 있습니다. 하나님께서는 완악한 이스라엘백성들에게 심판의 메시지를 전하다가 지치고 한계에 부딪힌 이사야에게 이렇게 말씀하셨습니다. "두려워 말라. 내가 너와 함께 함이니라. 놀라지 말라. 나는 네 하나님이 됨이니라. 내가 너를 굳세게 하리라. 참으로 너를 도와주리라. 참으로 나의 의로운 오른손으로 너를 붙들리라(사41:10)." 가나안정복전쟁을 앞두고 긴장하고 있는 여호수아에게도 하나님께서는 말씀하셨습니다. "내가 네게 명한 것이 아니냐! 마음을 강하게 하고 담대히 하라. 두려워 말며 놀라지 말라. 네가 어디로 가든지 네 하나님 여호와가 너와 함께 하느니라. 하시니라(수1:9)." 디모데후서 1:7절에 보면 하나님이 우리에게 주신 것은 두려워하는 마음이 아니라고 하였습니다. 오직 능력과 사랑과 근신하는 마음이라고 하였습니다. 나와 함께 하시는 하나님께서 내게 능력을 주시고, 사랑을 주시고, 근신의 영을 주실 것을 생각할 때에 우리는 두렵지 않습니다.

둘째, 하나님께서는 바울에게 '잠잠하지 말고 말하라'고 하셨습니다. 사람이 두려움에 휩싸이게 되면 말이 없어집니다. 입이 잘 안 떨어지고 입에서 말이 잘 나오질 않습니다. 그래서 자꾸 숨게 되고, 핸드폰도 꺼놓고 사람들을 피해서 숨게 됩니다. 말씀 공부에 와서도 굳게 입을 다물고 한마디도 말을 하지 않습니다. 찬송가도 잘 부르지 않습니다. 그러나 하나님께서는 어떻게 말씀하십니까? "잠잠하지 말고 말하라" 가만히 잠잠히 있지 말고 적극적으로 입을 벌려서 말을 하라는 것입니다. 권투선수가 시합을 할 때도 자꾸만 주먹을 뻗어서 쨉을 날려야만 상대방의 예리한 공격을 막을 수가 있습니다. 태권도할 때도 자꾸만 기합을 지르고 발을 뻗어야만 상대방을 제압할 수가 있습니다. 이처럼 우리가 자꾸만 입을 벌려서 말을 할 때에 담대해지고 성령으로 충만함이 생겨서 영적 위기와 탈진에서 벗어날 수 있습니다. 특히 소리 내서 성경을 읽고, 통성으로 기도를 하고, 큰 소리로 찬송가를 부르는 것이 좋습니다. 그래서 시편 42:5절에서도 이렇게 권면하고 있습니다. "내 영혼아 네가 어찌하여 낙망하며 어찌하여 내 속에서 불안하여 하는고. 너는 하나님을 바라라 그 얼굴의 도우심을 인하여 내가 오히려 찬송하리로다." 시편기자는 하나님만을 바라보고 찬송을 부르라고 자신의 영혼에게 명령하고 있습니다. 저희가 이처럼 적극적으로 복음을 전하고, 소리 내어

기도하고 찬양하고, 말씀을 읽고, 공부할 때에 자기도 모르는 사이에 성령으로 충만해져서 두려움을 극복하고 영력이 생겨나서 어려운 환경과 싸워 승리할 수 있습니다.

셋째, 하나님께서는 바울에게 승리의 확신을 심어 주셨습니다. 사도행전18장 10절 말씀을 보시겠습니다. "내가 너와 함께 있으매 아무 사람도 너를 대적하여 해롭게 할 자가 없을 것이니 이는 이 성중에 내 백성이 많음이라 하시더라." 바울은 이 고린도지역이 너무나 음란하고 강포했기 때문에 자신을 대적하고 해롭게 할 자들이 많을 것이라고 생각하였습니다. 실제로 항구도시에는 깡패들이 많고 사람들이 말도 거칠고 미신이 성행하잖습니까? 하나님께서는 아무사람도 바울을 대적하여 해롭게 할 자가 없을 것이라고 말씀하십니다. 하나님께서 바울을 보호하시기 때문에 아무도 그를 해치지 못할 것이라고 약속해 주셨습니다. 바울은 이 말씀에 힘을 덧입게 되었을 것입니다.

그래서 바로 이 고린도지역에서 로마서를 집필했는데 로마서 8:31절에서 이렇게 외쳤습니다. "만일 하나님이 우리를 위하시면 누가 우리를 대적하리요." "우리가 종일 주를 위하여 죽임을 당케 되며 도살할 양같이 여김을 받았나이다. 함과 같으니라. 그러나 이 모든 일에 우리를 사랑하시는 이로 말미암아 우리가 넉넉히 이기느니라(롬8:36,37)." 우리를 사랑하시고, 우리를 도우시며, 우리를 위하시는 하나님을 생각할 때에 우리는 결코 두렵지 않습니다.

아프리카 선교사 리빙스턴도 이 비슷한 말을 하였습니다. "하나님께서는 우리가 사명을 다하는 날까지 결코 죽게 하지 않으신다." 하나님께서는 고린도 땅에 복음의 대적자들보다도 오히려 내 백성, 즉 하나님의 백성이 더 많다고 말씀하셨습니다. 이것은 말씀을 듣고자 마음이 준비된 자들, 복음의 진리에 갈급한 자들, 영적인 소원이 많은 자들이 많다는 것입니다. 우리 눈으로 볼 때는 분명히 대적자들이 많고, 좋은 양들은 없는 것 같은데, 하나님의 눈으로 볼 때는 대적자들이 없고, 오히려 가능성 있는 양들이 많다는 것입니다.

우리도 마찬가지입니다. 우리가 얼른 볼 때는 내가 처한 환경이 너무나 열악하고, 힘들고, 어렵게 보이지만 하나님께서 보실 때는 그렇지 않습니다. 얼마든지 환경을 극복할 수 있는 길이 있고, 오히려 내가 처한 그 곳에서 하나님의 놀라운 능력을 체험할 수 있습니다. 하나님께서는 우리가 실패의 인생을 살기 원치 않으십니다. 환경이 힘들고 어렵다고 뒤로 물러서고 낙심하고 좌절하는 인생을 살기 원치 않으십니다. 오히려 힘들게 보이는 그 곳에서 절망과 낙심을 극복하고 승리의 인생, 열매 맺는 인생을 살기 원하십니다.

바울이 만약에 이 힘든 도시 고린도에서 지치고 낙심하고 좌절하여 주저앉아 버렸다면 그의 선교사역은 실패의 짐이 되어 별 볼일 없이 끝이 났을 것입니다. 그러나 그가 승리의 확신을 주신 하나님을 믿고 의지하여 다시 일어섰을 때에 그는 도약의 날개를 달고 고린도지역에서 가장 활발한 복음역사를 섬길 수 있었습니다. 그래서 후에 보면 고린도 성도들을 위해서 쓴 고린도전후서가 얼마나 깁니까? 서신서중에서 고린도서가 가장 양이 많습니다. 그것은 그 많은 고린도교회에 권면할 말도 많아서였겠지만 그만큼 고린도교회가 크고 많은 성도들이 있었다는 증거입니다. 11절을 보십시오. 바울은 이곳 고린도에서 일 년 육 개월을 유하며 그들 가운데서 하나님의 말씀을 힘써 가르쳤습니다. 이것은 바울이 고린도 지역을 떠나지 않고 하나님께서 주신 말씀을 그대로 영접하고 적극적으로 순종하여 영적 위기와 탈진을 극복했다는 것을 말해줍니다.

12절부터 17절에 보면 또다시 유대인들의 핍박이 찾아왔습니다. 아가야지방에 총독이 교체되는 시기를 틈타 신임총독 갈리오에게 유대인들이 바울을 고소한 것입니다. 그러나 갈리오는 유대인들의 종교적인 고소사건을 받아들이지 않고 각하시켜 버렸습니다. "만일 문제가 언어와 명칭과 너희 법에 관한 것이면 너희가 스스로 처리하라. 나는 이러한 일에 재판장 되기를 원치 아니하노라." 이는 갈리오가 정의로운 재판장이어서 이렇게 했다기 보다는 하나님께서 바울과 함께 하사 대적자들로부터 바울을 보호하셨기 때문입니다. 이를 볼 때 밤에 환상가운데 나타나사 바울에게 주셨던 하나님의 말씀이 그대로 성취된 것을 볼 수가 있습니다. 이렇게 하나님께서 함께하신다는 것을 체험한 바울은 강한 카리스마적인 권능을 나타내면서 주님께서 주신 사명을 감당합니다. 우울증이나 탈진은 자신의 영성을 한 단계 업그레이드하는 계기가 되는 것입니다.

6장 개척목회자 탈진우울극복과 영혼건강

(왕상 19:8-10)"이에 일어나 먹고 마시고 그 음식물의
힘을 의지하여 사십 주 사십 야를 가서 하나님의 산 호렙
에 이르니라. 엘리야가 그 곳 굴에 들어가 거기서 머물더
니 여호와의 말씀이 그에게 임하여 이르시되 엘리야야
네가 어찌하여 여기 있느냐? 그가 대답하되 내가 만군의
하나님 여호와께 열심이 유별하오니 이는 이스라엘 자손
이 주의 언약을 버리고 주의 제단을 헐며 칼로 주의 선지
자들을 죽였음이오며 오직 나만 남았거늘 그들이 내 생
명을 찾아 빼앗으려 하나이다."

하나님은 개척교회 목회자들이 우울증이나 무기력이나 탈진
을 통과하면 사용하십니다. 우리들 대부분은 우울증이나 탈진
을 경험했거나 들어본 적이 있을 것입니다. 사실은 교회지도자
들뿐 아니라 모든 직업군의 사람들에게서 영적 육체적 탈진현
상은 나타나고 있습니다. 주변을 돌아보면, 특히 교회 사역자들
가운데는 바쁘고 과중한 짐을 지고 견디다 못해 우울증이나 탈
진현상을 경험하는 이들이 많습니다. 아직 젊음에도 건강을 잃
거나 넘어지는 경우입니다. 탈진하는 이유는 개인차가 있고 상
황마다 다르겠지만, 교회지도자들의 경우에는, 교회의 외적성
장에 주로 관심과 에너지를 집중해 왔기 때문입니다.
교회가 "성공해야 한다."는 성장병에 걸려 노력하느라고, 영

육의 쉼의 기회를 얻지 못하거나 건강을 챙기지 못하게 급하게 살아왔기 때문입니다. 또한 가장 본질적인 내적 중심(inner Center)의 영적욕구가 있음에도 그것을 만족할 만큼 채우지 못했기 때문입니다. 더구나 개 교회와 교인들이 교회지도자들을 보호하려는 노력을 기울이지 않는 것도 문제입니다. 목회자를 통하여 자신들의 문제만 해결하려고 한다는 말입니다. 신학을 졸업하고 목회자가 되거나 여러 가지 훈련과정을 거쳐 목사고시, 장로고시 같은 시험들을 통과하고 평신도 지도자로 안수 받고 사역하면 보람 있는 인생이 될 것이라고 여깁니다. 그러나 얼마 지난 후 부터는 자신들의 사역이 만만치 않다는 것을 느끼게 됩니다. 결국 자신의 능력에 한계를 느끼고 우울증이나 탈진에 빠지게 되는 것입니다.

교회 안의 많은 문제들을 속속들이 알고 성도들의 불행에 개입하다 보면 심리적으로 혹은 육체적으로나 영적으로 지치게 됩니다. 버클리의 캘리포니아대학교에서 200 여명의 의사와 목회자, 심리학자, 상담가, 사회사업가들을 조사한 결과를 보면, 대부분 그런 직종에서 일하는 사람들이 문제를 가진 사람들과 일함으로 생기는 감정적인 스트레스를 치료하는데 어려움을 겪고 있다는 사실을 발견했습니다. 교회지도자들 역시 기진하며, 무력해하고, 피곤과 신경과민, 좌절감 등을 갖는다는 것입니다.

탈진(脫盡)은 기운이 다 빠져 없어진 상태입니다. 영어로는 '번 아웃 증후군'(burnout)으로 표현합니다. UC 버클리대 교수이며 탈진연구 전문가인 크리스티나 매슬랙은 탈진을 '일종의 사람을 돕는 일'을 하는 사람들에게서 발생할 수 있는 감정적 소진(Exhaustion)과 비인격화(Depersonalization) 그리고 개인적 성취감의 감소라고 정의하였습니다. 사람을 도와주는 일에 종사하는 사람들이 겪는 이상과 활력과 목적의 점진적인 상실이라고 설명합니다. 사람들이 일의 의미를 추구하면서 생활하는 것이 아니라, 단지 생존을 위해 무의미하게 일하는 상태를 의미합니다.

그렇다면 왜 목회자가 우울증이나 탈진에 관심을 가져야 할까요? 교회와 목회자는 불가분의 관계를 가지고 있습니다. 목회자가 영육으로 건강을 유지하고 있으면 교회의 모든 부분이 생기가 넘치며 건강한 모습을 가지게 됩니다. 반대로 목회자가 탈진하게 되면 교회도 균형 잡힌 성장을 이룰 수 없게 됩니다.

필자는 항상 이렇게 말합니다. 제가 영육으로 건강하지 못한다면 성도들이 은혜를 받겠느냐는 것입니다. 자신도 건강하지 못하면서 성도들에게 영육의 건강을 말하는 것은 언어도단인 것입니다. 우울증이나 탈진은 목회 사역에 대한 의욕을 저하시키고 사역을 포기하거나 사역지를 떠나게 만들 뿐 아니라, 신체적 질병과 장애, 부부 및 가정 갈등의 주범이 되고 있기 때문입니다.

목회자는 개인적으로 신체적인 면, 정신적인 면, 감정적인 면, 그리고 영적인 면에서 건강해질 수 있도록 힘써야 합니다. 모든 면에 있어서 목회자가 건강할 때 목회자 자신뿐만 아니라, 교회 전체가 건강해질 수 있습니다. 우울증이나 탈진 극복과 더불어 탈진에 빠지지 않기 위한 예방에 많은 노력을 기울여야 할 것입니다.

목회자의 우울증이나 탈진은 부끄러운 일이나 실패가 아닙니다. 목회자는 본질상 그 자신이 연약한 존재이며, 그렇기 때문에 날마다 하나님의 능력과 은혜로 치유 받고 극복될 수 있는 존재라는 것을 기억해야 할 것입니다. 우리는 우울증이나 탈진을 개인적 범위 안에 놓으려는 경향이 있습니다. 그러나 우울증이나 탈진은 개인적 범위의 문제가 아닙니다. 목회라는 현장에 있는 사람은 누구나 우울증이나 탈진에 빠질 잠재적 위험요소를 않고 있는 것입니다. 더욱이 우울증이나 탈진에 빠진 사람은 혼자서 벗어나기가 매우 힘이 듭니다. 그렇기 때문에 우울증이나 탈진에 빠졌다면 빠른 시간 내에 전문가를 만나서 도움을 받아야 합니다.

우울증이나 탈진을 벗어나기 위해서는 첫째, 적절한 휴식이 필요하고, 둘째는 목회현장에서 현실적인 목표설정과 삶의 우선순위를 바로 설정하는 것이 중요합니다. 셋째, 영적인 충전을 받는 시간을 가져야 합니다. 일주일에 하루는 자신의 영적충전을 받는 일에 시간을 투자해야 된다고 생각합니다. 과도한 업무를 혼자 감당하다 탈진 하지 않도록 목회 사역을 전문화해가고 평신도 사역을 개발하여 동역하려 하는 마음이 중요합니다.

우울증이나 탈진이 반드시 부정적인 것만은 아닙니다. 탈진은 신학적으로 더 높은 영적 상승을 위한 기회입니다. 우울증이나 탈진의 극복을 통하여 영적인 능력이 한 단계 업그레이드 될 수가 있습니다. 예수님을 닮아가는 기회입니다. 필자도 한 단계 도약을 경험했기 때문입니다. 우울증이나 탈진이라는 신호를 통하여 다시 한 번 목회를 돌아보고 자신을 점검할 수 있는 기회로 삼을 수 있다는 말입니다. 우울증이나 탈진은 모두 한번은 거쳐야 한다고 생각합니다. 그래서 하나님은 "우리가 알거니와 하나님을 사랑하는 자 곧 그의 뜻대로 부르심을 입은 자들에게는 모든 것이 합력하여 선을 이루느니라."(롬 8:28).

고혈압 진단을 받으면 식사를 조절하고, 운동을 하여 건강을 회복하는 것처럼 '탈진'과 만나는 일이 생긴다면 우리들은 그것을 신호 또는 건강검진의 결과임을 깨닫고, 자신을 돌아보며, 해야 할 일들을 점검하며 새로운 계획으로 우리들의 인생에 도전해야 할 것입니다. 물론 '탈진'을 만나기 전에 미리 예방하는 것이 중요할 것입니다. 그러나 탈진을 만나게 되더라도 지쳐 쓰러지지 말고, 그 기회를 '일어남의 기회'로 바꾸려는 긍정적인 자세가 필요합니다. 병에도 대부분 증상이 나타나는 것처럼, 탈진 직전에도 나타나는 현상들이 있습니다. 우울증이나 탈진에 대하여 전문가들은 10가지 증상을 들고 있는데 자신은 그중 몇 가지 해당되는지 체크해 보시기 바랍니다.

첫째는 고립입니다. 사람을 만나기가 싫어집니다. 누구와도 대화하고 싶은 마음이 없어집니다. 사회에서 분리되어 독립적으로 살아가고 싶어집니다.

둘째는 의욕상실입니다. 전에는 열정이 넘친다는 이야기를 자주 들었는데, 어느 순간부터 의욕이 사라졌습니다. '내가 무엇 때문에 이 일을 하고 있지?' 하는 마음마저 듭니다.

셋째는 공감피로입니다. 타인의 고통을 들어주는 것은 좋은 일이지만, 그들이 겪는 어려움이 마치 내가 겪는 어려움인 듯 착각합니다. 그들의 고통을 공감하지만, 그 고통을 공감함으로 급격히 피로를 느끼게 되는 '2차적 외상 스트레스'입니다.

넷째는 감사와 기쁨의 상실입니다. 어느 날부터 마음의 기쁨이 사라집니다. 감사할 이유도 없다고 생각됩니다. 마음에는 원망과 불평이 자리 잡기 시작합니다.

다섯째, 예민함입니다. 평상시 같았으면 쉽게 넘어갈 일도 탈진 직전에는 예민해집니다. 운전을 하다가도 신호도 지키지 아니하고 새치기하는 차를 보면 쫓아가서 박아버리고 싶습니다. 그렇게 예쁘던 아이들이 던지는 말 한마디가 이제는 신경을 자극합니다. 친한 척하며 던지는 농담 한마디 때문에 그 사람을 보고 싶지 않습니다.

여섯째, 집중력 결여입니다. 전에는 주어진 시간에 일을 마쳐 놓고 여유를 갖기도 했는데 일을 하기도 싫고 집중이 되지 않습니다. 그렇다보니 기억력도 나빠집니다.

일곱째, 수면장애입니다. 어떤 일로 인해 잠을 이룰 수 없습니다. 도무지 화가 나서 잠을 이룰 수 없습니다. 어떻게 해서든지 똑같이 복수해 주고 싶습니다. 분노가 마음에 차오릅니다.

여덟째, 식사장애입니다. 식사장애는 두 가지로 나타나는데 식욕감퇴와 식용증가 현상입니다. 아무리 맛있는 것을 봐도 군침이 돌지 않습니다. 반대로 배탈이 날 때까지 먹습니다. 이것은 마음 깊은 곳에 자리한 공허함을 채우려고 하는 욕구의 연장선입니다.

아홉째, 눈물이 많아집니다. 오래전 이남이 씨가 부른 '울고 싶어라'를 연상하면 됩니다. 가장 사랑하고 존경하는 아버지가 갑작스레 세상을 떠났습니다. 그 충격이 너무 커서 아버지만 생각하면 눈물이 나고, 삶의 의욕을 잃어버립니다. 아니면 사랑하는 남편이 먼저 세상을 떠나 외롭고 슬퍼 몇 년을 눈물로 보내기도 합니다.

열째는 부정적사고입니다. 전에는 긍정적으로 세상을 보기도 했습니다. 그런데 언제부터인지 매사를 부정적으로 바라보게 됩니다. 현재를 바라보는 것도, 미래를 예상하는 것도 부정적입니다.

혹시, 10가지 증상 가운데 5가지 이상 해당된다면 우울증이나 탈진에 빠져 있다고 보셔도 됩니다. 그 탈진은 분명 자신을 불행한 삶으로 인도해 갈 것입니다. 하지만 그 탈진의 위기를 극복할 때 자신은 지금보다 더 나은 행복한 삶을 누리게 될 것입니다. 왜 이런 영적인 탈진상태 있을까요?

첫째, 성령님을 앞세우라. 성령님을 따라가는 목회를 하라는 것입니다. 하나님보다 내가 앞서서 일하면 결국은 지치고, 피곤합니다. 필자는 사역의 특성상 개척목회자들이 많이 찾아오고 그들에게 영적인 노하우를 제공합니다. 필자의 사명이 목회자를 깨우는 것이기 때문입니다. 필자가 강조하는 것이 있습니다. 첫째로 부부가 예수님으로 하나 되지 않았으면 전도도 하지 말고 놀아라. 부부가 하나 되지 않았는데 교회가 성장할 리가 만무합니다. 예수님은 하나를 강조하십니다. "아버지여, 아버지께서 내 안에, 내가 아버지 안에 있는 것 같이 그들도 다 하나가 되어 우리 안에 있게 하사 세상으로 아버지께서 나를 보내신 것을 믿게 하옵소서, 내게 주신 영광을 내가 그들에게 주었사오니 이는 우리가 하나가 된 것 같이 그들도 하나가 되게 하려 함이니이다." (요 17:21-22). 하나가 되려고 노력을 해야 합니다. 두 번째는 자신의 관리에 힘쓰라는 것입니다. 사역을 하려면 시간을 정해서 시간 내에 만 사역을 하고, 자신의 영성을 관리하라는 것입니다. 절대로 성령사역은 자신의 관리가 되지 않으면 지속할 수가 없기 때문입니다. 그런데도 말을 듣지 않습니다. 한마디로 순종하지 않습니다. 어느 목사님은 부목사를 하다가 교회가 문제가 생겨서 사임하고 저희 교회에 오셔서 10개월 정도 훈련을 하였습니다. 그러다가 서울에 개척을 했습니다. 개척하고 나서 사역을 하는데 성령의 역사가 강하게 일어난 것입니다. 집회를 하면 200명이상이 모였다는 것입니다. 저녁에 집회를 하는데 사역이 끝났는데도 돌아가지 않고 상담이나 안수를 받으려는 분들을 모두 상담과 안수를 했다는 것입니다. 1년이 지나고 2년이 될 무렵에 교회는 100명 정도가 주일 예배를 드릴 정도가 되었다는 것입니다. 필자는 항상 이렇게 말합니다. "개척교회는 살아계신 하나님의 역사가 눈으로 보이게 나타나야 성장한다. 살아계신 하나님이 역사를 일으켜라." 이분도 살아계신 하나님의 역사가 일어나니 교회가 단시일 내에 부흥한 것입니다. 그런데 문제가 생겼습니다. 자신의 몸이 정상이 아닌 것입니다. 탈진이 찾아온 것입니다. 분명하게 찾아오게 되어있습니다. 이유는 자기관리(충전)를 하지않고 사역을 한 것입니다. 너무 힘이 없고 말하기도 싫더라는 것입니다. 한의원에 가서 진맥을 받은 결과 온 몸의 진액이 다 빠져서 1년 이상 보충해야 정상으로 돌아온다는 것입니다. 그래서 집회를 하지 않고 주일만 지키다가 보니 슬슬 성도들이 빠져서 결국 목회를 중단하고 자신의 몸을 돌보았습니다. 사람은 육체가 있습니다. 강철로 만든 것이 아닙니다. 관리하면서 사용해야 합니다. 필자는 철저하게 시간을 지키고 저를 관리합니다. 자기 관리가 습관이 되어야 합니다.

둘째, 사람을 믿지 말라. 하나님보다 사람과의 관계를 더 친밀하게 가지면 믿고 신뢰했던 사람에게 이런 상처를 받게 됩니다. 사울왕의 경우와 같은 경우입니다. 필자는 우리 성도들에게 사람의식하지 말고 하나님만 의식하라고 강조합니다. 아예 주보에다가 기록해 두었습니다. 사람은 사랑의 대상이지 믿음의 대상이 아닙니다. 절대로 목회자는 사람을 믿으면 안 됩니다. 하나님보다 사람을 의식하면 성령님께서 그 사람을 통해서 고난을 당하게 하시든지, 다른 곳으로 보내버리십니다. 자신이 신뢰했던 사람이 어느날 갑자기 떠나니까, 마음 고생하다가 탈진에 빠질수가 있습니다. 그래서 목회자나 사모가 상처가 많아서 나이 들면 성인병으로 고생하는 것입니다. 상처를 제때 치유하지 않고 쌓아 두어서 생기는 병입니다. 그래서 목회자와 사모는 성령으로 깊은 영의기도를 통하여 자신을 정화할 수 있는 영성을 길러야 합니다. 자기 관리를 자기가 해야 합니다.

셋째, 하나님이 하시고 하신다. 일부 목회자들이 내가 이루어 놓았다는 성취욕에 빠지면 채워지지 않는 허전함을 갖게 됩니다. 일부 체험이 없는 목회자들이 자신이 했다고 말합니다. 어느 여 목회자가 토요일날 집중정밀치유를 받겠다고 지방에서 올라 왔습니다. 상태를 보니 너무나 심각했습니다. 영적인 눌림과 우울증과 탈진이 깊어져서 제대로 생활을 할 수가 없을 정도였습니다. 필자가 진단을 해보니 목소리를 낼 수가 없어서 설교를 하지 못한 경우도 있었습니다. 그래서 이정도이면 목소리가 나오지 않아서 설교도 하지 못했을 텐데 어떻게 목회를 했느냐고 질문을 하니 서럽게 우는 것입니다. 어찌 이지경이 되도록 두고 지냈느냐고 물었습니다. 그러니 작년에 너무 목이 아파서 소리가 나오지 않아 정말 힘들었다는 것입니다.

그러면서 하는 말이 자신이 교회를 지었다는 것입니다. 자신이 하나님의 교회를 지으려니 얼마나 고생을 했겠습니까? 교회는 하나님께서 지으시는 것입니다. 자신이 하려고 하다 보니까, 영적으로 침체되고, 침체를 해결하지 않으니 영적으로 눌리고, 눌림을 해결하지 않으니 우울증과 탈진이 찾아온 것입니다. 필자가 진단한 결과로는 2년 정도 지나야 정상으로 회복이 가능했습니다. 그것도 자신의 관리에 집중했을 때 2년 걸립니다. 필자를 만났을 때 마지막 정말 기회를 주신 것 이였습니다. 조금만 지났으면 탈진으로 쓰러져서 일어나지도 못했을 것입니다. 그렇게 조언을 했더니 자기 관리에 관심을 갖겠다고 했습니다. 자기가 쓰러져버리면 교회지은 것이 무슨 소용이 있겠습니까? 물론 다른 목회자가 목회는 하겠지요. 그러나 자신은 망가져 버린 것입니다. 우리가 알아야 할 것은 몸도 자신의 것이 아닙니다. 하나님의 소유입니다. 청지기입니다. 청지기답게 몸도 관리를 잘해야 합니다. 분명하게 "평강의 하나님이 친히 너희를 온전히 거룩하게 하시고 또 너희의 온 영과 혼과 몸이 우리 주 예수 그리스도께서 강림하실 때에 흠 없게 보전되기를 원하노라"(살전 5:23). 말씀하셨습니다.

넷째, 하나님 소리보다는 사람 소리에 귀 기우렸다는 것이다. 우리도 누군가의 말 한마디에 좌절감을 느끼고, 두려움을 느끼고, 의욕을 잃고, 삶을 포기하는 자리에 서게 되기도 합니다. 영적으로는 기도도 잘 안 되고, 봉사의 기쁨도 없고, 교회생활도 재미가 없습니다. 이것이 신앙의 탈진입니다. 어떤 대형교회 목사님의 고백을 들은 적이 있습니다. 교회에 나가 수천 명 앞에서 설교하고 사역을 할 때는 복음의 능력이 나타납니다. 성도들은 그를 존경합니다. 사람들이 회개하고 돌아옵니다. 병이 나았다고 합니다. 교회는 몇 배 부흥되었습니다. 자신은 필요한 사람이라고 느낍니다. 그러나 집에 들어갔는데 사모님이 목사님을 그렇게 괴롭힙니다. 그때 사역을 계속 해야 할지 고민을 했다고 합니다.

혹은 교회는 부흥되는데 성도 한두 사람이 자기를 괴롭힙니다. 그리고 장로님들이 자기에게 힘을 실어준다는 느낌을 받지 못했습니다. 그때도 당연히 사역을 계속해야 할지 고민을 하게 되었다고 합니다. 우리도 마찬가지입니다. 물질의 문제, 질병의 문제, 사업의 어려움, 자녀의 문제, 진로의 문제로 좌절감에 빠지고 기도의 문이 막히고 영적탈진에까지 이를 수 있습니다. 이러한 탈진현상을 치유하지 못하면 더 깊은 절망의 수렁에 빠지게 됩니다. 목회는 하나님이 하시는 것입니다. 절대로 사람의식하지 말고 하나님께서 하라는 대로 하면 됩니다. 자기관리, 가정관리를 하면서 사역해야 합니다.

다섯째, 자기를 보지 못한다. 자기를 들여다보는 시간을 갖지 않은 것입니다. 한마디로 기도하지 않았다는 것입니다. 바른 기도는 성령으로 충만한 가운데 자신을 들여다보는 것이라고 생각합니다. 기도는 구하는 것만이 기도가 아닙니다. 자신을 들여다보면서 하나님의 음성을 듣는 것입니다. 자기를 보지 못하기 때문에 탈진에 빠지는 것입니다. 목회자가 특별하게 주의해야 할 것은 강단에 서있으면 모든 사람이 자신보다 못한 사람들로 보입니다. 그래서 목회자는 강단에서 하나님의 입장에서 성도들을 바라보아야 합니다. 정말로 위험한 자리가 강단에 서있는 목회자의 자리입니다. 자칫 잘못하면 방종할 수가 있기 때문입니다. 필자는 자신을 정확하게 보는 것이 가장 강한 능력이라고 생각하며 실천하려고 노력하고 있습니다. 자신을 보는 시간을 많이 가져야 합니다. 그렇지 않으면 자신의 영적인 상태를 주기적으로 진단받아 내면세계를 정화해야 할 것입니다. 필자가 체험한 바로는 저에게 귀신이 역사하고 있었어도 환자들에게 역사하는 귀신들이 축귀가 되었다는 것입니다. 귀신축사하면 다되었다고 생각하지 말고 자신을 보는 눈을 열어 달라고 기도해야 합니다.

여섯째, 받은 만큼 사용하라. 자기 자신의 영적 충전하는 것을 잊은 것입니다. 능력사역자는 하나님께 받은 만큼 사용하고 충전시키는 습관이 되어야 합니다. 공급받은 만큼 사용하는 것입니다. 그런데 그렇게 알려주어도 순종하지 않고 막 돌아 다니면서 사역을 합니다. 그러다가 탈진되어 찾아옵니다. 자신의 관리를 할 수 있는 사역자가 되어야 합니다. 자신의 관리를 깊은 영의 기도를 통하여 가능합니다. 내면을 강하게 하는 기도를 해야 합니다. 필자는 기도의 90% 이상이 내면을 강하게 하는 기도를 합니다. 항상 내면을 강하게 하는 기도를 한다고 보아도 무리가 없을 정도입니다. 진정한 권능은 자신 안에 계시는 하나님으로부터 나오는 것입니다. 성령으로 기도해야 합니다. 습관이 되어야 합니다. 습관이 되지 않으면 중도에 사역을 하지 못할 경우가 생깁니다. 마귀의 공격을 이겨내지 못하기 때문입니다. 우리 교회에서 훈련받고 가신 목회자들이 권능이 나타나니 자신의 충전을 모르고 사역하다가 다시 찾아오는 것을 볼 때 안타깝기 짝이 없습니다. 자기 교회 관리하지 않고 부흥회로 돌아다니다가 교회가 망가진 목회자들도 있습니다.

일곱째, 하나님의 창조의 법칙을 준수하지 않는 결과이다. 하나님은 6일 동안 일하시고 하루는 쉬셨습니다. 낮에는 일하시고 밤에는 쉬었습니다. 이것을 지켜야 탈진에 빠지지 않습니다. 어느 목회자는 매일 철야하지 않는 목회자는 목회자가 아니라고 생각했다는 것입니다. 그러다가 탈진에 빠져서 목회를 할 수가 없을 지경에 이르러서 생각하니까, 그분들이 진정한 목회자였다고 말하는 목회자도 있었습니다. 이분은 너무나 강하게 탈진에 빠져서 목회를 하실 수가 없을 지경에 이르렀습니다. 참으로 안타깝습니다. 이런 분들은 영적인 사역을 시작하기 전에 내면세계에 대하여 정확하게 알고, 정화시키는 기간을 충분하게 가졌다가 사역을 시작했으면 100살까지 쓰임을 받을 수 있을 것인데, 준비를 하지 못해서 중도에 중단된 것입니다. 교만한 결과이자 자기 관리를 하지 못한 결과입니다. 성령의 역사가 일어나니다 된 줄로 착각하고 마구잡이로 사용하다가 망가진 것입니다. 앞에서도 설명했지만 자신에게 귀신이 있어도 축사하면 상대방의 귀신이 축사됩니다. 착각하지 말아야 합니다. 준비를 잘해야 합니다. 목회는 마라톤입니다.

골3장에서 바울은 땅의 것을 버리고, 위의 것을 취하고 옛 생활, 옛 습관을 버리고 새 사람을 입으라고 말합니다. 그리고 결론적으로 "그리스도의 평강이 너희 마음을 주장케 하라"는 것입니다. 이렇게 내 마음을 주장할 수 있는 방법은 모든 것을 할 때 주께 하듯하라는 것입니다. 저는 우리교회에 오셨던 모든 목회자들이 영적인 탈진상태(엘리야의 신드름)에 빠지지 않기를 원합니다. 영적인 탈진상태에 빠진 형제, 자매를 위해서 그와 동일한 마음과 아픔으로 기도하기를 부탁드립니다. 저도 그렇게 기도할 것입니다.

하나님은 엘리야의 상태를 너무나 잘 알고 계셨고 찾아오셨습니다. 그리고 먹을 것을 주시며 먹고 마시고 먹고 마시고 하면서 피곤한 몸을 어루만져 주심으로 새 힘을 얻게 하셨습니다. 우리가 탈진을 극복하기 위해서는 먼저, 몸과 마음의 건강을 회복하고 유지해야 합니다. 분주함도 탈진의 이유가 될 수 있습니다. 육체의 건강과 정신적인 안정을 취해야 합니다. 마음을 강하게 하고 담대히 해야 합니다. 우리가 탈진을 극복하기 위해서는 다음으로, 하나님의 세미한 음성을 들어야 합니다. 크고 강한 바람이 지나가면서 바위를 부수었지만 그곳에 하나님이 계시지 않았습니다. 바람 후에 지진이 났지만 그곳에도 하나님이 계시지 않았습니다. 지진 후에 불이 나타났지만, 그곳에도 하나님이 계시지 않았습니다. 불후에 세미한 음성이 들렸습니다. 하나님께서는 말씀을 다가오시고 말씀으로 엘리야에게 새 힘을 주셨습니다.

혹, 지금 책을 읽는 분 중에, 엘리야와 같은 상황이라고 생각되시는 분들이 계십니까? 해결되지 않는 문제 때문에 좌절하고, 갈등하는 문제로 의욕을 잃고 있지는 않습니까? 기도도 되지 않고 허우적거리고 있지 않습니까? 그렇다면 무엇보다 깊은 기도를 하여 하나님의 음성을 들으십시오. 예배의 자리에 나와 하나님의 세미한 음성을 들으십시오. 탈진이 찾아왔다고 끝난 것이 아닙니다. 전화위복(轉禍爲福)의 계기가 되는 것입니다.

분명하게 탈진을 극복하면 카리스마적인 권능이 나타납니다. 하나님께서 새로운 사명을 주시기도 합니다. 탈진은 자신의 영적인 권능을 한 단계 업그레이드하는 계기라고 생각해야 합니다. 적극적으로 우울증이나 탈진을 극복하려고 노력해야 합니다. 분명하게 성령의 인도를 받는 영적인 방법을 택하여 우울증이나 탈진을 극복해야 합니다. 인간적인 방법으로 한 번에 탈진을 극복하려는 안일한 생각을 버려야 합니다. 성령의 인도를 받으면서 자신의 내면을 강하게 하면 우울증이나 탈진을 회복함과 동시에 강한 카리스마적인 권능이 나타나게 됩니다.

카리스마와 권능은 자신은 죽고 예수님이 자신을 통하여 하신다는 믿음이 중요합니다. 모세와 같이 하나님께서 하라는 대로 순종하면 카리스마와 권능이 나타납니다. 절대로 자신이 한다는 생각에서 탈피하지 못하면 카리스마와 권능은 행사할 수가 없습니다. 하나님께서 자신을 통하여 권능을 행사하신다는 믿음을 가지고 앞에 있는 비정상적인 것들에게 담대하게 예수님의 이름으로 선포하면 기적이 일어나는 것입니다. 반드시 성령의 임재 가운데 하나님께서 자신을 통해 하신다는 믿음이 중요합니다.

자신의 영성을 관리하는 것은 성령으로 기도하면서 성령의 지시를 받는 것입니다. 성령께서 감동하시는 대로 순종하는 것입니다. 성령께서 기도할 때 영적인 궁금증을 주시면 그것을 풀려고 노력하라는 것입니다. 성경도 읽어보고, 기독서점이나 인터넷서점에 들러서 관련된 서적을 읽어서 궁금증을 해소하면 그 분야가 열리는 것입니다. 이렇게 성령의 인도를 받으면서 영성을 깊게하는 것입니다. 이 정도가 되면 절대로 우울증이나 탈진에 빠질 수가 없을 것입니다. 성령의 인도를 받는 것이 자신의 관리입니다.

2부 영혼에 문제로 고통당하는 크리스천

7장 영혼의 눌림에 고통당하는 크리스천

(약 4:6-7)"그러나 더욱 큰 은혜를 주시나니 그러므로 일렀으되 하나님이 교만한 자를 물리치시고 겸손한 자에게 은혜를 주신다 하였느니라. 그런즉 너희는 하나님께 복종할지어다 마귀를 대적하라 그리하면 너희를 피하리라"

영적으로 눌리게 되면 영적인 활동에 좋지 않은 영향을 끼치게 됩니다. 마음속에 평안과 평강이 사라지고 불안해지며, 하나님이 허락하시는 마음의 평정심을 잃게 됩니다. 특히, 하나님과의 관계가 막혀져 영적으로 둔화되고 부딪히며 막히는 것을 경험하게 됩니다. 이 현상은 "영적 침체"와 비슷한 것이지만, 영적 침체는 영적 눌림 현상이 해결되지 않고 계속되는 경우 생기는 것입니다. 그러므로 영적 눌림은 영적 침체의 가벼운 증상이라고 생각할 수 있겠습니다.

어둠의 세력은 여러 가지 방법을 통해 우리들 마음속에 역사하려고 그 기회와 틈을 노립니다. 그렇기 때문에 우리들 마음속에 하나님과의 관계를 가로막고 영적으로 상해를 주는 어둠의 세력의 유혹과 미혹된 부분들을 날마다, 성령으로 기도하면서 마음을 정화하고, 예수님의 보혈의 은혜를 의지함으로 깨끗이 씻김을 받아야 합니다. 그대로 방치하게 되면 어둠의 세력이 그러한 부분을 통해 우리들의 마음속에 역사하다가 집을 짓기 때문입니다.

영적으로 눌리는 것은 성령의 역사와 예수님의 보혈의 은혜 외에 세상적인 그 어떤 것으로도 치유되거나 깨끗함을 받을 수 없습니다. 왜냐하면, 세상적인 것에는 어둠의 세력과 역사를 물리치고 제거할 수 있는 힘과 능력이 없기 때문입니다. 오히려 세상적인 부분을 통해 이를 회복하려고 한다면 어둠의 세력이 하나님과 우리들의 사이를 이전보다 더욱 멀어지게 하고 이간질시키며 마음으로부터 하나님을 떠나가게 할 것입니다.

그렇기 때문에 영적으로 흔들리거나 문제가 있다고 느낄 때 이를 대수롭지 않게 여기거나 적당하게 대처하려고 한다면 영적인 부분에 피해를 입기 쉽습니다. 이런 부분을 느낄 때 우리들의 영혼의 치유 자가 되시는 하나님을 찾아 그 문제들을 내놓고 하나님께 치유와 회복을 받는 것이 가장 현명하고 옳은 방법이라고 믿습니다.

영적으로 눌리는 것을 방치하게 되면 영적으로 눌리는 것을 넘어 영적으로 매이게 됩니다. 즉, 어둠의 세력에게 사로잡히게 된다는 것입니다. 자신도 모르는 사이 영적으로 멍들고 상처입고, 영적으로 병들고 무기력해져 어둠의 세력에 대항할 수 있는 기력마저 행할 수 없게 된다는 것입니다.

그렇기 때문에 우리들 마음속에 틈을 타 역사하려고 하는 어둠의 세력을 회개 기도와 대적 기도를 통해 우리들 심령 가운데 역사하지 못하고, 자리 잡지 못하도록 물리치고 제거해야 합니다. 그렇지 않게 되면 스스로 물러가지 않고 우리들의 심령을 계속해서 틈타며 집을 짓고 왕 노릇 하려하기 때문입니다.

하나님께서 우리들의 영혼을 진리와 생명의 길로 인도하신다면 어둠의 세력은 우리들의 영혼을 사망과 멸망의 길로 인도합니다. 그러므로 우리들은 어둠에 의해 조종당하고 어둠의 역사에 종노릇 하지 않기 위해서는 날마다 예수님의 보혈로 새 옷을 입고 하나님이 베푸시는 영의 양식을 통해 튼튼하게 무장을 해야 합니다. 또한, 성령으로 하는 기도를 통하여 하나님과의 교제하며 하나님이 베푸시는 은혜를 충전 받아야 합니다.

영적으로 튼튼하게 무장되어질수록 우리들의 마음은 하나님께 집중하게 되지만 영적으로 흔들리고 약해질수록 하나님이외의 세상적인 것에 집중하게 된다는 사실을 간과해서는 안 될 것입니다. 그것은 곧, 어둠의 유혹을 통한 어둠의 세력에 집중하는 것과 다름이 없습니다.

하나님께 집중할수록 하나님을 찾고 구하며 의지하게 되지만, 영적으로 눌리고 세상적인 것에 집중할수록 하나님보다 세상적인 것을 찾고 구하며 자신의 생각과 판단을 의지하게 됩니다. 보이는 사람을 의지하거나 찾게 됩니다. 즉, 어둠의 영이 우리들의 영혼으로 하여금 하나님 중심적인 마음과 삶에서 세상중심적인 마음과 삶으로 우리들의 영혼과 마음과 삶을 변질시켜 버린다는 것입니다.

어둠은 관심을 갖고 수용하는 것이 아니라, 성령의 임재가운데 대적해서 물리치고 제거해야 하는 것입니다. 하나님은 어둠의 역사에 대항할 수 있는 방법을 우리들에게 허락해 주셨습니다. 하나님이 허락하신 방법인 성령으로 기도하고, 예수 이름으로 대적하고, 마음 안에서 성령의 역사가 일어나게 하여 귀신이 물러가게 해야 합니다. 이런 적극적인 활동을 통해 어둠에 맞서 이를 대적하여 물리치고 제거해 나가야 하는 것은 바로 우리들의 몫입니다. 하나님을 가까이 하시기를 바랍니다. 성령으로 기도해야 합니다. 마음 안에 계신 하나님께 주신되게 해야 합니다. 하나님 안에 이를 이기고 물리치고 제거하며 승리할 수 있는 모든 길과 방법이 있기 때문입니다.

첫째, 영적인 눌림을 초래하는 일들. 영적인 눌림의 시발은 자신의 과오에서 출발합니다. 필자가 그동안 사역을 하면서 상담하고 치유하면서 대화를 해본 결과 영적인 눌림을 체험하는 사람들이 부부싸움을 하고나니 기도가 되지 않고 가슴이 답답하여 고생을 했다는 것입니다. 그래서 하나님은 "남편들아 이와 같이 지식을 따라 너희 아내와 동거하고 그를 더 연약한 그릇이요 또 생명의 은혜를 함께 이어받을 자로 알아 귀히 여기라 이는 너희 기도가 막히지 아니하게 하려 함이라"(벧전 3:7). 말씀하시는 것입니다. 부부간에 불화하면 기도를 못하게 하는 귀신이 역사한다는 말씀입니다.

혈기를 낸 경우입니다. 대부분의 크리스천들이 혈기를 낸 다음에 기도가 안 되고, 마음이 답답해지고 짜증이 나고, 마음이 답답하고, 목에 무엇이 걸린 것과 같은 형상을 체험했다는 것입니다. 혈기를 낼 때 육체가 되어서 나타난 현상입니다. 하나님은 "분을 내어도 죄를 짓지 말며 해가 지도록 분을 품지 말고, 마귀에게 틈을 주지 말라"(엡 4:26-27). 고 경고하시는 것입니다. 혈기를 냈다면 하루가 지나기 전에 풀어야 할 것입니다.

크리스천들이 세상 사람들하고 같이 일하기 때문에 모임을 피할 수가 없습니다. 세상에서 동료들끼리 모이다가 보면 음주하고, 노래방가고 한 다음부터 마음에 가책으로 기도를 하지 못하다가 영적인 눌림으로 고생하는 경우도 있습니다. 더군다나 친구들과 모이다가 보니 밤 늦는 줄도 모르고 있다가 주일 범하고, 영적인 눌림으로 고생하는 경우가 많습니다. 많은 크리스천들이 그런 간증을 하시지요. 주일 범했다가 어떤 일을 당했다고…. 이런 일을 자신을 사랑하시는 하나님의 경고라고 받아들이면 됩니다. 영적인 눌림에 잘 빠지는 경우가 십일조 드리다가 수입이 늘어나서 십일조를 하지 못한 경우입니다. 예를 든다면 한 달에 100만원 십일조 하다가 수입이 들어나 300만원을 십일조 해야 하니 아까워서 십일조를 정확하게 드리지 않아 양심에 가책을 느끼고 영적인 눌림에 빠진 분들이 종종 있습니다.

밤에 외진 길을 가다가 사람이나 짐승에게 놀란 일이 있은 후부터 기도가 안 되고 마음이 답답하고 가슴이 두근거리고 불면증이 찾아오는 경우도 있습니다. 빨리 영적인 치유를 받아야 합니다. 시간이 경과하면 정신과 육체의 건강에도 심대한 문제를 야기할 수가 있습니다. 어느 여 집사님은 중국에 관광 가서 토속춤을 추는 것에 심취해 있다가 그 사람들이 옷을 빌려줘서 입고

춤을 추는 연습을 하고 귀국했는데 가슴이 답답하고, 기도가 되지 않고, 짜증이 심하고, 꿈을 많이 꾸고 불면증에 **빠져서** 한동안 고생하다가 필자에게 와서 내적치유 받고 정상으로 회복되었습니다. 귀신이 말로 표현 할 수 없도록 많이 떠나갔습니다.

다음 간증을 읽어보시기를 바랍니다. 저는 항상 믿음 생활하기가 너무나 힘들다고 불평하며 지낸 집사입니다. 제일 힘이 드는 것이 기도였습니다. 좀처럼 기도하기가 쉽지가 않았습니다. 다른 성도들은 몇 시간씩 기도를 한다고 자랑을 하는데 저는 십분을 하지 못했습니다. 집안에 일이 있어서 새벽기도에 가도 기도가 되지를 않아 그냥오기 일쑤였습니다. 기도를 하지 못하니 자연히 마음이 답답해지고 조그마한 소리에도 혈기를 잘 내는 것입니다. 남편이 한 마디 하면 저는 세 마디로 대꾸를 합니다. 남편은 교회 다니는 집사가 어떻게 그렇게 혈기가 심하냐고 할 정도입니다. 저도 혈기를 내지 말아야 하겠다고 생각은 합니다. 그러나 막상 사람과의 관계에서는 절제가 되지 않았습니다. 그래서 왜 제가 기도가 되지 않고 마음이 답답하고 혈기가 심할까! 혼자 고민을 하는데 구역 예배에 갔다가 구역장이 저의 이야기를 듣고 충만한 교회를 소개하여 주었습니다.

그래서 홈페이지에 들어가서 프로그램을 보고 집회에 참석을 했습니다. 집회에 하루 참석하여 말씀을 듣고 기도하니 조금 나아지는 것 같았습니다. 다음날 상담을 신청하여 저의 상태를 강 목사님에게 말씀을 드렸습니다. 강 목사님이 하시는 말씀이 마음의 상처로 인하여 영의 통로가 막혀서 기도도 안 되고 혈기도

심하다는 것입니다. 이런 상태로 계속 살아가다가 갱년기에 들어서면 육체의 질병과 우울증으로 고생을 할 것이라고 했습니다. 육신의 건강을 위해서라도 영의 통로를 뚫고 상처를 치유해야 한다는 것입니다. 어떻게 하면 영의 통로가 뚫리느냐고 질문을 했더니 계속 참석하면서 말씀을 듣고 기도를 하면 된다고 하시면서 기도 방법을 바꾸어 보라고 하셨습니다. 그냥 호흡을 들이쉬고 내쉬면서 배에서 나오는 소리로 주여! 를 계속하면 성령의 역사가 일어나 영의 통로가 자연스럽게 뚫리게 된다는 것입니다. 절대로 욕심을 부린다고 빨리 뚫리는 것이 아니니 성령께서 하라는 대로 따라가라는 것입니다. 그렇게 순종하고 기도하면 목사님이 돌아다니면서 안수하여 영의 통로가 뚫리도록 해준다는 것입니다. 그래서 순종하기로 했습니다. 무엇보다 두려운 것은 갱년기에 질병과 우울증으로 고통당할 수도 있다는 말이였습니다.

집회에 참석하여 전하는 말씀을 열심히 들었습니다. 말씀을 들을 때 저의 가슴이 답답해지는 것을 느꼈습니다. 그래서 나는 이상했지만 성령의 역사로 인하여 나타나는 현상이라는 것을 알았습니다. 말씀을 듣고 찬양을 부르고 기도 시간이 되었습니다. 강 목사님이 알려주신 대로 숨을 들이쉬고 내쉬면서 배에서 나오는 소리를 열심히 했습니다. 숨을 들이쉬면서 배에서 나오는 소리로 주여! 를 계속했습니다.

이렇게 기도에 몰입을 했습니다. 그러자 저에게 진동이 오기 시작을 했습니다. 손이 떨리기 시작을 하더니 온몸이 떨리는 것입니다. 그래도 기도에 몰입을 했습니다. 그러자 이제 손가락이 움추려 들고, 오그라드는 것입니다. 그러면서 제 몸이 뒤틀리는 현상이 일어나는 것입니다. 가슴이 답답해 오는 것입니다. 이제 제의지로 무엇을 할 수가 없었습니다. 성령이 역사하는 대로 따라서 기도를 했습니다. 그러니까 제 안에서 불이 올라오는 것입니다.

아주 뜨거운 불이 올라옵니다. 온몸이 뜨거워집니다. 얼굴이 뜨거워집니다. 몸은 뒤틀립니다. 아주 정신을 차릴 수가 없이 성령이 역사를 하는 것입니다. 그러기를 한 30분 한 것 같습니다. 이제 제가 잠잠해지기 시작을 했습니다. 그러자 강 목사님이 오셔서 안수해 주셨습니다. "이렇게 뒤틀리게 했던 더러운 영은 물러갈지어다." "기침을 통해서 떠나갈지어다." 하며 명령을 했습니다. 그러자 기침이 사정없이 나오는 것입니다. 그러면서 내 속에서 방언기도가 터져 나오는 것입니다.

그때 저에게 감동이 오기를 이제 성령의 불세례를 체험하고 영에서 나오는 방언을 하는 것이라는 것입니다. 영의 통로가 뚫렸다는 생각이 나를 주장했습니다. 너무나 감사했습니다. 그래서 계속 방언기도를 하니 몸이 가벼워지며 머리가 상쾌해졌습니다. 너무나 좋아서 지금 두 달째 다니고 있습니다. 말로 표현 못하는 평안을 느끼고 있습니다. 성격이 유순해졌습니다. 혈기가 없어졌습니다. 기도 시간이 즐거워집니다. 저의 남편이 이제 집사 같다는 것입니다. 제가 지금 느끼는 것은 바른 신앙지도를 받으면 좀더 빨리 깊이 있고 변화된 성도가 될 수 있다는 것입니다. 정말 하나님의 평안을 몸으로 느끼면서 삶을 살아가고 있습니다.

둘째, 영적인 눌림으로 나타나는 현상. 기도를 하려고 앉았지만 입이 열리지 않고 마음이 무거워 기도가 전혀 되지 않는 경우를 경험하였을 것입니다. 기도가 쉽게 풀리지 않고 힘들고 지금 이 기도를 주님이 받으시지 않는 것 같은 느낌을 받아 더욱 기도가 어려워집니다. 이러한 현상을 영적 눌림이라고 표현합니다. 이 현상은 "영적 침체"와 비슷한 것이지만, 영적 침체는 영적 눌림 현상이 해결되지 않고 계속되는 경우 생기는 것입니다. 그러므로 영적 눌림은 영적 침체의 가벼운 증상이라고 생각할 수 있겠습니다. 영적 눌림에 이르면 가슴이 답답하고 기도는 해야 하겠는데 막상 기도하려고 하면 아무런 생각도 나지 않고 힘이 빠져 기도할 마음이 사라집니다.

기도는 해야 하겠는데 기도할 기분이 들지 않아 몇 분을 지나지 못해서 자리에서 일어나게 됩니다. 이러한 영적 눌림이 일어나는 이유가 무엇이겠습니까? 이럴 때 우선적으로 생각해 보아야 할 것이 그릇된 행동의 문제입니다. 주님의 말씀을 어기고 그릇된 행동을 하여 양심에 가책을 받을 때 이러한 현상을 경험하게 되는 것입니다. 가벼운 죄일 경우 가벼운 눌림 현상이 나타나지만 죄가 큰 경우 무거운 눌림 현상이 나타납니다. 주님이 원하는 것은 하지 아니하고 원하지 않는 것을 행하여 성령을 근심케 하였을 때 이러한 현상을 경험하게 됩니다.

영적 눌림은 자주 경험하는 흔한 일입니다. 이는 우리가 잘못했을 때마다 주님이 우리에게 주님의 마음을 깨닫게 하시기 위해서 이런 일을 행하시는 것입니다. 주님의 간섭을 통해서 우리는 주님의 마음을 깨닫고 옳고 그른 것이 무엇인지 깨닫게 되는 것입니다. 사람의 생각에는 올바른 것 같을지라도 하나님의 시각에서는 올바르지 못한 것이 많습니다. 주님이 제동을 걸지 않으면 우리는 자신의 생각이 올바르다고 생각하고 그 행동을 계속하게 됩니다. 그러므로 주님이 영적 눌림을 사용하여 우리에게 말씀하시는 것입니다. 자신의 행동이 아무리 선한 의도로 행하였다 하더라도 주님의 뜻에 어긋날 수 있습니다. 이런 사실들을 일일이 점검 받음으로써 우리는 주님의 마음에 더 가까이 다가가게 되는 것입니다. 그리고 주님의 시각에서 사물을 보고 행동하게 되는 것입니다.

영적 눌림 현상은 자신의 행동을 살펴보고 교정하라고 보내는 성령님의 신호입니다. 이를 무시하고 교정하지 않으면 서서히 영적 침체에 빠지게 됩니다. 영적 침체는 질병입니다. 그러므로 치유하기가 쉽지 않습니다. 영적 눌림이 영적 침체로 가기 전에 주님 안에서 교정 받아야 합니다. 기도가 되지 않는다고 해서 자리에서 일어나는 것은 오히려 성령을 근심케 하며, 주님을 실망시키는 일이 된다는 사실을 기억하십시오. 이런 경우 억지로 기도를 하려하지 말고 호흡을 들이쉬고 내쉬면서 예수님을 찾으세요. 하는 방법은 호흡을 코로 들이쉬고 호흡을 내쉬면서 아랫배에서 나오는 소리로 자연스럽게 주여! 다시 호흡을 코로 들이쉬고 호흡을 내쉬면서 아랫배에서 나오는 소리로 자연스럽게 주여! 다시 호흡을 코로 들이쉬고 호흡을 내쉬면서 아랫배에서 나오는 소리로 자연스럽게 주여! 이렇게 지속적으로 하시기를 바랍니다. 그러면 기침이 나오든지 하품이 나오든지 제체기가 나오든지 할 수도 있습니다. 그러면서 막힌 영의 통로가 열립니다. 마음이 열리면 찬양을 한다든지 방언으로 기도를 한다든지 하면 됩니다. 중요한 것은 목이나 생각이나 말이나 머리로 기도하려고 하지 말고 아랫배에서 올라오는 순수한 소리로 기도를 하는 습관을 들이시기를 바랍니다. 기도를 아랫배로 하는 습관이 되면 좀처럼 영적인 눌림에 빠지지 않습니다.

반드시 알아야 할 것은 기도가 바뀌지 않으면 맑힌 영의통로를 뚫을 수가 없습니다. 의지를 가지고 순수하게 순종해야 맑힌 영의통로가 뚫립니다. 기도가 바뀌지 않으면 2년이 되어도 영적인 눌림에서 해방될 수가 없습니다. 왜냐하면 자신의 기도가 잠재의식에서 나오는 혼적인 기도이기 때문입니다. 기도를 바꾸어서 영에서 올라오게 해야 영의통로가 열리는 것입니다.

다른 방법은 호흡을 들이쉬고 내쉬면서 예수님을 생각하고 찾는 것입니다. 하는 방법은 호흡을 들이쉬면서 예수님! 호흡을 내쉬면서 도와주세요. 호흡을 들이쉬면서 예수님! 호흡을 내쉬면서 사랑합니다. 호흡을 들이쉬면서 예수님! 호흡을 내쉬면서 사랑합니다. 지속적으로 하시기를 바랍니다. 어느 정도 하다가 보면 하품도 나오고 기침도 나오고 제체기도 나올 수가 있습니다. 마음이 열렸다고 생각이 되면 찬양을 하든지, 말로 기도를 하든지, 주여! 주여! 를 하든지, 방언으로 기도를 하든지 하면 됩니다. 문제는 빨리 눌림에서 빠져나와서 영적인 침체에 빠지지 않게 해야합니다. 찬양을 하시면서 찬양의 가사를 묵상하십시오. 자신이 제일 잘 부르는 찬양을 일절만 계속하여 부르시기 바랍니다. 찬양이 되지 않는 사람은 조용히 묵상하십시오. 묵상의 방법은 제가 "기도 쉽게 바르게 하는 방법" 책에서 소개한 여러 가지가 있지 않습니까? 자신에게 맞는 묵상법을 가지고 묵상하십시오.

기도를 시작하면 먼저 말부터 하려는 사람들이 많습니다. 먼저 이렇게 해보시기 바랍니다. 호흡을 코로 들이쉬고 호흡을 내쉬면서 아랫배에서 나오는 소리로 자연스럽게 주여! 다시 호흡을 코로 들이쉬고 호흡을 내쉬면서 아랫배에서 나오는 소리로 자연스럽게 주여! 주여! 소리는 악을 쓰지 말고 자연스러운 소리가 좋습니다.

새벽기도는 아주 중요한 기도시간입니다. 많은 성도들이 새벽에 교회에 나와서 기도를 합니다. 성령이 충만하게 임재 된 가운데 기도를 해야 합니다. 그런데 기도 내용을 보면 머리로 생각한 내용을 가지고 육신적인 기도를 합니다. 육신적인 기도를 하니까, 시간을 드려서 기도해도 하나님의 음성을 듣지 못함은 물론이고 응답을 받지를 못하는 것입니다.

새벽 기도는 성령의 인도를 받아 성령으로 기도하므로 하나님의 음성을 듣고 하루 일을 준비하는 귀한 시간입니다. 그럼에도 불구하고 자기가 생각하고 있는 기도 제목만 하늘에 계신 한님에게 아뢰는 기도가 되고 있습니다. 이렇게 기도하니 기도응답도 받지 못하고 성령 충만도 받지 못하는 것입니다.

8장 영혼의 침체로 고통당하는 크리스천

(마11:2-11) "요한이 옥에서 그리스도께서 하신 일을 듣고 제자들을 보내어 예수께 여짜오되 오실 그이가 당신이오니이까? 우리가 다른 이를 기다리오리이까? 예수께서 대답하여 이르시되 너희가 가서 듣고 보는 것을 요한에게 알리되 맹인이 보며 못 걷는 사람이 걸으며 나병환자가 깨끗함을 받으며 못 듣는 자가 들으며 죽은 자가 살아나며 가난한 자에게 복음이 전파된다 하라. 기록된 바, 보라 내가 내 사자를 네 앞에 보내노니 그가 네 길을 네 앞에 준비하리라 하신 것이 이 사람에 대한 말씀이니라. 내가 진실로 너희에게 말하노니 여자가 낳은 자 중에 세례 요한보다 큰 이가 일어남이 없도다. 그러나 천국에서는 극히 작은 자라도 그보다 크니라."

영적인 침체가 왔을 때 나타나는 현상 가운데 많이 보이는 것이 마음이 강퍅해지고 교만해지는 것입니다. 스스로 자만하여 믿음의 조언을 귀찮아하거나 들으려 하지 않고 자신이 스스로 알아서 모든 부분을 다 할 수 있는 양 나름의 생각합니다. 또한, 별일 아니고 시간이 조금 흐르면 해소가 된다는 안일한 생각으로 지나쳐 버리거나 방관하기도 합니다.

영적 침체 중에는 들려줘도 들으려 하지 않을 뿐만 아니라, 오히려 믿음의 조언을 하는 것을 못마땅하게 여기기도 합니다. 하나님과의 관계뿐만 아니라, 다른 많은 부분이 막혀 버리기 때문에 마음이 참으로 답답합니다. 믿음의 조언을 들으면 그 믿음의 조언이 다 맞는 것은 인정할 수 있지만, 막상 자신이 그렇지 못하기 때문에 답답해합니다. 이런 분들은 자신이 자신을 볼 수 있도록 해야 합니다. 다른 사람들의 조언을 듣지 않을뿐더러, 역효과를 초래할 우려가 있기 때문입니다. 시간이 흘러 영적인 눌림이 나타나고 영적인 무기력에 빠지기 시작하면 스스로 치유하려고 노력하게 됩니다. 영적인 침체기에 들어선 분들은 대부분 생각해서 들려주는 말들이 위로가 되지 못하고 믿음의 조언도 오래가지를 못합니다. 그렇기에 자신의 입장에서 생각하고, 부정적으로 바라보며, 자신의 입장에서만 생각을 고집하게 됩니다. 한마디로 이기주의자입니다. 영적인 침체는 더불어 육적인 침체를 함께 동반하기도 합니다.

몸이 많이 피곤하고, 감정이 가라앉으며, 의욕을 잃기도 합니다. 그렇기 때문에 영적인 침체 중에는 별것 아닌 말에 상처나 스트레스를 받기도 하고, 때로는 별일 아닌 것에 지나치다 싶을 정도로 예민하게 반응을 하며, 마음속에 오래 담아 두기도 합니다. 혈기가 심해지기도 합니다.

첫째, 영적침체로 나타나는 현상. "성령 충만하다."라는 것이 하나님으로 우리들의 영혼과 삶이 충만한 것이라면, 영적인 침체는 그와 반대로 영적으로 메마르고 기근 현상이 나타나며, 우리들의 신앙이 제자리에 머무르거나 퇴보하는 것을 의미합니다.

영적인 침체가 그 무엇보다도 힘들고 고달픈 것은 은혜 충만한 우리들의 삶이 서서히 식어가면서 은혜의 소멸로 말미암아 지극히 영적으로 메마르면서 우리들의 영혼이 세상적인 모습으로 변질되어 가는데 있는 것입니다.

영적으로 침체 현상을 보이면 나타나는 현상이 있습니다. 첫째는 무엇보다 영적으로 게을러지고 나태해집니다. 둘째는 영적인 기갈로 말미암아 세상적인 것에 마음을 빼앗기며 세상적인 것을 기뻐하고 즐거워하게 됩니다. 셋째는 하나님과의 교제가 막히면서 하나님께 무관심하게 되고 하나님을 멀리하게 됩니다. 넷째는 지극히 자기중심적이고 세상중심적인 모습을 보입니다. 다섯째는 주변 사람의 조언을 귀담아 듣지 않습니다. 여섯째는 영적인 카리스마와 능력을 잃게 됩니다. 일곱째는 죄에 대해 무감각해지면서 죄 된 삶을 살아가게 됩니다. 여덟째는 그 어느 때보다 무능력하다는 것과 무기력하다는 것을 느끼게 됩니다. 아홉째는 세상적인 것에 얽매이고 집착하는 모습을 보입니다. 열 번째는 위의 것들이 잘못되었다는 것을 알면서도 이를 통제하거나 이겨낼 수 있는 힘이 없습니다. 열한째는 감정적으로도 많이 다운이 되면서 자기정체성이 흔들리게 됩니다.

영적인 침체는 하나님의 뜻과 섭리가운데 있는 것입니다. 내 자신이 들어가고 싶다고 해서 들어갈 수 있는 것도 아니고, 들어가기 싫다고 해서 거부되어지지도 않는 것입니다. 무엇보다 내 자신이 영적인 침체 가운데 있다는 사실을 인지하지 못하고 살아가는 것이 마음을 힘들게 하고 안타깝게 할 따름입니다. 영적인 침체는 하나님에 의해서만 극복되어질 수 있는 것입니다. 그렇기 때문에 영적인 침체를 경험하게 될수록 하나님을 그 어느 때보다 더 찾아야 하고 의지해야 합니다. 비록 하나님의 응답이나 하나님의 어떠한 반응이 없을지라도 말입니다. 그러나 우리들이 명심해야 할 것은 영적인 침체가운데 있다고 하여도 하나님께서 우리들의 영혼을 포기하거나 버리시지는 않으신다는 것입니다. 영적인 침체 속에서도 우리들의 영혼을 바라보시고 함께 하시며 우리들을 떠나가시지 않는다는 것입니다. 다만, 우리들이 하나님을 못 느낄 뿐이고 하나님이 안 계신 것처럼 느낄 뿐입니다. 영적인 침체를 이기고 승리할 때 하나님께서 우리들에게 허락하시는 은혜와 사랑은 가히 말로 표현할 수가 없습니다.

우리들에게 주어질 하나님의 은혜는 그만큼 그 어느 때보다도 소중하고 귀하게 여겨질 것입니다. 그렇기 때문에 우리들은 실망과 좌절하지 말고 하나님이 허락하실 장래를 소망하면서 하나님만을 의지하고 바라보는 믿음을 가져야 합니다. 그것이 비록 힘들고 고달프고 어렵고 때로는 아플지라도 말입니다.

둘째, 우리들도 영적인 침체를 겪을 수 있다. 오늘 본문 말씀에서 우리는 하나님의 의해 놀랍게 쓰임 받았던 한 사람을 만납니다. 그는 세례요한입니다. 그런데 지금 세례요한이 영적인 침체 속에 있는 것을 보게 됩니다. 세례요한은 어떤 사람이었습니까? 세례요한은 주의 길을 예비하라고 하나님에 의해 보내심을 받은 사람입니다. 세례요한은 예수님을 보고는 "보라 세상 죄를

지고 가는 하나님의 어린양이다"(요1:29) 라고 확신에 찬 음성
으로 말하면서 예수님께서 인류의 죄를 담당하시기 위해서 돌아
가실 메시야이시며 구세주이심을 증거 했던 사람입니다. 세례요
한은 언제나 확신과 열정을 가지고 말씀을 선포했었습니다. 그
누구도 세례요한의 생애 속에서 예수님에 대하여 털끝만큼도 의
심하는 모습을 찾아 볼 수가 없었습니다.

그런데 지금 세례요한은 헤롯왕에 의해 교도소에 갇혀 있었
을 때 제자들을 보내 예수님께 묻기를 "오실 그이가 당신이 오
니이까? 우리가 다른 이를 기다리오리이까?"(3절) 라고 질문하
는 것을 보게 됩니다. 지금까지 줄곧 예수님을 가리켜 "보라, 예
수님은 하나님의 어린양이며, 우리가 그토록 기다렸었던 메시야
시며, 구세주이시다" 라고 외쳤던 세례요한이 이제 와서는 예수
님을 향하여 "정말 오실 메시야가 당신입니까?"라고 묻고 있는
것입니다. 참으로 너무나 충격적인 소식을 우리는 접하게 됩니
다. 우리는 이 사실을 통하여 아무리 믿음이 강한 그리스도인이
라 할지라도 오랫동안 영적인 침체 속에서 지내게 되면 믿음이
연약해 지고 흔들릴 수 있다는 것을 깨닫게 됩니다. 영적 침체에
빠지면 지금 돌아가시면 천국가실 수 있나요. 죽어보아야 알지
요. 이렇게 대답하게 됩니다. 필자가 병원에 능력전도 다니면서
권사님에게 질문하니 그렇게 대답을 했습니다.

셋째, 우리는 언제 영적인 침체에 빠지게 됩니까?
1) 나의 생각대로 일이 이루어지지 않게 될 때 영적 침체에 빠

질 수 있습니다. 세례요한은 하나님의 나라가 자기 당대에 속히 임하게 되기를 바랐던 것 같습니다. 그런데 자기 생각대로 하나님의 나라가 임하지 않았고 세례요한은 교도소에 갇히게 되었습니다. 세례요한은 예수님이 오시면 곧바로 하나님의 나라가 임하게 될 줄 알았는데 그렇게 되지 않자 세례요한은 의심과 갈등 가운데 "예수님, 당신이 우리가 기다렸던 메시야입니까?"라는 질문을 하게 된 것입니다.

언제 우리의 신앙생활이 흔들리고, 언제 우리가 영적인 침체에 빠지게 되는지 아십니까? 어떤 일이 내 생각대로 되어져야 한다고 생각하는데, 그 일이 내 생각대로 이루어지지 않게 될 때 우리의 믿음은 흔들리기 쉽습니다. 우리의 사업이 잘되고, 가정이 잘되고, 건강하고, 직장에서 승진이 잘되고, 원하는 상급학교에 진학을 하게 될 때 하나님을 부인하고 의심하는 사람은 없습니다. 그때는 하나님께서 베풀어주신 일들로 인하여 감격하고 감사하면서 하나님을 찬양합니다. 그러나 때때로 우리의 생각대로 일들이 주어지지 않을 때가 있습니다. 바로 그때 자칫 잘못하면 우리는 영적인 침체와 신앙의 위기를 만날 수 있습니다.

2)우리의 환경이 어렵게 바뀔 때 영적 침체에 빠질 수 있습니다. 지금 세례요한은 교도소에 갇혀 있을 때 이런 말을 하고 있는 것입니다. 세례요한은 이전까지는 자유로운 몸으로 광야에서 하나님을 증거 하면서 하나님의 일을 행했었습니다. 그런데 이제는 환경이 바뀌어 교도소에 갇히게 되었습니다. 환경이 바뀌게 되니까 지금까지 예수님에 대해 확신에 찬 믿음을 가지고 있

었던 세례요한은 믿음이 흔들리게 된 것입니다.

우리가 때때로 영적인 침체와 위기를 만날 때가 있었다면 그 때가 언제였는지 생각해 보시기 바랍니다. 이사를 가서 한동안 영적인 침체에 빠지기도 합니다. 다른 때가 아니라, 우리에게 주어져 있는 환경이 바뀔 때였을 것입니다. 우리가 항상 열정과 감격을 가지고 하나님을 사랑하면서 예수님의 사랑 속에서 믿음의 확신 속에 살아야 하는 것이 정상적인 신앙생활입니다. 하지만 오랜 신앙 속에서 힘들고 어려운 환경이 계속되면 우리의 믿음도 흔들릴 수 있습니다.

넷째, 어떻게 할 때 영적 침체에서 벗어날 수 있습니까?

1) 자신의 상태를 솔직하게 털어놓아야 영적 침체에서 벗어날 수 있습니다. 세례요한은 제자들에게 자신이 영적으로 침체되어 있는 사실을 말했습니다. 그리고 제자들로 하여금 예수님께로 가서 다시 예수님이 정말 메시야 인지를 알아오라고 했던 것입니다. 세례요한의 제자들은 지금까지 줄곧 예수님을 메시야라고 증거 하는 확신에 찬 세례요한의 증거를 들어왔었습니다. 그런데 지금 세례요한은 "나에게는 예수님이 메시야라는 확신이 없으니 너희들이 가서 예수님이 메시야 인지를 다시금 확인하고 오너라"고 말했던 것입니다.

세례요한은 모든 자존심을 뿌리쳤습니다. 그리고 "나의 연약한 믿음을 다른 사람이 보면 뭐라고 평가할 것인가?"에는 별 관심을 갖지 않았습니다. 세례요한은 예수님이 어떤 분인지 확신

하면서 다시금 흔들리지 않는 확고한 믿음 가운데 거해야 되겠다는 일념으로 예수님께 제자들을 보냈고 흔들리는 문제를 물었던 것입니다.

우리가 믿음이 흔들리는 영적 침체기를 맞을 때 아주 잘못 행하는 것 한 가지를 말한다면 그것은 사람의 눈을 너무 크게 의식하는 것입니다. 신앙생활은 하나님과 나와의 관계입니다. 그러므로 하나님과 나와의 관계가 잘못되어 있다면 어떠한 대가라도 지불하고서라도 하나님과의 관계를 바로 해야만 합니다.

그런데 많은 사람들은 자신의 믿음이 흔들리고 영적으로 침체 상태에 있는데도 다른 사람의 시선을 의식하면서 이렇게 말합니다. "내가 이러한 직분을 가지고 있는데, 내가 오래 믿어왔고 신앙의 연륜을 가지고 있는데, 내가 전에 이런 간증을 했었는데, 다른 사람들이 내가 연약한 가운데 있다는 것을 알면 뭐라고 이야기 할 것인가?" 거기에 너무 신경을 씁니다. 제일 중요한 것은 하나님과 나와의 관계를 회복하는 것인데도 말입니다.

세례요한은 진정한 용기를 가지고 솔직한 가운데 하나님과의 관계를 회복시키는 것이 제일 중요하다는 한 가지 사실을 가지고, 제자들을 예수님께 보내어 메시야 임을 확인시켜 달라고 했던 것입니다. 우리들도 영적인 침체에서 벗어나려면 세례요한과 같은 결심을 해야만 합니다.

우리 가운데 많은 성도님들이 예수님을 영접하여 구원받은 확신 속에서 믿음의 생활을 하는 줄 압니다. 그러나 우리 가운데 예배는 참석하고 있지만 지금 죽으면 천국 갈 확신이 없는 분이 있을 수 있습니다. 예수님께서 나의 죄를 다 담당하시고 해결하신 나의 구주라는 것을 확신하지 못한 채로 살고 있는 분이 있을 수 있습니다. 그러한 분이 있다면 다른 사람들의 시선을 생각하지 말고, 하나님 앞에서 자신의 믿음이 어떠한지를 확신하기 위하여 하나님과 자기 자신을 속이지 말고 솔직하시기 바랍니다. 세례요한은 자기의 체면과 명예와 지위와 다른 사람의 평판을 전혀 생각하지 않았습니다. 세례요한은 하나님 앞에서 흔들리지 않는 믿음의 확신 가운데 거하기를 원했던 것입니다.

바라기는 모든 분들이 하나님과 자신과의 관계 속에서 구원받은 사실을 확신하면서 삶을 살기를 바랍니다. 자신이 오늘 돌아가신다면 천국 갈 확신이 있으십니까? 이 확신이 없다면 "내가 어떻게 하면 구원받을 수 있는지 이것을 내가 오늘 해결하겠다." 라는 마음을 가지고 예수님께 나와서 문제를 해결함으로 구원의 확신 속에서 신앙생활 하시기 바랍니다.

2) 하나님의 말씀을 확신하게 될 때 영적 침체에서 벗어나게 됩니다. 세례요한이 자기의 문제를 가지고 솔직하게 예수님께 나왔을 때 예수님께서는 세례요한에게 하나님의 말씀을 들려주심으로 영적 침체에서 벗어나게 해 주셨습니다. 예수님께서는 이사야서 61장 1,2절의 말씀을 들려주셨는데 그것은 메시야가 와서 하실 일들에 대해 기록한 말씀입니다. "앉은뱅이가 일어나고, 문둥이가 깨끗함을 받고, 귀머거리가 들으며, 가난한 자에게 복음이 전파되는 일"은 메시야가 오셔서 할 일이었습니다.

세례요한은 이사야서 61장 1,2절 말씀의 내용을 잘 알고 있었습니다. 그러나 세례요한은 교도소 안에 있으면서 그 말씀을 놓치고 있었던 것입니다. 예수님께서 세례요한을 영적으로 자시 회복시켜 주실 때 전에 들었고, 전에 알고 있었던 말씀을 다시 한 번 들려주심으로 확신 속에서 능력 있는 신앙생활을 하도록 하셨습니다.

우리가 영적으로 침체와 무기력 가운데 있을 때 어떻게 하면 다시 굳건한 믿음 가운데 살 수 있게 될까요? 그것은 전에는 알고 있었지만, 지금은 멀어져 있고 희미해져 있는 하나님의 말씀이 내 중심에 다시 새겨 지게 될 때 굳건한 믿음으로 살게 된다는 것을 기억하시기 바랍니다. 그러므로 영적 침체를 벗어나기 위하여 제일 먼저 우리가 해야 할 것은 하나님의 말씀이 있는 곳으로 나와야 하는 것입니다. 나와서 부르짖어야 합니다. 성령으로 충만 받아야 합니다. 자신 안에 계신 하나님과 관계를 열어야 합니다.

우리가 영적으로 침체되는 것은 하나님의 말씀 안에서 살고 있지 않기 때문입니다. 성령의 인도 없이, 말씀을 울타리 삼아서 살고 있지 않기 때문에 영적인 침체에 빠지게 되는 것입니다. 하나님의 말씀이 자신의 마음과 생각을 지배하게 되면 영적으로 침체된 삶에서 쉽게 벗어날 수 있습니다. 그러므로 우리가 영적 침체에서 벗어나기 위해서 날마다 말씀을 묵상하고 날마다 말씀을 가까이 하면서 하나님께서 성령을 통하여 주시는 말씀을 붙잡고 살아가면 우리는 영적인 침체로부터 벗어날 수 있게 됩니다. 그러므로 영적 침체 가운데 있다면 다른 것을 구하지 말고,

하나님의 말씀으로 다시금 새롭게 되기 위하여 하나님의 말씀을 구하는 성도님들이 되시기 바랍니다.

3) 칭찬과 격려를 받게 될 때 영적 침체에서 벗어날 수 있습니다. 세례요한은 지금 교도소 안에 있으면서 예수님에 대한 믿음이 흔들리고 있는 상태에 있었습니다. 그런데 예수님께서는 세례요한을 인정하고 칭찬해주고 높여주시는 것을 보게 됩니다. 영적 침체에서 벗어나려면 칭찬과 격려를 해 주어야 합니다 (7-11절). 우리가 때로는 영적인 밑바닥에서 살 때가 있습니다. 그때 사람들은 우리의 실망스러운 모습을 보면서 비난하고 책망하며 험담하기가 쉽습니다.

지금 세례요한은 모든 사람들이 보기에 심히 실망을 안겨주는 영적으로 침체된 상태에 있었습니다(2,3절). 그런데도 예수님께서는 세례요한의 제자들을 돌려보낸 후에 세례요한에 대하여 칭찬할 수 있는 최상의 칭찬을 하시는 것을 보게 됩니다(7-11절). 예수님은 11절에서 "내가 진실로 너희에게 말하노니 여자가 낳은 자 중에 세례요한보다 큰이가 일어남이 없도다"라고 말씀하시면서 이 세상의 수많은 사람들 중에서 가장 큰 자가 세례요한이라고 말씀해 주셨습니다. 그러나 사실상 세례요한은 지금 영적인 밑바닥에 있었습니다. 예수님에 대하여 의심하고 있었지만, 예수님은 세례요한을 세워 주시고 격려해 주심으로 영적 침체에서 벗어날 수 있게 해 주셨습니다. 자신을 영적침체에서 일어서게 하실 분은 하나님이십니다. 성령으로 기도하여 하나님과 관계를 열기 바랍니다.

9장 영혼의 무력한 늪에 빠진 크리스천

(벧전 5:7-10)"너희 염려를 다 주께 맡기라 이는 그가 너희를 돌보심이라. 근신하라 깨어라 너희 대적 마귀가 우는 사자 같이 두루 다니며 삼킬 자를 찾나니 너희는 믿음을 굳건하게 하여 그를 대적하라 이는 세상에 있는 너희 형제들도 동일한 고난을 당하는 줄을 앎이라. 모든 은혜의 하나님 곧 그리스도 안에서 너희를 부르사 자기의 영원한 영광에 들어가게 하신 이가 잠깐 고난을 당한 너희를 친히 온전하게 하시며 굳건하게 하시며 강하게 하시며 터를 견고하게 하시리라"

신앙생활에 있어서 가장 무서운 것이 영적인 무기력입니다. 영적인 무기력에서 한 시간이라도 빨리 빠져나와야 합니다. '학습된 무기력'이란 말이 있습니다. 이것은 '파블로프의 개'로부터 나온 심리학 용어인데, 심리학자들이 하루는 개를 묶어두고 전기로 충격을 주었습니다. 순간 개는 도망치고자 처절하게 몸부림칩니다. 그러나 어느 순간 개는 소용없다는 것을 깨닫고 더 이상 도망칠 시도조차 하지 않습니다. 그런데 이번에는 개를 풀어놓고서 같은 실험을 했습니다. 재미있는 현상은 개가 얼마든지 달아날 수 있음에도 불구하고 전혀 도망갈 생각을 하지 않더라는 것입니다. 어쩔 수 없는 상황에서 개는 '무기력'을 배우고야 말았습니다. 무기력이란 학습되는 것이고, 그 결과 무기력에 익숙해지고 보이지 않는 사슬에 묶여 버리게 됩니다.

영적인 무기력함도 이와 비슷합니다. 처음에는 무기력함이 힘들고 불편하다가 어느 순간에는 익숙해져 버립니다. 그리고 나중에는 그 무기력에서 나올 생각도 하지 못하고 주저앉게 됩니다. 나올 수 있음에도 불구하고 나오지 않고 그 자리에 주저앉는 것입니다. 마치 도망칠 수 있어도 도망치지 않는 무기력한 개처럼 말입니다.

첫째, 영적 무기력증이오면 보편적으로 나타나는 현상.

1)말씀의 중요한 의미를 모릅니다. 말씀을 제대로 받아들이지 못합니다. 말씀이 들리지도 않을 뿐더러 들려도 순종하지 않습니다. 순종을 하는 것이 무기력에서 벗어나는 것입니다. 그냥 습관적으로 예배에 참석하는 것입니다. 말씀을 그대로 실천하고 순종하지 못하도록 막는 것이 영적 무기력증입니다. 단순히 예배에 승리하는 것 뿐 아니라, 하나님의 말씀에 순종하는 삶을 살아야 합니다. 노아시대 때에 노아는 순종하여 방주를 지었습니다. 아브라함도 가나안 땅으로 갈 때에 현실 속에서 실수, 시행착오도 했지만, 결국 순종함으로 창세기 22장에 믿음의 조상이 되었습니다. 모세도 애굽에서 출애굽 할 때에 나 자신이 할 수 없다고 했지만, 순종함으로 출애굽의 역사를 체험하였습니다. 순종하며 하나님의 말씀을 삶으로 옮길 때에 영적인 무기력증에서 벗어나게 됩니다. 영적인 무기력에 빠진 분들은 예배드릴 때 목사님 설교를 받아쓰기 하는 것이 도움이 됩니다. 설교를 듣는

데 집중하라는 말입니다. 영이 깨어나야 합니다.

2)말씀에 대한 분별력이 없습니다. 하나님 말씀을 들어도 세상적인 지식과 분별을 못하고 혼합됩니다. 이렇게 되면 임마누엘의 축복이 누려지지 못합니다. 세상적인 것과 영적인 것을 분별하지 못하면 영적 무기력함에 빠지는 것입니다. 이렇게 되면 하나님으로부터 멀어지는 생각, 행동에서 벗어날 수가 없습니다. 여기에 빠지면 영적으로 무기력 하게 됩니다. "하나님 아는 것을 대적하여 높아진 것을 다 무너뜨리고 모든 생각을 사로잡아 그리스도에게 복종하게 하니"(고후10:5). 하나님 보다 높아진 생각을 무너뜨릴 때에 성령 충만 속에 들어갈 수 있습니다. 혼합된 생각 속에서 성령 충만을 달라고 하니까 온전한 성령 충만을 받지 못하는 것입니다. 치유 중의 치유는 생각의 치유입니다. 생각이 복음에 뿌리 내릴 때에 행동과 체질이 이루어집니다.

3)영적인 무기력증 테스트 항목입니다. 점검하여 보시기를 바랍니다. 기도하기가 싫다. 아니 기도할 수가 없다. 기도의 필요성조차 느끼지 못한다. 교회에 나가는 것이 무의미하다고 느낀다. 말씀이 들리지 않는다. 말씀이 믿어지지도 않는다. 일상 생활하는 동안 정신이 맑지 못한다. 평소에 늘 몸이 무겁고 의욕이 없다. 잠을 잘못 자는 불면증이 있다. 항상 머리가 무겁고 두통이 잦다. 기억력이 떨어져 잘 잊어버린다. 집중력이 떨어지고 삶에 의욕이 없다. 입맛이 없어서 식사를 거르는 일이 잦다. 폭음과 폭식을 한다. 겨우 일을 마쳐도 몸이 무거워 다른 의욕자체가 생기지 않는다. 아무리 쉬어도 피곤하다. 잠을 자고나면 우울한

무기력감이 더 밀려온다. 우울하고 짜증스럽거나 부정적이고 절망적인 생각이 자주 든다. 갑작스럽게 분노감이 올라오거나 화가 참아지지 않는 등 감정조절이 잘 안 된다. 예전에는 좋아하는 것들이 무미건조해진다. 삶의 의미를 모르겠다. 계획했던 일은 시작도하지 못하고 포기한다. 우울한 기분이 자주 든다. 어디론가 훌쩍 떠나고 싶다가도 엄두가 나지를 않거나 귀찮다. 감정기복이 심해졌다. 점검하여 7개 이상이면 무기력에 빠졌다고 보아야 합니다. 하루라도 빨리 내면을 전문적으로 다루는 목회자의 영적치료를 받아야 회복될 수 있습니다. 세상의술로는 해결 방법이 없습니다.

둘째, 기도를 성령으로 못할 때 영적 무기력증을 가져옵니다.
1)기도에 즐거움과 행복을 느끼십니까? 크리스천의 영적인 건강은 성령으로 기도할 때 가능한 것입니다. 기도가 되지 않거나 하지 못한다면 심각한 영적 무기력에 빠진 것입니다. 하나님은 우리의 모든 것을 기도에 담으라고 하셨습니다. 개인 기도에 승리하면 영적인 무기력증에서 벗어나게 됩니다. 예수님은 그어떤 생활보다도 기도 생활에 모범을 보이셨습니다. 하나님의 중직자일수록 근신하고 깨어있어야 영적인 무기력에서 벗어나야 합니다. 예수님은 이 부분에 모범을 보이셨습니다. 무엇으로 행복한 시간을 보내십니까? 찬양, 기도, 말씀 들으며 행복해 지시기 바랍니다.
2)어떻게 기도해야 할까요? 자신 안에 계신 하나님과 막힌 영

의 통로를 뚫어야 합니다. 영의 통로가 열리게 하려는 그 조건과 상태는 여러 가지이지만 첫째 의지를 발동해야 합니다. 마음을 열기 위하여 소리를 내야 합니다. 본인이 영의 통로를 열겠다는 의지를 발동하여 불같은 성령으로 세례를 받는 것이 제1의 원리요, 그 다음은 말씀과 성령으로 내적 치유하는 것이 제2의 원리요, 귀신 추방이 제3 원리입니다. 이 모든 것은 혼자의 영력이나 힘으로는 불가능합니다. 성령 충만하고 체험이 많은 사역자의 도움을 받는 것이 좋습니다. 아니 그렇게 하는 것이 빨리 영의 통로가 열리게 할 수 있습니다. 그리하여 생각이 영적으로 바뀌고, 마음이 감동되어, 마음의 열리면 성령이 역사하시니 영적인 믿음이 생겨서, 본인의 의지가 발동되어, 본인의 원하는 대로 기도가 되고 몸과 마음이 움직여지고, 적극적인 행동으로 옮겨지는 과정을 거쳐야 합니다. 이 영적 원리는 모든 것에 적용됩니다.

3) 보통 기도가 발전하는 다섯 단계.

① 부르짖는 기도 단계입니다. 성도가 기도를 처음 배울 때부터 통성으로 무조건 생각나는 대로 소리 내어 부르짖어 기도하는 습관을 먼저 드려야 합니다. 만약에 언어의 구사나 방언으로 통성기도를 못한다면 절대 다른 사람들의 기도에 기가 죽어서 가만히 앉아 있지 말고 통성으로 주여! 주여! 주여! 를 계속하든지, 아니면 할렐루야! 할렐루야! 할렐루야! 를 연속적으로 호흡을 들이쉬고 내쉬면서 배에서 나오는 힘으로 기도를 열심히 하다가 보면 자신도 모르는 순간에 성령으로 자신이 장악되어 저절로 주여! 주여! 주여! 나 할렐루야! 할렐루야! 할렐루야! 가 나

오다가 방언이 터지는 것입니다.

② 기도의 줄을 잡는 단계입니다. 계속 통성으로 기도를 하다가 보면 이제 어느 정도 숙달이 되어 언어통성기도나 방언통성기도나, 주여! 주여! 주여! 나, 할렐루야! 할렐루야! 할렐루야! 가 저절로 되어 어느 정도 기도 줄이 잡힙니다. 그래서 기도는 훈련입니다. 자동으로 기도가 되는 것은 절대로 아닙니다. 본인의 의지가 어느 정도 결부가 되어야 나중에 성령께서 사로잡아 주시므로 기도가 되고 기도 줄이 잡히는 기도를 할 수가 있는 것입니다. 기도 줄이 잡히지 않더라도 지속적으로 해야 됩니다.

③ 영력이 끌려 올라오는 단계입니다. 이 단계가 되면 기도의 줄이 잡혀서 기도의 수고가 쉬워지므로 기도가 성령의 이끌림을 받게 됨으로 영으로 기도하면서 또 마음으로 기도하고 영으로 기도하게 됩니다. 이 단계가 되면 자신의 영 안에서 성령의 능력이 올라오는 시기이므로 자신의 안에서 올라오는 영력에 의하여 더욱 성령으로 충만하게 되고 무의식의 상처가 치유되면서 귀신이 떠나가니 기도의 수고가 쉬워지는 단계입니다.

④ 영력이 마음속에서 올라오는 단계입니다. 이 단계에 들어선 성도는 마음 안에 상처가 치유되고 상처를 붙들고 있던 귀신이 떠나가니 내 영안에 계신 성령하나님과 영의 통로가 열려 영으로 기도를 하는 단계입니다. 이 단계에 들어선 성도는 이제 기도가 자꾸 하고 싶어지고, 기도하면 할수록 성령이 충만하게 되고, 영안이 열려가므로 하나님의 말씀을 읽을 때나 들을 때, 목사님의 설교 말씀을 들을 때 영으로 말씀을 들으니 영이 자꾸 깨

어나는 시기입니다. 이때가 되면 내가 지금까지 예수를 믿노라 하면서 왜 이렇게 고통을 당하면서 살았는가, 스스로 느끼고 고치고 치유 받으려고 노력하게 됩니다. 그래서 서서히 하나님의 군사가 되므로 환경에서 하나님의 역사가 보이고, 하나님이 자기의 인생에 개입을 하고 인도하고 계시는 것을 느끼게 됩니다. 그러므로 성도는 무엇보다 기도가 바르게 되어야 합니다.

⑤ 영적인 기도의 단계입니다. 이 단계가 되면 성령하나님과 인격적인 관계가 되었기 때문에 주여! 만 해도 성령님의 임재를 느끼는 시기입니다. 필자가 강조하는 항상 기도할 수 있는 시기입니다. 기도하며 하나님의 음성을 듣는 시기입니다. 주가 내 안에 내가 주안의 단계입니다. 5단계는 모든 육의 소욕과 자아가 무너지고 주님만이 기도의 목표가 되는 단계입니다. 필자는 이 단계까지 도달하도록 인도할 것입니다. 부디 성령으로 충만하여 영적인 말씀과 원리들을 이해하시고 내 것으로 만드셔서 능력이 오고 깊어지는 깊은 영의 기도를 모두 숙달하시어 하나님의 강한 군사가 되시기를 바랍니다. 기도에 대하여 더 상세한 것은 "기도 쉽게 바르게 하는 방법"을 참고하시기를 바랍니다.

영적 무기력에 빠지지 않도록 엡4:17-24 말씀을 언약으로 붙잡고 구습을 쫓는 옛사람을 벗어버리고 심령으로 새롭게 되어 하나님을 따라 의와 진리의 거룩함으로 지으심을 받은 새사람을 입을 수 있기를 바랍니다.

셋째, 영적 무기력은 사단이 성도들에게 주는 최고의 선물입

니다. 지금까지 하나님은 우리에게 엄청난 축복을 주셨는데 사단에게 속아 누리지 못하게 되었다면 회개해야 합니다. 우리에게 가장 중요한 것은 개인 변화입니다. 개인이 변화되어야 다른 사람을 살릴 수 있습니다. 그러기 위해서는 무엇이 변화되어야 합니까? 3가지가 변화야 합니다.

1)생각의 변화입니다. 하나님은 자신이 잘되기를 원하시는 분이라는 생각으로 바뀌어야 합니다. 성공적, 긍정적, 적극적, 복음적인 생각으로 바뀌어야 합니다. 우리는 대부분 문제, 사건, 위기가 생기면 실패적인 생각, 율법적인 생각으로 돌아갑니다. 이것에서 벗어나야 합니다. 실패자의 의식을 버리고 자신에게 생명의 메시지를 먹일 수 있기를 바랍니다. 그러면 하나님의 계획, 미래에 대한 답을 발견하게 됩니다.

2)인간관계의 변화입니다. 만나는 사람도 가려서 만나야 합니다. 술 먹고 담대 피우고 향락을 즐기는 사람과 같이 지내면 자신의 영성에 심각한 피해를 줄 수 있습니다. 자신에게 전이가 될 수 있다는 것입니다. 우리가 만난 사람은 다 축복의 사람으로 만들어야 합니다. 우리는 하나님의 축복의 통로입니다. 그러므로 모든 사람과 동역자로서 섬길 수 있는 중심이 필요합니다. 그리고 영적 지도자를 위해서 기도해야 합니다. 강단 메시지가 내 것이 되고 성취되려면 목사님을 위해 기도해야 합니다. 이 부분에 실패하면 신앙이 성장하지 못합니다.

3)일에 대한 변화입니다. 신앙적으로 자신에게 필요한 일을 하시기 바랍니다. 대부분 사람들은 90%를 불필요한 일에 소모

를 하는 경우가 많습니다. 복음에 유익하고, 하나님께 영광을 돌리고, 영성을 깊게 유지하고, 많은 사람에게 유익을 줄 수 있는 필요한 일을 해야 합니다. 일을 하면서도 하나님과 대화하는 습관이 좋습니다. 더 많은 것에 대하여는 "백세시대 예수 안에서 장수하는 법"을 참고하시기를 바랍니다.

넷째, 영을 강건하게 하여 영적인 기운을 회복하라. 필자가 성도였을 때 목사님이 예배와 기도를 등한히 하면 영적으로 흐려진다는 말씀을 하신 적이 있었는데 그 때는 그 말씀이 의미하는 바가 무엇인지 몰랐습니다. 지금 깨닫고 보니 아주 중요한 것입니다. 크리스천이 영적으로 흐려졌다는 것은 심각한 것이기 때문입니다. 군인에게 총이 없는 것과 같은 것입니다. 눈은 뜨고 있으나 안대를 하고 사는 것과 같습니다. 하나님께서 체험을 통해 깨닫게 하고 계시기에 그렇습니다. 예전에는 몰랐지만 피로나 분주함으로 인해 하나님의 말씀을 묵상하는 것과 마음으로 기도하는 것을 하루 이틀만 지나쳐도 멍해지고, 하나님께 온전히 집중이 되지를 않아 성령의 임재하심을 통한 역동적인 움직임이 느껴지지 않게 됩니다.

영적인 기운은 기도로 자신 안에 계신 하나님과의 교제를 통해 하나님께 집중할 때 그 기운이 상승하며 유지할 수 있습니다. 그렇기 때문에 영적인 기운을 잘 유지하며 보다 깊은 영적인 삶을 살아가기 위해서는 세상과 구분된 하나님 중심적인 삶을 살아가야 합니다. 그렇지 못한다면 자칫 영적으로 흐려지고 흐트러지며 영적인 기운을 잃어버릴 수 있습니다. 무엇보다도 걸어 다니는 성전의식을 가지고 자신 안에 계신 하나님을 찾는 것입 니다.

세상적인 삶속에서도 기운을 잃어버리면 밥맛도, 일과 삶의 의욕도 잃게 되어 온전한 삶을 살아가기가 어렵게 됩니다. 신앙 생활에 있어서 영적인 기운을 잃게 되면 영적인 힘과 능력을 발 휘할 수 없게 되어 하나님이 인도하시는 순종의 삶을 살아가기 가 쉽지 않습니다. 또한, 성령의 소욕을 따라 살아가던 삶이 육 체의 소욕을 따라, 살아가는 삶으로 변질되어 자기중심적이고 세상 중심적인 삶으로 탈바꿈되기 쉽습니다.

영적인 기운을 잃으면 영적으로 무기력해지고 영적으로 둔화, 도태 되어 다시금 영적으로 비상하기가 쉽지 않습니다. 한번 잃 어버린 영적인 기운을 되찾기 위해서는 많은 믿음의 노력이 필 요하고 하나님이 허락하시는 고난이나 연단과 같은 대가가 따르 게 됩니다. 그렇기 때문에 영적으로 둔화, 도태 되어 영적인 기 운을 잃지 않도록 하나님이 원하시는 하나님 중심적인 삶을 살 아가야 합니다. 하나님과 동행하고 있다는 의식을 잊지 말아야 합니다.

영적으로 흐려지고 흐트러지는 것은 세상적인 것에 의해 영적 인 흐름이 막히고 방해를 받는데서 비롯되는 것이기에 영적인 비 상과 영적인 건강을 온전히 유지하며 하나님 앞에 바로 선 삶을 살아가기 위해서는 영적인 성장과 성숙, 그리고 영적인 비상과 건강을 돕는 하나님의 영의 양식을 섭취하는 예배에 빠짐없이 참석하여 영을 깨우고 성령으로 기도하여 영적인 충전을 하는 것에 게으르지 말아야 합니다. 반면에 헛되고 쓸데없는 육과 영의 양식의 섭취를 삼가 해야 합니다. 세상향락을 말하는 것입니다.

영적인 건강을 잃게 되면 영적인 기운도 함께 빠지게 됩니다. 그렇기 때문에 영적인 건강과 기운을 유지하기 위한 믿음의 노력을 소홀히 하거나 게을리 해서는 안 됩니다. 영적인 건강이 나빠지면 자연스럽게 육체적인 건강도 나빠지기 마련입니다. 육체의 건강은 영의 건강과 비례하기 때문입니다. 육적으로 비록 건강하지 못해도 영적으로 건강하면 하나님 앞에 바로 설 수 있지만, 육적으로 설령 건강해도 영적인 건강을 잃게 되면 세상의 그어떤 방법을 통해서도 하나님 앞에 바로 설 수 없기 때문입니다.

영적인 흐려져서 흐트러지려고 할 때 이를 경계하며 하나님께 집중할 수 있도록 해야 합니다. 크리스천이라도 세상 친구들과 모임이 있을 때 자신의 영적인 관리에 관심을 많이 가져야 합니다. 친구들이 모여서 하는 대부분의 대화 내용이 세상 적이고 만나는 환경이 술 마시고 담배피우는 환경이지 않습니까? 영적인 삶을 추구하고자 하는 크리스천에게 있어서는 답답하고 영적으로 다소 눌리는 것과 흐려지는 것을 느끼게 될 것입니다. 즉, 세상적인 모임을 통해서는 세상적인 인간관계는 유지가 되지만, 영적인 것을 추구할 수 없고 그렇기 때문에 영적인 손실을 받기가 쉽습니다.

영적으로 흐려지고 흐트러지면 하나님이 베푸시는 마음의 평안을 잃고 평정심이 흔들리며 헛된 것을 구하거나 찾게 됩니다.

이러한 모습이 발견될 때는 별 것 아니겠거니 그대로 방치해두면 전이 현상을 보이며, 영적인 건강을 잃기 쉽습니다. 생명이 되시는 하나님의 말씀을 붙잡고 찬양과 기도와 예배드림을 통해 불건전한 세상적인 것들을 정화시키고 영적인 손상을 입지 않도록 불건전한 세상적인 모습들을 멀리 하는 것이 좋습니다.

영적인 흐려짐과 흐트러짐을 통해 영적인 건강과 기운을 잃게 되면 자신의 어떠한 힘과 노력을 통해서도 다시금 영적인 건강과 기운을 결코 회복할 수 없음을 명심해야 합니다. 그래서 하나님을 믿는 사람들에게는 영적인 분별력을 통한 결단력이 필요합니다. 영적인 것들을 얻기 위해서는 세상적인 것들을 포기하고 내려놓을 수 있는 결단력 말입니다.

영적인 것과 세상적인 것은 서로 공존하며 하나님을 기쁘시게 할 수 없습니다. 영적인 것을 얻으려고 하면 세상적인 것을 포기해야 하고 세상적인 것을 얻고자 하면 영적인 것들을 잃어버리기 때문입니다. 영적인 것을 잃어버리는 것은 자칫 영적인 은혜와 삶뿐만 아니라 살아계신 하나님을 잃어버리게 되는 것임을 간과해서는 안 됩니다.

영적으로 흐려지고 흐트러져 영적인 기운을 잃지 않도록 우리들의 영혼과 마음을 하나님께 집중해야 하며 영적으로 흐려지고 흐트러지는 것을 깨달아 하나님 앞에 바로 설 수 있도록 하나님을 찾고 구하며 의지해야 합니다. 영적인 기운과 건강을 잘 유지하고 강건케 하는 길은 하나님의 은혜밖에는 없기 때문입니다.

10장 영혼의 탈진에 허우적이는 크리스천

(사 40:27-31) "야곱아 어찌하여 네가 말하며 이스라엘아 네가 이르기를 내 길은 여호와께 숨겨졌으며 내 송사는 내 하나님에게서 벗어난다 하느냐? 너는 알지 못하였느냐 듣지 못하였느냐 영원하신 하나님 여호와, 땅 끝까지 창조하신 이는 피곤하지 않으시며 곤비하지 않으시며 명철이 한이 없으시며, 피곤한 자에게는 능력을 주시며 무능한 자에게는 힘을 더하시나니, 소년이라도 피곤하며 곤비하며 장정이라도 넘어지며 쓰러지되, 오직 여호와를 앙망하는 자는 새 힘을 얻으리니 독수리가 날개 치며 올라감 같을 것이요, 달음박질하여도 곤비하지 아니하겠고 걸어가도 피곤하지 아니하리로다."

우리 크리스천들이 세상에서 이상이나 목표를 향해 앞만 보고 나가다가 어느 날 갑자기 눈앞에 넘을 수 없는 벽을 느낄 때 사람들은 극심한 무력감에 빠질 때가 있습니다. 이럴 경우 좌절감이나 상실감은 물론이고 우울증에 시달리는 것이 보통입니다. 영적인 능력이 부족하기 때문에 당하는 고통입니다. 성령으로 충만한 상태가 되면 세상의 스트레스를 이길 수가 있습니다. 즉, 내면이 강해야 한다는 것입니다. 내면이 성령으로 충만하여 하나님의 나라가 되면 영의 자유 함을 누리기 때문에 세상에서 오는 스트레스를 이길 수가 있습니다. 좀 더 쉽게 설명한다면 예수님으로 하나가 되어 천국을 누린다면 세상을 살아가면서 오는 압박감을 이길 수가 있어서 탈진에 빠지지 않고 승리하며 살아갈 수가 있을 것입니다. 무엇보다도 영혼의 만족이 중요한 것입니다.

지난 70년대 초까지만 해도 이러한 탈진증세는 의사, 간호사, 상담사, 교사, 경찰 등 사람들을 상대하는 특정 직업군에서나 나타나곤 했다고 합니다. 그러나 이제는 직장이나 일에 관계없이 광범위하게 나타나고 있는데 미국의 심리학자인 허버트 프로이덴버거는 이를 "탈진신드롬"이라 명명했다고 합니다.

경기침체가 계속되면서 탈진신드롬이 우리 사회 전반으로 번지고 있다는 소식입니다. 종전에는 과중한 업무나 직장내 원만치 못한 인간관계로 인해 스트레스를 받았으나, 이제는 직업의 불안정과 자신의 장래에 대한 회의 등으로 정신적 압박감을 호소하는 사람들이 늘고 있다는 것입니다. 교회는 이들을 치유하는 곳이 되어야 합니다.

첫째, 하나님을 주인으로 신뢰하라. 세상을 살다 보면 가끔 깊은 낙심 가운데 빠질 때가 있습니다. 그때 필요한 것은 무엇보다 성령으로 하는 기도입니다. 그런데 어떤 사람은 아주 힘들 때도 끝까지 기도하지 않습니다. 기도의 능력을 경시하기 때문입니다. 사람들에게 무엇보다 치명적인 영혼의 질병이 있습니다. 그것은 기도가 아무 의미가 없는 것처럼 느껴지는 질병입니다. 그처럼 기도할 힘을 잃어버리고 기도할 수 없을 정도로 힘들 때를 잘 극복해야 합니다. 크리스천은 무엇보다도 정확한 기도훈련을 받아야 합니다. 기도가 바르게 되어야 모든 것이 바르게 되기 때문입니다. 세상에서 받는 스트레스도 기도를 바르게 해야 이길 수가 있기 때문입니다.

주전 735년 경, 당시 유다 왕 아하스가 반 앗수르 동맹에 참여하지 않자 주변 나라들이 유다를 쳐들어왔습니다. 그 상황에서 아하스 왕이 두려움에 빠지자 이사야가 왕에게 하나님을 신뢰하고 굳게 서라고 했습니다(사7:8-9절). 그래도 아하스 왕이 두려움을 떨치지 못하자 하나님은 아하스에게 기도하라고 했습니다(사7:10-11절). 그때 왕은 말했습니다. "나는 구하지 아니하겠나이다 나는 여호와를 시험치 아니하겠나이다(사7:12절)."

아하사가 그처럼 어려운 상황에서도 기도하지 않겠다고 한 것은 너무 낙심하고 좌절해서 기도할 힘조차 잃어버렸기 때문입니다. 사람이 기도할 힘을 잃어버리고 탈진하면 자신의 문제에 몰입하게 됩니다. 마치 자신만이 변화를 만들어낼 유일한 사람이라고 믿고, 하나님께서 일하시게 만들지 않고 혼자 파괴적인 길로 갑니다. 아하스도 그런 길로 가고 있었습니다. 그는 "하나님은 스스로 돕는 자를 돕는다!"고 생각하지 않고, 모든 일을 자기가 하려고 했고, 모든 부담을 스스로 지고 관리하려고 했습니다. 이사야 7장 앞 3절에서 이사야가 윗못 수도 끝 세탁자의 밭 큰 길에 나가서 아하스를 만났다는 것은 아하스가 수로의 배관공사까지 다 간섭하려고 했다는 뜻입니다. 그처럼 아하스는 남을 신뢰하지 않았고 하나님도 신뢰하지 않았습니다.

가끔 보면 어떤 사람들은 성공하지 못했을 때 심하게 자책합니다. 그래서 아하스처럼 일주일 내내 거의 잠도 자지 않고 하루에 20시간 이상 일해야 성공할 것이라고 생각합니다. 그러면 결국 탈진합니다. 그래서 하나님은 말씀하십니다. "아무 일도 하지 말고 그냥 거기에 그대로 서 있으라." 성도는 열심히 일한 후에 결과는 하나님께 맡기고 푹 쉴 줄 알아야 합니다. 성령으로 기도하여 하나님께서 하라는 대로 순종하는 것입니다. 그러면 하나님께서 하신다는 것입니다. 자신 앞에 있는 문제들은 하나님이 해결하신다는 믿음이 중요합니다. 진짜 구도자는 일할 때는 끝내주게 일하고 놀 때는 끝내주게 놀 줄 아는 사람입니다.

사람이 탈진하면 사리분별이 혼돈되어 도덕성을 잃고, 자신을 학대하고, 정서적으로 상처투성이가 됩니다. 그래서 조급한 마음으로 나쁜 일에 손을 대다가 결국 더 깊은 좌절감에 빠집니다. 당시 아하스 왕은 이성과 상식과 도덕성을 잃고 어린이 희생 제사를 드리고, 심지어는 자신의 아들까지 희생제사로 바쳤습니다. 영적으로 너무 탈진되니까 기도할 힘을 잃어버리고 통제 불능의 상태가 된 것입니다. 기도를 하지 못하니까 마음 안에서 하나님의 권능이 흘러나오지 않기 때문입니다. 크리스천들은 자신 안에 포도나무 되시는 예수님으로부터 진액을 공급받아 살아야 예수님의 권능으로 세상을 이길 수가 있습니다.

얼마 전에 켄터키에서 3명의 10대 소녀가 고등학교 복도에서 기도 중에 총에 맞았습니다. 범인은 교회에 다녔던 14세의 소년이었습니다. 그는 극도로 흥분하고 탈진한 상태가 되어 파멸적인 일을 벌인 것입니다. 탈진은 파멸의 전조입니다. 탈진하면 사리분별이 혼돈됩니다. 사람의 옛 주인인 귀신이 현재의식을 잡고 역사하기 때문입니다.

가끔 우리도 감정이 폭발해서 파멸적인 일을 할 것 같은 느낌이 생길 때가 있습니다. 그때는 누군가에게 그 얘기를 해야 합니다. 그리고 말씀을 전해줄 이사야와 같은 사람을 찾아야 합니다. 그러나 무엇보다 기도의 통로를 통해 하나님께 말해야 합니다. 최후의 힘이 남았다면 그 힘으로 성령으로 기도를 시작하십시오. 그때 탈진한 영혼은 탈출구를 찾을 것입니다.

요즘 현대인들 중에 나는 삶에 지쳐있다고 말하는 사람들이 많습니다. 아침 일찍부터 뛰어다니며 일을 해보았지만 여전히 풀리지 않는 일터의 재정 압박과 악순환 때문에 거의 탈진되어 있는 분들도 많이 있습니다. 또 어떤 분들은 오래도록 앓고 있는 지병 때문에 지치고 시달리는 분들도 있고 정신적이며 영적인 부분에 지쳐서 무력감과 탈진으로 인해 삶의 에너지가 다 고갈당하는 사람도 있습니다.

그래서 나타나는 현대인들의 정서적 질환 중 하나가 우울증과 무기력증입니다. 어느 순간에 갑자기 아무 것도 하고 싶지 않은 무기력 상태에 빠지는 것을 말합니다. 정신적으로도, 육체적으로도 맥이 빠져서 그냥 아무 것도 하고 싶지 않으며, 또 아무 것도 할 수 없는 무력증 이것 대단히 위험한 것입니다. 이와 같은 현상을 영적 탈진 또는 소위 영적 침체라고 말을 하는데 오늘의 말씀을 세심히 살펴보면 이스라엘이 이러한 증상에 처해 있습니다.

둘째, 하나님을 믿지 못합니다. 하나님을 찾지 않습니다. 하나님께서 눈에 보이지 않기 때문입니다. "야곱아 네가 어찌하여 말하며 이스라엘아 네가 어찌하여 이르기를 내 사정은 여호와께 숨겨졌으며 원통한 것은 내 하나님에게서 수리하심을 받지 못한다 하느냐?"(사40:27). 이사야서는 크게 두 부분으로 나눌 수 있습니다. 이사야서 01~39장은 전반부로서 심판과 정죄의 메시지이며 40~66장까지의 후반부는 회복과 위로의 메시지입니다. 후반부의 첫 장 40장은 바벨론 칠십 년 포로에서 이스라엘 백성을 구원하시는 하나님의 능력과 지혜와 구원의 손길에 대한 확신을 강조하고 있는 말씀입니다.

그러면 먼저 이스라엘의 처한 형편이 어떠한지 살펴보는 것이 오늘의 말씀을 이해하는데 도움이 될 줄로 압니다. 이사야서의 전반부의 내용은, 우리가 아는 대로 이스라엘이 우상을 섬기다가 하나님의 진노로 북 왕국 이스라엘과 남 왕국 유다가 멸망하여 바벨론에 포로로 잡혀 간다는 내용이며, 또 그렇게 잡혀 갔습니다. 그들이 바벨론 포로생활 초기에는 곧 고향으로 돌아가겠지 하는 희망 속에서 억압과 고통을 견디어 내었습니다. 그러나 십년 이십년 삼십년 등 이렇게 한 세대가 지나가고 칠십년이 다 되어갈 무렵에는 많은 사람들이 바벨론에 동화되어 하나님의 백성이라는 긍지를 상실하고 말았습니다.

그래도 뜻있는 믿음의 사람들은 고국을 생각하며 제사의 회복을 기대하고 있었으나 그 앞날이 도무지 난망(難望)하기만 할 뿐입니다. 마침내 그들은 자유 함을 얻어 고국 예루살렘으로 돌아갈 길이 보이지 않는다고 절망하면서 슬럼프에 빠져 들기 시작했음을 27절에서 볼 수 있습니다. "…내 사정은 여호와께 숨겨졌으며 원통한 것은 내 하나님에게서 수리하심을 받지 못한다 하느냐?" 그러니까 이스라엘은 우리의 어려운 사정에 전혀 관심을 기울이지 않는 하나님, 우리가 아무리 기도해도 전혀 응답해 주시지 않는 하나님이라는 맥 빠진 소리를 막 내뱉고 있습니다.

사실 그들이 처음에 포로생활을 막 시작할 때는 머지않아 이 포로생활은 끝이 날 것이고 그러면 고향으로 돌아가 갈 것이라는 기대감에 차 있었습니다.

그러나 시간이 지나가면서 그들의 소원이 이루질 것 같지 않고 하나님은 침묵하시는 것 같으며 하나님께서 살아 계신다면 이럴 수는 없다고 생각했습니다. 약속에 신실하신 하나님이라면 도저히 이럴 수가 없다고 생각하니 그 순간 낙심이 찾아오기 시작하는 것입니다. "하나님께서 우리를 징계하셨다. 이제 하나님께서는 우리를 버리셨다. 우리의 이 원통함, 이 사정을 하나님께서는 알지 못하신다." 그때부터 그들의 삶은 피곤해지기 시작하였고 일을 해도 재미가 없었으며 신앙생활에 대한 감격도 사라지고 만 것입니다. 절망의 자리로, 하나님을 잊어버리는 자리로, 낙심의 자리로 들어갔다는 말인데 이럴 때 인간의 삶이 무기력하고 허망해 보이는 것 아니겠습니까? 지금 불평하는 이스라엘의 마음을 충분히 헤아려 볼 수 있는 것은 우리도 이런 일들을 당할 때가 있기 때문입니다.

혹 성도들 중에 이런 상황 속에 있는 분들 계십니까? 마음에 무거운 짐을 짊어지고 어찌할 바를 모르고 방황하고 계신 분이 있습니까? 예수님을 믿고 교회는 출석하지만 세상살이가 너무 힘들어 그 마음속에 이미 좌절과 포기의 삶을 살아가고 있는 분이 계십니까? 그럼에도 하나님을 바라보십시오. 주여! 하고 부르짖으십시오. 분명하게 하나님께 해결책이 있습니다. 해결이 안 된다고 하지 말고 된다고 하십시오. 된다고 해야 방법을 찾게 되는 것입니다.

셋째, 지금 귀하의 처지가 절망 중에 있지는 않습니까? 이스라엘이 왜 피곤합니까? 소망이 없다고 생각되기 때문입니다. 지금 저들은 바벨론에 포로로 끌려와 말로 표현할 수 없는 고난의 삶을 겪고 있었지만 그 고난 가운데서도 하나님의 약속을 믿는 소망만은 가지고 있었습니다. 그런데 그 약속이 지체되면서 나중에는 이루어질 것 같지 않은 생각에까지 미치자 그때부터 그들의 삶이 피곤해지기 시작한 것입니다. 하나님은 결코 우리의 사정과 원통함을 외면하거나 침묵하고만 계시는 하나님이 아니라는 사실을 기억하십시오. 단지 우리가 소망을 잃고 있기 때문에 그렇게 생각할 따름입니다.

우리는 우리의 기도가 응답되지 않을 때, 우리의 삶이 벽에 막혀 있을 때, 하나님은 정말 살아 계십니까? 왜 하나님은 나를 돕지 않습니까? 이 고난스런 상황이 언제까지 지속되어야 합니까? 하면서 그 불평의 요소를 하나님과 환경에 있는 것 같이 여기는 때가 많습니다. 그러나 문제는 환경도 아니고 하나님도 아닌 믿지 못하고 기도하지 아니하는 내게 있습니다.

오늘 우리에게 소망이 있습니까? 어떤 일로 지쳐있습니까? 무엇 때문에 탈진되어 있습니까? 나 자신을 피곤하고 지치게 만드는 일들이 무엇입니까? 시선을 하나님께 돌려보십시오. 하나님을 향한 소망을 가지시기 바랍니다. 하나님은 그 본성이 사랑이기 때문에 이처럼 의기소침과 무력증에 빠져 기운을 잃고 있는 이스라엘을 위로하고 새 힘을 주시려고 이사야서 제 2부를 기록하셨습니다. 동시에 바로 나 자신의 무기력과 절망을 깨뜨리려고 이 말씀을 주시는 것입니다. 이사야서 40장부터는 이스라엘이 칠십년 포로기간이 지나고 나면 바벨론 포로에서 돌아와 자유와 해방을 누릴 수 있을 것이라는 위로와 격려의 메시지입니다. 한 많은 포로생활을 마치고 고국으로 돌아오는 5천km나 되는 광야 길을 거뜬히 걸을 수 있는 그런 힘을 주시겠다는 것입니다. 소망의 말씀인 셈입니다.

하나님은 반드시 이스라엘을 바벨론의 속박과 억압에서 해방시켜 주시는 것처럼, 동시에 우리에게도 하나님을 향한 소망 하나만 붙잡고 나가면 마침내 승리의 자리 축복의 자리에 이르게 해 주실 것이라는 희망의 정보를 주시는 것입니다. 그런데 우리가 왜 지쳐있으며 왜 절망 가운데서 피곤하게 지내고 있습니까? 말씀을 잡고 일어서십시오. "나는 반드시 절망에서 빠져나온다." 담대하게 말하면서 하나님께 지혜를 구하시기를 바랍니다.

본문 30절의 말씀처럼 우리가 때로는 쉽게 지칠 수 있고, 기운을 잃을 수도 있으며 심지어 젊은 청년들도 피곤하여 지치는 경우가 있습니다. 너무나 많은 일들로 시달리다 보면 당연히 지치고 곤하여 기진맥진할 수가 있으며 정말 기운이 쇠진할 수도 있겠지요. 인간은 연약하여 지치고 쓰러지고 절망의 자리에 들기를 잘 하지만, 그러나 하나님은 결코 지치지 않는 분이심을 상기하십시오. 오히려 하나님은 우리에게 날마다 새 힘을 불어넣으시는 능력의 하나님이시며 특히 내 속 사람이 피곤을 모르고 살도록 새 힘과 새 기운을 불어 넣어주시는 분이십니다. 그분이 바로 성령이십니다.

그래서 삶에 지쳐있는 자에게는 새 힘을 주시고, 기운을 잃은 자에게는 기력을 보강시켜주시겠다고 약속하십니다. "피곤한 자에게는 능력을 주시며 무능한 자에게는 힘을 더하시나니."(사 40:29). 여기 무능한 자에게 힘을 더하신다는 말씀의 본래 뜻이 기운을 북돋아준다는 의미입니다. 마치 보약으로 원기를 보강시킬 때 사용하는 단어처럼 말입니다.

넷째, 오직 여호와를 앙망(仰望)하는 자는 새 힘을 얻습니다. 성령으로 기도하여 영 안에서 성령의 권능이 올라오기 때문입니다. "오직 여호와를 앙망하는 자는 새 힘을 얻으리니 독수리의 날개 치며 올라감 같을 것이요 달음박질하여도 곤비치 아니하겠고 걸어가도 피곤치 아니하리로다."(사40:31). 여기 새 힘을 주신다는 의미는 문자적으로 힘을 바꾸어 주신다는 말입니다. 건전지를 새 것으로 바꾸어 끼듯이 새 에너지를 공급해준다는 뜻이지요. 전능하신 하나님께서 새 힘을 공급해주신다는 이 말은 끊임없는 새 힘의 재창조, 즉 재충전을 시켜주시겠다는 것입니다. 그러면 어떤 사람이 이런 새 힘을 얻을 수 있다는 말입니까?

오직 여호와를 앙망하는 자라고 했습니다. 여기 앙망이라는 말은 주님만을 믿고 그 어떤 상황에서도 주님께 기대를 걸어본다는 의미입니다. 동시에 여호와를 앙망한다는 말은 영과 진리로 드리는 예배를 통하여 하나님의 은혜를 기다리는 것을 의미합니다. 바꾸어 말하면 예배를 잘 드리는 자와 성령으로 기도하는 자를 말하는 것입니다. "내가 여호와께 청하였던 한 가지 일 곧 그것을 구하리니 곧 나로 내 생전에 여호와의 집에 거하여 여호와의 아름다움을 앙망하여 그 전에서 사모하게 하실 것이라."(시 27:04). 뿐만 아니라 앙망이라는 말의 뜻에는 강하게 비틀어서 꼰다는 뜻으로서의 밧줄의 의미도 또한 담고 있습니다.

이는 여러 가닥을 엮어 꼬아서 더 튼튼한 줄을 만든다는 의미인데 바로 우리의 연약함과 하나님의 강함이 한데 엮어져 나의 약함은 완전 가려지고 하나님의 강한 능력만이 나타나는 것을 말하는 것입니다. 그러니까 여호와를 앙망하는 자란 나의 약함을 하나님의 능력으로 캄프라치(camouflage)하여 하나님을 바라보는 사람, 하나님께 소망을 두는 사람, 하나님을 의지하는 사람을 말합니다. 우리에게 필요한 것이 바로 여호와를 앙망함으로 나오는 이러한 새로운 힘입니다. 이 힘은 세상적인 힘이 아니라 하나님께서 성령님을 통해서 우리에게 베풀어주시는 힘으로서 영혼의 만족을 얻게(시 63:15) 하는 힘입니다.

혹 책을 읽는 분들 가운데 이런 상황 속에 있는 분들 계십니까? 마음에 무거운 짐을 짊어지고 어찌할 바를 모르고 방황하고 계시는 분 말입니다. 예수님을 믿고 교회는 출석하지만 세상

살이가 너무 힘들어 그 마음속에 이미 좌절과 포기의 탈진의 삶을 살아가고 있는 성도 계십니까? 그렇다면 오늘 하나님께서 우리에게 주시는 소망의 말씀에 한 번 귀를 기울이시기 바랍니다. "소년이라도 피곤하며 곤비하며 장정이라도 넘어지며 자빠지되"(사40:30). 한창 자라는 소년에게는 피곤하다 곤비하다는 말을 하지 않습니다. 여기 장정이란 임무수행을 위해 특별히 뽑힌 일꾼들입니다. 그럼에도 넘어지며 자빠진다고 했습니다. 맥없이 기운을 잃고 비틀거린다는 말이에요. 그럴지라도 오직 여호와를 앙망하는 자는 새 힘이 넘치도록 솟아날 것입니다. 그 어떠한 상황이나 경황 중에서도 잠잠히 하나님만을 바라보는 사람은 결코 지치지 않을 뿐만 아니라, 오히려 날마다 새 힘을 공급받으며 생동감 있게 살아갑니다. 여호와 하나님은 자신을 앙망하는 자에게, 성령님께서 ①올라가는 신앙을 갖게 하십니다. ②달려가는 신앙을 갖게 하십니다. ③성취하는 신앙을 갖게 하십니다. ④앉은뱅이를 뛰게 하십니다. 엠마오로 낙향하던 두 제자에게 새 힘을 주심으로 인해 예루살렘으로 돌아와서 사명을 회복시키십니다(눅 24:13~35). 성도들 중에 이런 마음에 무거운 짐을 짊어지고 탈진하여 어찌할 바를 몰라서 방황하고 계시는 분이 있습니까? 여호와 하나님을 앙망하십시오. 하나님은 우리를 도와주시길 원하시며, 우리에게 힘을 주시기를 원하시며, 우리에게 능력 주시기를 원하십니다. 영육의 탈진이 하나님의 힘으로 인하여 전화위복되기를 바랍니다. 하나님은 자녀들이 잘되기를 소원하십니다. 절대로 탈진하여 쓰러지기를 기대하시지 않습니다.

11장 영혼의 탈진에 고통당하는 성도가정

(전도서 3:14)"천하에 범사가 기한이 있고 모든 목적이 이룰 때가 있나니 날 때가 있고 죽을 때가 있으며 심을 때가 있고 심은 것을 뽑을 때가 있으며 죽일 때가 있고 치료시킬 때가 있으며 헐 때가 있고 세울 때가 있으며 울 때가 있고 웃을 때가 있으며 슬퍼할 때가 있고 춤출 때가 있으며"

영육의 무기력이나 탈진은 나쁜 것만이 아닙니다. 이를 통하여 믿음이 한 단계 진보할 수가 있기 때문입니다. 탈진이라는 말을 잘 아시지요. 모든 에너지가 고갈되고 아무것도 할 수 없고 무기력해지는 증상입니다. 신앙생활에서도 영적 탈진이 오면 무기력증에 빠집니다. 기도도 찬양도 설교도 내게 힘이 되지 못하고 사역도 재미가 없으며 오히려 힘들고 짜증스럽게 느껴집니다. 그래서 영적인 탈진에 빠지면 열정과 기쁨을 상실하고 다 내려놓고 싶어집니다. 목회자들도 그런 경험이 있고, 교회에서 열심히 봉사도 하고, 생업에 열중하는 성도님들도 이런 경험을 하실 수 있습니다. 알아야 할 것은 하나님께서는 이런 무기력이나 탈진은 통과한 사람을 사용하신다는 것입니다.

교회 일을 많이 하고 열심히 봉사하면서 생업을 하는 사람이 이런 탈진을 겪을 가능성이 높습니다. 그렇다고 오해하지 마십시오. 교회 일을 거부하라는 말씀이 아닙니다. 우리는 모두가 주님이 맡겨주시는 각자의 분량의 달란트를 따라 최선을 다해 하나님과 세상을 섬기고 달란트를 남겨야 합니다. 그게 주님의 뜻이니까요. 그런데 이 과정에서 무언가 많은 일을 감당하는 사람일수록 사실 힘이 들고 지치는 것은 당연한 일입니다. 하나님을 위해서 열심히 일하는데 왜 낙심과 영적인 침체가 찾아올까요? 제일 큰 이유는 단순히 일이 많아서 만이 아니라, 사역의 과정에서 우리가 주님만 바라보는 것을 놓치기 때문입니다. 또 다른 이유는 우리가 종의 신분을 망각하고 내 생각이 하나님보다 앞설 때입니다. 성령의 인도를 받지 않고 자기 열심 때문입니다. 사람이 하나님의 일을 하려니 얼마나 힘이 들겠습니까?

요즘 몇 년 새 새롭게 떠오르는 증후군 중 하나인 번아웃 증후군입니다. "번아웃: Burn out": 에너지를 소진하다란 뜻입니다. 어떤 일에 과도하게 몰두하고 신경 쓰다가 어느 순간 모두 불타버린 연료처럼 무기력증이 찾아오기도 하는 이 증후군은 과도한 업무로 인한 극도의 피로감이 신체적, 정신적으로 모두 기력을 완전히 소진시켜버리는 상태를 일컫는 말로 현대인들에게 자주 발생하고 있으며, 증상으로는 우울증과 무기력증, 수면장애, 인지능력 저하, 자기혐오와 직무 거부 형태까지 다양하게 나타나고 있습니다. 이 증후군은 일중독이나 만성피로가 가장 큰 원인으로 꼽히고 있습니다. 번아웃 증후군에 빠지면, 업무 효율도 떨어지며 직장과 일에 대한 부정적인 생각이 들고 이런 생각이 장기화되면 늘 피곤하며 잠도 잘 못 자는 수면장애 및 개인적인 우울증이나 무기력증이 생겨 헤어 나오기 힘든 지경까지 다다르기도 합니다. 이렇게 되면 개인적으로나 사회적으로나 생활하기 힘든 상황이 되어 버리는데 그렇다면 어떻게 해야 이 번아웃 증후군을 치료할 수 있을까요?

그 치료법과 예방법을 한 번 알아보겠습니다. 첫째, 전문가들의 조언에 따르면, '자기만의 시간'을 가지는 것이 중요하다고 합니다. 내면을 기도를 통하여 강하게 하고 성령으로 정화하는 것입니다. 지친 일상에서 벗어나 자신만을 위한 시간을 갖는 것이 꼭 필요하다고 말하며, 토요일에 자신만을 위한 여유로운 티타임이나 산책 등을 즐기는 것도 좋은 방법이 될 것이라 충고합니다.

둘째, 충분한 휴식을 취하는 것입니다. 여기에서 빠질 수 없는 것이 바로 '잠'인데, 잠만 충분히 자주는 것만으로도 많이 증상이 호전된다고 합니다. 이 방법은 직장인의 34%의 사람들이 선택할 정도로 가장 쉽고 또 좋은 극복 방법으로 알려져 있습니다.

셋째 '뇌도 쉬게 해주자.' 성령으로 기도하는 것입니다. 현대인은 혼자 쉬는 시간조차도 핸드폰과 영상에 늘 빠져 지내기 십상입니다. 별 것 아닌 것 같은 이런 행동들에도 뇌는 쉴 새 없이 정보를 흡수하게 되어 피곤해지게 됩니다. 아무 생각 없이 푹 쉴 때 뇌는 오히려 활발하게 활동할 수 있게 됩니다. 그러므로 당장 손에서 스마트폰부터 내려놓아 보아야 합니다. 그 밖에 좋아하는 지인들과의 편안한 수다나 자존감을 높이기 위한 노력 등도 많은 도움이 된다고 합니다.

단지, 열심히 살았을 뿐인데 최선을 다하며 살았을 뿐인데 우리 삶에는 상 대신 이렇게 몸도 마음도 아픈 "번 아웃 증후군"이라는 선물 아닌 선물을 받게 되니 참 슬픈 현실입니다. 하지만 반대로 생각하면 '나' 자신이 정말 소중한 존재이니 만큼 혹사만 시키지 말고 달콤한 사탕 같은 진짜 여유로운 마음과 휴식시간을 선물해 주는 것은 어떨까요? '번아웃 증후군'도 해결하고 삶의 활력도 되찾는 방법으로 참 좋을 듯합니다. "내가 아니면 안 돼, 지금 아니면 안 돼."라는 말 대신, 우리 모두가 "잠시 쉬어가도 괜찮아."를 한 번 크게 외치며, 이 위험하고도 우울한 '번 아웃 증후군'에서 탈출하게 되길 기대해 봅니다.

첫째, 탈진에 빠진 목회자 가정들. 얼마 전에 전남지방에서 목회하시는 목회자로부터 전화를 받았습니다. 이 분 뿐만이 아니고 이런 안타까운 사정을 가지고 목회하는 목회자가 의외로 많습니다. 모두 영적인 세계를 이해하지 못하고 체험하지 않아서 당하는 고통입니다. 자신의 자녀에게 문제가 있어서 필자의 조언을 구하려고 전화를 한 것입니다. 사정은 이렇습니다. 자신도 축귀를 하는데 자녀는 하지 못하겠다는 것입니다. 아들이 병원에서 조현병라고 하는데 3년 동안 치유를 해도 차도가 없고 오히려 점점 더 심해진다는 것입니다. 사모님이 소문을 들으니 귀신을 쫓아내면 아들이 치유가 된다고 했다는 것입니다. 그래서 사모님이 능력이 있다는 목사에게 데리고 가서 축사를 받았는데 오히려 더 심해져가지고 왔다는 것입니다. 그러면서 필자에게 어떻게 하면 아들을 치유할 수 있겠는가 조언을 구했습니다.

필자가 이렇게 대답을 했습니다. 조현병은 정신적인 문제와 영적인 문제와 상처와 스트레스의 문제, 뇌에서 정상적인 도파민과 세로토닌을 분비하지 못하여 일어나는 질병입니다. 이병은 혈통의 흐르는 문제로 일어나는 것이 보통입니다. 정상적인 가계에서 일어날 확률은 1%밖에 안 됩니다. 부계와 모계의 가계의 내력을 점검해보시면 이해가 가실 것입니다. 이병은 사람이 고칠 수가 없습니다. 상담으로도 심리치유로도 고칠 수가 없습니다. 귀신 축사로서도 고칠 수가 없습니다. 오로지 살아계신 하나님께서 환자와 가정을 장악해야 치유가 됩니다. 축사를 하면은 3일은 정상이 되기도 합니다. 그러나 다시 원 위치로 돌아옵니다. 병원에서 약물치유나 심리치유로는 근본을 해결할 수가 없습니다. 성령의 역사가 일어나서 환자의 마음 안에서 일어나 밖으로 나타나는 상태가 되도록 신앙지도를 해야 합니다. 목사님께서 대단한 줄로 아시는 귀신이나 좇아내는 수준을 가지고는 아들을 정상으로 회복시킬 수가 없습니다. 알아야 할 것은 귀신축사는 예수이름으로 명령만 할 줄 알면 귀신은 떠나가기도 합니다. 그러나 근본은 해결이 안 됩니다. 문제는 근본이 해결이 안 되는 것도 알 수가 없다는 것입니다. 왜냐하면 영적인 수준이 약하기 때문에 환자가 벌벌 떨고 소리 지르고 기침하면 귀신이 떠나가는 줄로 착각하는 어린 영적수준이기 때문입니다. 먼저 자신 안에 성전이 견고하게 지어져야 하고, 다른 사람들의 마음 성전을 지을 수 있는 영적인 수준이 되어야 합니다.

목사님께서도 축사를 하신다고 하시는데 귀신을 축사하는 정도의 수준으로는 아들을 치유할 수 없고, 목사님과 가정에 성령의 역사로 장악 되게 하는 수준이 되어야 합니다. 목사님의 교회가 3년 전부터 어려워졌다고 하셨는데 이 문제 역시 성령이 역사가 일어나지 않기 때문입니다. 성령의 살아있는 역사가 목사님과 사모님과 아들이 장악이 되어야 아들의 문제도 교회의 문제도 해결이 됩니다. 목사님의 마음속의 교회가 견고하게 지어져서 성령의 역사가 밖으로 흘러나오도록 영성을 길러야 합니다. 하나님과 관계가 열려야 합니다. 귀신 쫓아낸다고 다 된 줄로 아시면 문제는 해결이 안 됩니다. 목사님 자신이 성령의 전으로 변화되도록 해야 합니다. 목사님의 마음 안에서 성령이 흘러나오는 수준이 되어야 합니다. 왜냐하면 혈통의 문제가 흐르기 때문입니다. 아들과 같이 부모가 함께 치유를 받으면 더욱 빨리 정상이 될 수가 있습니다. 가정이 하나님의 나라가 되도록 하십시오. 말로 하나님의 나라가 아니고, 실제적인 성령님의 역사가 장악하고 일어나야 합니다. 성령님이 가정과 교회의 주인 되고, 지배하는 장소가 되도록 해야 합니다.

목회자의 겪는 탈진현상에 비해 사모의 탈진도 만만치 않습니다. 사모는 남편인 목사가 어떤 분이냐에 따라 그 심각성이 달라집니다. 그러기에 우리 사모들은 남편을 잘 연구해야 합니다. 사모가 몸이 아파서 남편에게 기도를 부탁드립니다.

그때 오는 남편의 반응을 볼까요. "기도! 기도! 사모가 되어가지고 기도도 안 하니까 그렇게 아프지!" 하면 사모에게도 이유가 있습니다. "나는 기도하는 것 몰라서 당신에게 부탁하는 줄 아세요? 기도가 안 된단 말예요" 라고 하는 사모는 더 이상 일어날 용기도 없습니다. 탈진에 빠진 것입니다. 그런데 목사님이 모르시는 것입니다. "교회 여 집사가 기도해달라고 하면 잽싸게 가서 기도해 주면서 어떻게 저에게는 그럴 수 있어요?"라며 서러워합니다. "대장간 칼이 잘 들지 않는 것처럼 목사 집에 기도가 말라 버리니 뭐가 잘 되겠어요!" 라고 남편을 향해 한숨짓습니다.

하루 종일 심방하고 집에 들어오는 목사들은 솔직히 집에 있는 식구에게 기도하기가 싫다고 합니다. 이래서 사모의 탈진현상은 목사보다 더 심각합니다. 목사는 사모가 여성이라는 사실을 깜빡 잊을 때가 있습니다. 교회 안에 여성들을 섬기다 보면 아내는 본의 아니게 제쳐 놓게 된다고 합니다. 먼 훗날 후회의 눈물을 흘리는 목회자도 있습니다.

어느 목사는 교회 개척당시에 성도들을 픽업하다 보면 사모가 안중에서 사라져 버린답니다. 집에 도착했을 때에야 사모가 없다는 것을 알게 된답니다. 그래도 사모는 불평한마디 못한 채 교회에서 혼자 자기를 잊어버린 남편을 기다리기도 한답니다. 교회를 위해 어쩔 수 없이 희생되는 여인들이 있습니다. 목사님들은 마음에 두어야 합니다. 지금 교계에는 탈진에 빠져 신음하는 사모님들이 너무나 많습니다. 목사님들은 사모님들의 고충과 내면의 상태를 정확하게 볼 줄 알아야 합니다.

둘째, 탈진에 빠진 직분자 가정들. 크리스천에게 탈진은 영적으로 메마르거나 일에 대한 압박감, 일의 결과에 대한 부담 등으로 엄청난 스트레스에 눌린 상태를 의미하는 것입니다. 이 탈진의 상태에 빠지면 "무기력증, 자포자기 상태, 심한 압박감"에 시달리게 된답니다. 이 탈진 상태, 영적 고갈…. 어떻게 극복할 수 있을까요? "천하에 범사가 기한이 있고 모든 목적이 이룰 때가 있나니 날 때가 있고 죽을 때가 있으며 심을 때가 있고 심은 것을 뽑을 때가 있으며 죽일 때가 있고 치료시킬 때가 있으며 헐 때가 있고 세울 때가 있으며 울 때가 있고 웃을 때가 있으며 슬퍼할 때가 있고 춤출 때가 있으며"(전도서 3:1-4). 전도서를 쓴 솔로몬은 탈진의 상태에 있었던 사람입니다. 그는 헛되고 헛되니 모든 것이 헛되다는 말로 글을 시작하여 자신의 삶의 탈진을 어떻게 극복을 했는지 말해주고 있습니다.

대개 탈진의 상태에 쉽게 빠지는 사람은 첫째로 "삶의 균형을 유지하는 못 하는 사람"에게 쉽게 일어납니다. 영적 고갈도 마찬가지입니다. 균형 잡힌 신앙생활을 하지 못 할 때 영적 침체에 빠지게 됩니다. 전도서 3장에 보면 무슨 일이든 때가 있음을 말하고 있습니다. 행복한 때가 있으면 슬플 때가 있고, 일할 때가 있으면 놀 때가 있다는 것입니다.

대개 일중독자의 경우에 탈진의 상태에 쉽게 빠집니다. "균형의 법칙"이 있습니다. 하나님은 이 세계를 그 분의 질서와 균형 속에 만드셨습니다. 육체의 균형이 깨지면 몸은 병에 걸리게 됩니다. 영성과 체력이 균형을 이루어야 합니다. 어떤 분들은 금식을 밥 먹듯 하시는데 주의해야 합니다. 밥 굶는다고 영성이 강해지지 않습니다. 영성은 체력이 뒷받침해야 바르게 나타납니다. 모든 인간의 영적-정신적인 문제는 체력과 영성이 균형을 이루지 못했을 때 발생합니다. 스트레스를 많이 받아서 체력적으로 영적으로 제 기능을 하지 못하니 탈진이 찾아오는 것입니다. 탈진은 영과 육의 균형이 깨어져서 나타나는 것입니다.

말씀을 아는 것과 체험이 같아야 합니다. 말씀을 알기만 하고 행함이나 권능이 나타나지 않으면 무용지물이 될 수도 있습니다. 자연의 균형이 깨져 부정적인 환경 파괴 현상이 나타나고 있는 것입니다. 우리는 일하기와 놀기, 사적인 부분과 공적인 부분, 존재와 행동, 신체와 정신, 수입과 지출, 주기와 받기 등에서 균형을 이루어야 합니다.

샌프란시스코의 캘리포니아 대학 의과대 교수인 찰스 가필드라는 사람이 사회에서 성공을 한 1500여명의 사람을 연구했다고 합니다. 우리는 일반적으로 성공을 한 사람은 자신의 분야에 미친 듯이 집중을 하는 무서운 사람이라고 생각을 하지만, 대부분 성공한 사람의 특징은 균형 잡힌 삶, 균형이 있는 시간 활용을 할 줄 아는 사람이었다고 합니다.

혹시 지금 탈진의 상태, 영적 침체와 고갈 상태에 빠진 분이 계십니까? 자신의 경향을 성령의 임재 가운데 들여다보세요. 혹시 일에만 너무 치중한 것은 아닌지…. 하나님과의 관계는 소홀히 하고 행동하기만 급급해 하는지…. 기도는 바르게 하고 있는지…. 가정은 예수님으로 하나 되었는지…. 자신의 가정에 왜 탈진이 찾아왔는지…. 자신의 영혼과 육신을 관리하는 휴식의 시간을 무시하지는 않았는지…. 분명 균형이 깨진 삶을 사는 사람에게 탈진의 상태가 나타난답니다. 하나님의 입장에서 자신을 들여다보는 것이 성령으로 기도하는 것입니다.

둘째로 탈진의 상태를 극복하는 방법은 "가정이 예수로 하나 되는 것"입니다. "두 사람이 한 사람보다 나음은 저희가 수고함으로 좋은 상을 얻을 것임이라 혹시 저희가 넘어지면 하나가 그 동무를 붙들어 일으키려니와 홀로 있어 넘어지고 붙들어 일으킬 자가 없는 자에게는 화가 있으리라 두 사람이 함께 누우면 따뜻하거니와 한 사람이면 어찌 따뜻하랴 한 사람이면 패하겠거니와 두 사람이면 능히 당하나니 삼겹줄은 쉽게 끊어지지 아니하느니라"(전도서 4:9-12). 가정이 예수님으로 하나가 되지 않으면 탈진에 빠질 확률이 높습니다. 가정의 구성원들이 예수님으로 하나 되지 못하고 대립이 있다는 것은 지옥이라는 것입니다. 예수님으로 하나가 되면 대립이 없어집니다. 분별할 필요도 없습니다. 자연스럽게 천국이 되는 것입니다. 천국은 예수님으로 하나 될 때 누릴 수가 있습니다.

지금 크리스천의 가정들이 탈진에 빠져있는 가정이 많습니다. 이유는 하나 되지 못하고 제각각이기 때문입니다. 세상에서 받은 스트레스를 가정에서 풀어야 하는데 하나 되지 못함으로 인하여 스트레스가 가중되고 해소되지 못하니 탈진에 빠지는 것입니다. 탈진한 크리스천의 가정이 회복되려면 먼저 가족 구성원 하나하나가 성령으로 하나가 되어야 합니다. 그래야 성령의 역사로 탈진에서 해방될 수가 있는 것입니다.

탈진 자들의 특징은 앞에서 이야기를 했듯이 일중독자들이 대부분이며 "가족과 친구를 무시"하는 사람입니다. 히브리서에는 "서로 협력하여 선한 일을 도모하라"고 말을 합니다. 우리는 가족과 친구를 통해 내가 힘들고 연약할 때 도움을 받을 수 있습니다. 형제의 중보 기도는 나의 영적 고갈 상태를 극복하게 합니다. 함께 식사하고 웃으며 이야기를 할 때 우리의 메마른 정서 상태는 회복이 됩니다. 예수님으로 하나 되는 가정이 무엇보다도 중요합니다.

세 번째로 탈진을 극복할 수 있는 방안은 "시간을 가지고 현재를 즐겨라"는 것입니다. 예수님 안에서 안식하라는 것입니다. 예수님을 삶에서 누리라는 것입니다. "우주와 그 가운데 있는 만물을 지으신 하나님께서는 천지의 주재시니 손으로 지은 전에 계시지 아니하시고, 또 무엇이 부족한 것처럼 사람의 손으로 섬김을 받으시는 것이 아니니 이는 만민에게 생명과 호흡과 만물을 친히 주시는 이심이라"(행 17:24-25). 하나님을 누리는 가정이 천국입니다. 하나님을 가정에서 누리지 못하니 탈진이 찾아오는 것입니다.

우리는 예수님 안에서 일을 해야 할 때가 있고 쉬어야 할 때를 구분할 줄 알아야 합니다. "사람이 하나님의 주신 바 그 일평생에 먹고 마시며 해 아래서 수고하는 모든 수고 중에서 낙을 누리는 것이 선하고 아름다움을 내가 보았나니 이것이 그의 분복이로다. 어떤 사람에게든지 하나님이 재물과 부요를 주사 능히 누리게 하시며 분복을 받아 수고함으로 즐거워하게 하신 것은 하나님의 선물이라 저는 그 생명의 날을 깊이 관념치 아니하리니 이는 하나님이 저의 마음의 기뻐하는 것으로 응하심이라"(전도서 5:18-20). 우리는 일을 해야 할 때가 있고 쉬어야 할 때가 있습니다.

진정한 안식은 성령으로 하는 기도입니다. 기도하고 하니까,

좀 이해하기 힘드시는 분들이 계실 것입니다. 항상 마음으로 하나님을 찾으라는 것입니다. 기도를 너무 어렵게 생각하지 말아야 합니다. 기도는 자신 안에 계신 하나님께 집중하면서 찾는 것입니다. 찰스 스윈돌의 책 '인생의 계절'에는 이런 시가 있습니다. "고양아, 고양아 너 어디에 있었니? 나는 여왕을 보려고 런던에 갔었지. 고양아, 고양아. 너 거기서 무엇을 했니? 나는 여왕의 의자 아래 있던 생쥐를 겁주고 있었지?"

이 시가 의미하는 바는 무엇일까요? 고양이는 런던에 여왕을 구경하기 위해 갔지만 결국 고양이는 그 곳에서도 자신의 '일'인 생쥐 잡는 것에 매달리고 있었습니다. 고양이가 런던에 갔으면 런던에 있는 아름다운 건물과 경치를 보며 즐거워하는 것이 당연한 것이 아닐까요? 하지만 그 고양이는 자신이 즐길 수 있는 아름다운 것들을 놓치고 런던에 가서도 마저 생쥐를 잡는 어리석은 행동을 보여주었습니다. 즉 이 고양이는 현재를 즐길 줄 모르고 다만 목표 지향적으로 일을 하는 일중독 고양이였던 것입니다.

목표 지향적인 사람은 목표에 사로잡혀 미래에 대한 관념들로 삶을 살아가기 때문에 현재를 즐기지 못 합니다. 오늘 나에게 주신 하나님의 축복과 선물을 깨닫지 못 한다는 것입니다. "저가 비록 천 년의 갑절을 산다 할지라도 낙을 누리지 못하면 마침내 다 한 곳으로 돌아가는 것뿐이 아니냐" 현재의 만족을 누리세요. 현재 천국을 누리세요. 기쁨은 오늘 나에게 주어진 작은 일 가운데서도 발견할 수 있답니다.

사랑하는 지체와 운동을 하며 느끼는 희열감…. 싱그럽게 불어

오는 바람의 향기…. 길가에 펴있는 한 송이 민들레를 보며 웃음 지을 수 있는 여유…. '떼르드글라스'에 가서 한 컵의 아이스크림을 먹으며 행복해 할 줄 아는 감사하는 마음…. 하나님께서 오늘 나에게 주신 많은 축복과 은혜를 누릴 때 우리는 '탈진'에서 극복할 수 있답니다. 마음의 여유가 있어야 한다는 말입니다. 마음의 여유는 자신 안에 하나님께서 주인이 되었을 때 가능한 것입니다.

마지막으로 탈진을 극복할 수 있는 핵심적은 요건은 무엇일까요? 그것은 바로 "하나님을 하나님의 자리에 내어드리는 것"입니다. 어떤 이는 이런 말을 하였습니다. "걱정이란 하나님께서 자신에게 책임 지우지 않으신 것에 대해 추측하여 책임감을 느끼는 것"이라고 말했습니다. 자신의 한계를 인정하고 하나님께 도움을 구하세요. 하나님이 주시는 힘과 영력으로 사역을 할 때 우리는 지치지 않을 수 있습니다.

성경 말씀의 묵상을 통해, 간절한 개인기도 시간을 통해, 하나님과의 은밀한 곳에서의 찬양과 감사의 고백을 통해 우리는 영적 무력감과 영적 침체에서 벗어날 수 있답니다. "일의 결국을 다 들었으니 하나님을 경외하고 그 명령을 지킬지어다. 이것이 사람의 본분이니라."(전 12:13). 하나님을 진정으로 공경하며, 하나님을 하나님으로 여기시기를 바랍니다. 자신이 할 수 없는 부분마저 모두 다 내 책임인양 떠맡고 걱정, 근심 하는 것은 내가 바로 하나님의 자리에 서 있다는 것을 뜻합니다.

하나님을 하나님의 자리에 모셔 두는 것…. 그리고 우리는 그분의 안에 거하며 그 분의 손길 아래서 쉼을 누리는 것…. 이 길이 진정 탈진에서 극복할 수 있는 가장 빠르고 최상의 길일 것입니다. 하나님께서 하라는 대로 순종하는 습관이 되어야 합니다.

계속 되는 세상의 일과 믿음생활로 인해 영적 고갈이나 탈진 상태에 처해 있으신가요? 필자는 성령으로 하는 깊은 기도로 내면을 강하게 하면서 극복하고 사역을 하고 있습니다. 자기의 영육의 관리를 해야 합니다. 그것이 "하나님이 진정 원하시는 사역은 자신의 영성을 관리하면서 수행하는 이런 모습이라"는 확신을 갖게 되었습니다. 그리고 하루하루를 감사하는 마음으로, 사역을 즐기며 기쁘게 하도록 노력을 하고 있습니다. 또한 하나님의 종으로 오늘 하루를 살아가려 하기 보다는 먼저 하나님의 자녀 된 권세와 기쁨을 누리는 삶을 살도록 노력을 했습니다. 목표가 자신을 사로잡고, 사역의 결과에 대한 부담이 자신을 짓누를 때 이런 탈진 현상이 쉽게 일어납니다. 하지만 이럴 때 극복할 수 있는 방법은 결국 "하나님을 하나님의 자리에 모시고 나는 나의 자리로 돌아가는 것" "성령으로 기도하는 것"이라는 것을 깨달았습니다.

그리고 그 분을 신뢰하고 믿음으로, 확신 속에서 오늘 하루를 걸어가는 것…. 성령으로 기도하면서 내면을 강화하는 것…. 나 자신의 내면에 관심을 갖는 것…. 이 길이 영육의 눌림이나 탈진을 예방하고, 하나님이 주신 은혜와 평강 속에서 사역을 하는 것이 아닐까…라는 생각입니다. 이 글을 통해 많은 이들에게 내면을 강하게 하는 믿음의 도전이 되기를 진심으로 기도합니다. 영육으로 강한 자들이 되기를 소원합니다.

3부 우울정신질병 검진과 순간치유

12장 우울정신영적 질병 검진과 순간치유

(막16:17-18)"믿는 자들에게는 이런 표적이 따르리니 곧 그들이 내 이름으로 귀신을 쫓아내며 새 방언을 말하며 뱀을 집어올리며 무슨 독을 마실지라도 해를 받지 아니하며 병든 사람에게 손을 얹은즉 나으리라 하시더라."

영적 우울 정신적인 질병의 발생은 유전적 영향이 큽니다. 영적이고 정신적인 문제로 고통을 당하는 분들은 이미 자신의 내면에 잠재하여 있던 요소들이 드러난 것입니다. 이런 유형의 사람들의 가계력을 조사해 보면 조상 중에 무당이 있다든지, 남묘호랭객교를 믿었든지, 천리교를 믿었다든지, 절에 스님이 있다든지, 우상을 지독하게 섬겼다든지, 절에 재물을 많이 시주 했다든지, 부모가 알코올 중독자이거나 영적이고 정신적인 질병으로 고생하다가 돌아간 사람이 있다든지, 등등의 원인이 반드시 있었습니다. 이런 사람들은 태아시절에 귀신이 침입을 하여 자리 잡고 있기도 합니다. 유아시기에도 학대나 심한 놀람을 통하여 침입을 합니다. 그러니까, 영적정신적인 문제 보균자들입니다.

이렇게 잠재하여 있던 영적정신적인 문제들이 사업 파산, 결혼 실패, 직장해고, 학교공부 스트레스, 충격적인 상처, 놀람 등 자신이 감당할 수없는 충격을 받거나 장기간 스트레스를 받아 체력이 급속이 저하되었을 때 밖으로 나타납니다. 그래서 저는 균형 잡힌 영성이 되어야 한다는 말을 많이 합니다. 영-혼-육이 균형이 잡혀야 정상적인 생활을 할 수가 있다는 말입니다.

우리가 스트레스를 받으면 체력의 소모가 많이 됩니다. 체력이 떨어지니 자신 속에 잠재하여 있던 영육의 문제가 드러나는 것입니다. 정상적으로 지내던 사람이 갑자기 불안하고, 초조하고, 두려워서 잠을 자지 못하고, 가위눌림을 당하고, 헛것이 보이기도 하고, 간질을 하고 발작을 하면서 괴성을 지릅니다. 머리가 깨질 것과 같이 아프기도 합니다. 정상적인 생활을 할 수 없는 지경에 이르게 됩니다. 그래서 영적인 문제라고 단정하고 축사만 받으려고 합니다. 유명하다는 목사를 찾아가 안수를 받습니다. 한 번에 쉽게 해결을 받기 위해서 돌아다닙니다. 이렇게 이리저리 돌아다니다가 치유의 시기를 놓치는 경우가 허다합니다.

그러다가 영적인 분야를 잘 알지 못하는 사역자를 만나 금식도 합니다. 그러나 금식은 금물입니다. 체력이 소진되어 문제가 발생했는데 금식을 하면은 기름 탱크에 불을 붙이는 것과 마찬가지입니다. 더 악화된다는 것입니다. 이때에는 당황하지 말고 환자를 안정을 시키고 우선 체력을 보강해야 합니다. 빠른 시간에 체력을 보강할 수 있는 보약이나 다른 보양 식품을 먹여야 합니다. 그래서 체력을 회복시켜야 합니다. 안정을 취하게 해야 합니다.

그러면서 정신적인 문제를 바르게 전문으로 치유하는 사역자에게 가서 말씀과 성령으로 치유를 받으면 바로 정상이 됩니다. 치유는 무조건 축귀만 한다고 치유가 절대로 되지 않습니다. 비

전문가의 축귀는 오히려 더 악화될 수가 있습니다. 주의해야 합니다. 영적, 정신적인 문제 치유가 그렇게 쉽고, 단순하지 않습니다. 환자 스스로 말씀 듣고 기도를 하도록 해야 합니다. 본인의 영의 힘으로 일어서게 해야 합니다. 환자가 영적 자립을 해야 하므로 시간이 걸립니다. 급하게 생각한다고 빨리 치유되는 것이 절대로 아닙니다. 축사만 하면 당시에는 치유가 된 것 같은데 시간이 지나면 재발을 합니다. 영적 자립능력이 없기 때문입니다. 그런데 이와 같은 전문적인 치유를 일반 성도들이나 목회자는 잘 이해하지 못합니다. 그래서 영적치유를 받겠다고 1년 이상 돌아다니면서 이 사람 저 사람에게 안수와 축귀만 받으면서 돌아다니게 됩니다. 이러다가 치유의 시기를 놓쳐서 환자가 사람 노릇을 못할 정도로 심각해 질수가 있으니 주의 하지 않으면 안 됩니다.

제일 좋은 것은 사전에 예방하는 것입니다. 이런 가계력이 있다면 미리 성령이 충만한 교회에 가셔서 전문적인 치유사역자의 도움을 받아가며, 성령의 역사로 문제의 잠복된 요소들을 배출하는 것입니다. 아무 교회나 다닌다고 예방되는 것은 절대로 아닙니다. 살아계신 성령의 역사가 있고, 생명의 말씀이 증거 되는 교회라야 사전에 영적인 진단을 하여 치유될 수가 있습니다.

침입한 귀신은 나이에 상관없이 정체를 드러냅니다. 초등학교 1-2학년 17살(고1)에 제일 많이 드러냅니다: 학업에 스트레스가 심하기 때문입니다. 20살에 드러냅니다. 24살에 드러냅니다. 결혼하여 잦은 부부불화가 있을 때 드러냅니다. 27살, 32살, 36살, 38살 43상 등등 한 번 침입한 귀신은 인내하며 기다리다가 취약한 시기가 되면 반드시 정체를 드러냅니다. 말씀과 성령의 역사로 정기적인 영적 진단과 내적치유와 축귀하는 예방 신앙이 중요합니다. 상처가 있고 영적으로 깔끔하지 못한 가계력을 가진 분들은 교회를 잘 정해야 합니다. 성령의 역사가 강한 교회에서 신앙생활을 하면서 미리 영적 진단하여 치유해야 하기 때문입니다. 예방신앙이 중요합니다. 숨어있던 귀신은 자신들이 원하는 시기가 되면 반드시 정체를 드러내기 때문입니다.

첫째, 영적우울정신적인 질병 치유. 잠재의식 속의 영적이고 심리적이고 우울증을 발생하는 독소를 녹여서 배출하여 영·혼·육이 건강하게 하려면 성령의 깊은 임재가 있어야 가능한 것입니다. 치유가 되려면 성령의 깊은 임재에 들어갈 수 있는 영육의 상태가 되어야 합니다. 성령의 임재 없이는 영육의 문제의 치유가 되지 않기 때문입니다. 치유의 관건은 성령의 깊은 임재에 들어가는 것입니다. 성령의 깊은 임재에 들어가려면 이렇게 해야 합니다.

1) **예수를 영접해야 죄를 용서받고 치유 받을 수 있다.** 예수를 영접하므로 마음 안에 주인으로 임재하신 성령의 역사로 치유가 이루어지기 시작합니다. 모든 치유는 성령의 능력으로 됩니다. 자신에 내재하는 인간의 영의 자생능력이라 하고, 예수를 믿어 내면으로 들어오신 하나님의 영은 인간의 능력을 초월하여 나타나는 초자연적인 권능으로 역사합니다. 성령의 능력이 이때부터 나타납니다. 그래서 사람은 할 수 없으나 할 수 있는 하나님의 권능이 나타나서 성령이 충만하게 됩니다. 성령의 권능은 나타나는 상태와 조건을 만들어야 나타납니다.

2) 성령의 세례를 받아야한다. 성령의 역사가 있는 진리의 말씀을 들어야 합니다. 그 조건과 상태는 여러 가지이지만 첫째 의지를 발동시켜야 합니다. 성령으로 세례를 받아야 산다는 의지를 발동하게 하여 성령세례를 받는 것이 제1의 원리요, 그 다음은 말씀과 성령으로 내적 치유하는 것이 제2의 원리요, 귀신 추방이 제3 원리입니다. 그리하여 생각이 바뀌고, 마음이 감동되어, 믿음이 생겨서, 본인의 의지가 발동되어, 몸이 움직여지고, 행동으로 옮겨지는 과정을 거쳐야 합니다. 이 영적 원리는 모든 것에 적용됩니다.

성령 세례란 예수 그리스도께서 주시는 것입니다. 성령의 세례란 성령에 의해서가 아니라, 주 예수에 의해 행해지는 그리스도의 사역입니다(행 11:15-18). 성령으로 세례를 받을 때 성령이 예수 그리스도의 이름으로 임하므로 성령으로 세례 받는 것은 확실한 체험으로 느낄 수 있습니다. 옆에 있는 다른 사람도 자신이 성령으로 세례를 받는 것을 보고 알게 됩니다. 성령 세례를 받으면 하나님께서 전인격을 지배하고 장악하시기 시작하십니다. 이때부터 성령으로 지배와 장악되면서 잠재의식의 영적이고 심리적이고 우울증을 발생하는 독소가 녹아지고 배출되기 시작합니다.

영적이고 심리적이고 우울증을 발생하는 독소 뒤에 역사하는 귀신은 우리보다 강합니다. 반드시 성령의 역사로 장악이 되어야 떠나가는 것입니다. 잠재의식은 반드시 성령의 역사가 일어나야 영적이고 심리적이고 우울증을 발생하는 독소가 현실로 드러나서 밖으로 배출되는 것입니다. 잠재의식에서 역사하는 영적이고 심리적이고 우울증을 발생하는 독소 뒤에 역사하는 귀신을 몰아 내려면 먼저 성령으로 세례를 받아야 합니다. 성령으로 세례를 받으려면 성령의 역사가 일어나는 장소에 가야 합니다. 성령의 역사가 일어나는 장소에 가서 뜨겁게 기도할 때 성령의 세례를 체험하게 됩니다.

성령의 세례는 이론이 아니고 실제로 체험하는 역사입니다. 자신이 직접 몸으로 감각으로 느껴야 합니다. 옆에 있는 다른 교우들도 자신이 성령으로 세례 받는 것을 보고 알 수가 있습니다. 성령의 세례를 받게 되면 다음으로 성령의 불세례가 나타나면서 지배하시고 장악하시기 시작합니다. 성령께서 불로 역사하면서 자신의 상처를 치유하고 자아를 부수십니다. 성령께서 잠재의식 이하에서 역사하시면서 영적이고 심리적이고 우울증을 발생하는 독소를 녹이시고 배출하십니다. 영적이고 심리적이고 우울증을 발생하는 독소 뒤에 역사하는 귀신을 축사합니다. 영적이고 심리적이고 우울증을 발생하는 독소 뒤에 역사하는 귀신이 떠나가니 영이 깨어나 영안이 열리기 시작합니다. 영안이 열리니 자신이 이렇게 고통을 당하는 것은 영적이고 심리적이고 우울증을 발생하는 독소 위에 역사하는 귀신이라고 깨달아 알게 됩니다. 깨달아 알게 되니 스스로 기도하여 성령 충만 받으려고 하는 것입니다. 스스로 기도하니 영적이고 심리적이고 우울증을 발생하는 독소가 녹아지고 배출되기 시작을 하는 것입니다. 모든 것이 성령의 권세로 되는 것입니다. 그래서 성령으로 세례를 받고 권능을 받아서 사용해야 비로소 영적이고 심리적이고 우울증을 발생하는 독소를 녹이면서 배출할 수가 있는 것입니다.

3) 성령의 인도로 말씀을 잘 깨달아 들을 수 있어야한다. 성경에서는 내 뜻과 정성과 힘을 다하여 하나님을 섬기라 했고(신28장), 크게 사모하는 자에게 제일 좋은 길을 보여 준다고 했습니다(고전12:31). 네가 낫기를 원하느냐고 예수님은 말씀했습니다(요5:6). 영과 진리로 예배하는 자에게 찾아온다고 했습니다(요4:23). 모든 영적인 일에 진심으로 구하고 구하면 얻을 것이요, 찾고 찾으면 찾을 것이고 두드리면 열립니다.

강한 순종과 믿음과 승리의 의지를 발동시키고 행동으로 옮기십시오. 행동으로 옮기지 못하게 하는 장애요인(죄)이 자신에게 있습니다. 이것을 깨닫고 제거하십시오. 귀신의 병과 정신병의 구분을 잘 해야 합니다. "그러나 내가 하나님의 성령을 힘입어 귀신을 쫓아내는 것이면 하나님의 나라가 이미 너희에게 임하였느니라(마 12:28)", "하나님의 나라는 먹는 것과 마시는 것이 아니요 오직 성령 안에 있는 의와 평강과 희락이라(롬 14:17)", "하나님의 나라는 말에 있지 아니하고 오직 능력에 있음이라(고전 4:20)"

4)성령의 인도로 깊은 영적상태에 들어가야 한다. 이는 호흡을 배꼽 아래까지 깊게 들이쉬는 기도를 통하여 성령의 깊은 임재에 들어가야 합니다. 사역자에게 역사하는 성령의 역사를 환자에게 전이시키는 작업을 해야 합니다. 사역자는 환자의 머리와 등에 손을 얹고 안수를 합니다. 환자에게 호흡을 들이쉬고 내쉬라고 합니다. 호흡을 깊게 하게 하는 이유는 환자가 마음을 열게 하기 위함이고, 성령의 역사가 잘 일어나도록 하기 위함입니다.

한 3분정도 이렇게 안수하면 대부분의 환자에게 사역자에게 역사하는 성령이 전이되게 됩니다. 환자가 능동적으로 성령의 역사를 환영하고 받아 들여야 합니다. 그래야 빨리 성령께서 장악을 하십니다. 성령께서 장악을 하여야 치유가 되기 시작을 합니다. 사역자는 절대로 서두르지 말고 성령의 역사가 환자를 완전하게 장악할 때까지 기다려야 합니다. 치유는 전적으로 성령님의 사역입니다. 사역자가 치유하는 것이 아닙니다. 성령께서 장악하지 못하면 치유되지 않습니다. 그러므로 사역자는 불필요한 에너지를 소비하지 말고 성령께서 역사하실 때가지 기다려야 합니다. 성령께서 장악하시면 사역자에게 감동을 주십니다. 사역자는 성령께서 감동하시는 대로 순종하면 치유가 되는 것입니다.

5) 앞의 과정을 거친 다음에 영적이고 심리적인 독소가 쌓인 원인을 성령께 질문해야한다. 영상기도를 하면서 영적인 그림을 그리라는 말입니다. 전체의 그림을 보면서 자신의 문제의 원인이 어디에 있는지를 찾아야합니다. 시간이 많이 걸릴 수가 있습니다. 왜냐하면 성령께서 완전하게 장악을 한 다음 원인을 알 수 있고 치유도 되기 때문에 하나님의 시간표를 따라 기다려야 합니다. 급하다고 되는 일이 아닙니다. 전적으로 하나님의 뜻을 따라야 합니다.

6) 성령께서 알려주는 질병의 원인에 따라 조치를 해야 한다. 죄악은 회개하고, 상처를 준 사람은 용서하고, 가문의 유전은 절단하고 원인을 제거해야 합니다. 악한 영의 역사라면 귀신을 축사해야 합니다. 그리고 지속적인 치유를 받아야 합니다. 쉽게 되고 끝나는 치유가 아니라 시간과 노력이 필요한 사역입니다.

7) 이때부터 영적이고 심리적인 독소가 녹아지고 배출되며 독소 뒤에 역사하는 귀신을 축사하고 내적치유를 한다. 지속적으로 해야 합니다. 온전하게 해결이 될 때까지 치유해야 합니다. 절대로 이만하면 되었다는 인간적인 생각을 따라가지 말고 성령으로 온전하게 지배되고 장악되어 성령의 인도를 받는 성도가 되어야 합니다. 성령으로 지배와 장악을 받으면서 내면의 상처와 스트레스와 혈통으로 흐르는 영적인 독소를 잠재의식에서 드러내서 정화하고 현재의식으로 드러내어 배출해야 합니다.

성령께서 완전하게 지배와 장악이 되는데 시간이 많이 걸립니다. 필자는 영적우울정신적인 질병을 치유하기 위하여 매주 토요일 개별집중정밀치유를 합니다. 이 치유를 하면 깊은 곳의 상처와 스트레스와 혈통으로 흐르는 영적인 독소가 정체를 폭로하면서 배출이 됩니다. 배출이 되면 될수록 우울증이나 정신적인 문제나 영적인 문제가 신기할 정도로 해결이 되어 환자가 예수님의 참 평안을 몸으로 마음으로 느끼게 됩니다. 우울증이나 정신적인 문제나 영적인 문제는 약이나 심리적인 방법이나 기타 인간적인 기교로는 치유가 불가능합니다. 진리의 말씀과 성령의 역사로 깊은 치유를 해야 합니다. 상처가 잠재의식에 형성되어 있기 때문입니다.

8) 하나님과 영적인 관계를 지속하며 감사해야한다. 예수를 믿고 성령으로 거듭난 성도라도 육체를 가지고 있습니다. 그렇기 때문에 언제라도 잠재의식에 독소가 쌓일 수가 있다는 것입니다. 항상 성령의 역사가 자신의 심령으로 흘러나오도록 자신 안에 성전에 계시는 하나님께 집중해야 합니다. 걸어 다니는 성전의식을 가

지고 살아야 합니다.

둘째, 정신적이고 영적이며 우울증을 일으키는 독소의 배출시유의 사항. 우울증이나 정신문제를 치유하려면 기도가 바르게 되어야 합니다. 그런데 소리를 내지 않는 마음의 기도나 묵상기도는 효과가 없습니다. 환자가 의지적으로 소리를 내서 기도를 해야 합니다. 호흡을 들이쉬고 내쉬면서 아랫배에서 나오는 소리로 주여! 를 지속적으로 해야 합니다. 묵상기도를 하면 잡념에 사로잡혀서 기도를 할 수가 없습니다. 우울증이나 정신적인 문제가 있는 분들은 성경도 소리를 내어 읽어야 합니다. 주기도문도 소리를 내어 암송해야 합니다. 찬양도 소리를 내어 불러야 합니다. 소리를 내는 이유는 소리를 냄으로 마음의 문이 열리기 때문입니다. 마음의 문이 열리니 밖에서 역사하는 성령과 자신의 안에서 역사하는 성령이 자신을 장악하여 성령으로 세례를 받게 됩니다. 성령으로 세례를 받아 성령이 환자를 장악해야 그때부터 비로소 치유가 되기 시작하는 것입니다.

좌우지간 환자가 소리를 내어 기도 하도록 해야 합니다. 환자가 마음을 열고 기도하지 않으면 치유가 되지를 않습니다.

성령으로 세례를 받아 성령으로 기도가 되기 시작하면 이제 자신의 문제에 대한 원인을 찾아야 합니다. 문제의 원인은 성령님이 알고 계시니 성령님에게 지속적으로 문의를 하는 것입니다. 자꾸 내가 왜 이럽니까? 내가 왜 이럽니까? 하고 계속 묻는 기도를 하다가 보면 성령께서 문제의 원인을 알려주십니다. 원인을 알았으면 해결을 해야 합니다. 자신에게 일어나고 있는 문제의 원인에 따라 회개하고 용서하라는 말입니다. 자신의 인생에 문제를 일으키는 귀신은 법적인 권리를 가지고 들어와서 역사하는 것입니다. 이 법적인 권리는 죄입니다. 이 죄를 해결하기 전에는 인생의 문제에 역사하던 귀신은 떠나가지 않습니다. 반드시 성령의 깊은 임재 하에 회개와 용서가 있어야 떠나가는 것입니다.

성령의 깊은 임재 안에서 자신에게 일어나고 있는 영육의 문제들을 찾아내고 회개하고 끊어내고 귀신을 몰아내야 합니다. 머리로 외워서 입으로 하는 기도는 효과가 적습니다. 육적인 상태에서는 인생의 문제에 역사하는 귀신이 떠나가지 않습니다. 영적인 상태, 성령의 임재 하에서 예수 이름으로 명령할 때 인생에 고통을 주던 영들이 물러갑니다.

성령의 임재 하에 선조나 자신이 죄를 짓는 장면을 눈으로 직접 그리면서 깊은 차원의 기도를 해야 합니다. 깊은 차원의 기도를 하면서 회개할 것은 회개하고, 용서할 것은 용서해야 성령의 역사로 귀신이 떠나갈 수 있는 조건이 됩니다. 우리에게 역사하는 마귀는 우리보다 강한 영적인 존재입니다. 고로 성령의 깊은 임재 하에 예수 이름으로 회개도 하고 용서도해야 역사하던 마귀, 귀신이 성령의 권세로 떠나가는 것입니다. 성령이 자신을 완전하게 장악을 해야 역사하던 귀신이 떠나가는 것입니다.

셋째, 우울 정신문제 치유시 참고할 사항. 정신적인 문제를 치유할 때 주의해야 할 것은 다음과 같습니다.

1) 정신문제가 있으면 기도가 거의 불가능합니다. 왜냐하면, 마귀가 생각을 지배하여 잡념을 주니까? 그래서 기도하지 말고 소

리를 지르게 하라. 주여, 주여, 찬송을 크게 부르게, 주기도문을 크게 외우게, 또, 성경을 큰 소리로 읽게 해야 합니다. 좌우지간 소리를 내도록 지도해야 합니다.

2) 자신이 정신에 문제가 있다는 것을 인정하게 해야 합니다. 많은 환자가 자신이 정신문제가 있다는 것을 모릅니다. 또 자신이 정신병자인 줄을 모르고 다른 사람을 돕는다고 돌아다닙니다. 자신이 정신문제가 있다는 것을 인정만 하면 치유는 70%가 된 것입니다.

3) 가족, 보호자가 인정하고 협조를 해야 합니다. 가족 전원이 번제가 드려지고 환자를 치유하려는 의지로 하나가 되어야 가능합니다. 무엇보다 가족의 도움이 절실히 필요합니다. 우울증이나 정신적인 문제가 있는 분들이 사람을 의지하려고 합니다. 절대로 사람을 의지하려고 하지 말고 하나님을 찾게 해야 합니다. 하나님이 치유하는 것입니다. 사역자나 가족을 의지하게 되면 하나님과 관계가 점점 멀어져 치유되는 시간이 길어집니다. 그러므로 사람을 의지하지 않는 것이 치유에 도움이 됩니다.

4) 성령치유를 하기 시작하면 상태가 더 나빠질 수 있습니다. 그래서 환자들이 두려움으로 치유를 포기하는 경우가 있습니다. 그런데 영적치유를 시작하여 상태가 나빠지는 것은 일련의 치유 과정이라고 생각해야 합니다. 치유되고 있기 때문에 상태가 나빠지는 것입니다. 그러다가 점점 상태가 호전되는 것이 보통입니다. 제가 지금까지 우울정신신경 질병의 환자를 치유할 때 상태가 더 나빠지다가 이를 견디고 집중적으로 치유를 받으면 금방 상태가 호전 되었습니다. 거의 모든 환자가 상태가 나빠지다가 치유되었

습니다. 그러므로 절대로 상태가 나빠진다고 치유를 포기하면 우울정신신경 질병에서 자유 함을 받을 수가 없다는 것을 명심해야 할 것입니다. 보호자가 독려하여 치유를 지속해야 합니다.

발작이 심하다고 절대 폭력을 가하거나 묶어 놓거나 하면 더욱 강하게 묶일 수가 있습니다. 기도원 같은 곳에 가면 발버둥을 치고 폭력을 행사하니까, 수갑을 채우거나 묶어두는 경우가 있습니다. 이는 정말로 삼가야 합니다. 더 큰 상처를 받게 됩니다. 전문적으로 치유하는 정신병원에 입원 시키는 것이 좋습니다.

성령님의 능력으로 치유 받은 후에는 마음에 평안함을 느끼게 됩니다. 계속하여 이 평안을 유지하는 것은 자신의 책임입니다. 오래된 상처나 깊은 상처는 일회적인 치유보다 장기적이고 지속적인 치유를 해야 합니다. 성령님과 교제를 통하여 악한 생각이 나지 않도록 기도생활을 해야 합니다. 진정한 치유란 지속적인 성령 하나님과의 동행입니다. 늘 마음에 하나님을 느끼고, 하나님과 동행하고 하나님을 의지하여야 합니다. 그리함으로 늘, 점점 마음이 맑아지고, 자유해지고, 평안해지는 삶을 살아야 합니다.

결론적으로 우울증을 순간치유 받으려면 이렇게 하셔야 합니다. 충만한 교회에서 매주하는 화-수-목 집회에 2주 이상 참석하셔야 합니다. 2주 이상 집회에 참석하여 성령세례와 기도의 기본을 숙달하셔야 합니다. 토요일 날 정기적으로 실시되는 개별집중정밀치유를 예약하여 2회 이상 받으시면 웬만한 우울증은 순간 치유됩니다. 성령께서 장악하시어 치유하시는 것입니다. 그 다음은 유지를 잘해야 재발하지 않습니다. 본인이 치유 받으려는 믿음과 관심이 중요합니다.

13장 우울증 발병과 검진과 순간치유

(시 42:11)"내 영혼아 네가 어찌하여 낙심하며 어찌하여 내 속에서 불안해 하는가 너는 하나님께 소망을 두라. 나는 그가 나타나 도우심으로 말미암아 내 하나님을 여전히 찬송하리로다."

삶을 성공적으로 이끈 사람들은 모두 자신의 내면을 잘 관리한 사람들입니다. 그래서 내면 관리가 중요한 것입니다. 우리는 성장 과정에서 많은 어려운 일을 겪고 많은 부정적이며, 자신에게 상처 주는 말을 듣고, 보고, 경험했던 사건들이 내 안에 형성되어 있습니다. 돌, 가시덤불, 너는 못났다. 바보다. 귀찮다. 저리 가라. 쓸모가 없다. 너는 아무 것도 못할 거야. 너는 되는 일이 없어. 이번에도 실패 할 것이다. 차라리 죽어 버려라. 이러한 부정적이고 비관적인 언어가 우리의 마음에 깊이 심겨져 있습니다.

말은 단순히 말로 그치지 않고 마음에 깊이 남게 됩니다. 그리고 그 사람의 인생에 큰 영향을 주게 됩니다. 말은 자신과 가까운 상태의 사람의 말은 깊이 무의식에 심겨 집니다. 어머니, 아버지의 말은 아이는 그대로 믿고 그 말을 받아들입니다. 우울증과 그리스도인이란 두 단어는 서로가 성립되지 않는 말들이고 함께 어울릴 수 없는 말들입니다. 진정으로 성령님에 의해 거듭난 체험을 하고 확실히 성령의 충만함을 경험한 사람이라면 절대로 우울증에 빠지는 일이 있을 수 없습니다. 이 말이 맞습니까? 그렇지 않습니다. 그리스도인도 믿음이 떨어지는 순간 우울증이 찾아옵니다. 잠재의식에 숨어있던 독소들이 꼬리를 들고 일어나기 때문입니다.

첫째, 우울증이 발생하는 환경적인 원인. 생활환경이 갑자기 변할 때 내면세계의 충격으로 발생하기도 합니다. ①실직, 부도, 심한질병, 가정 문제, 직장에서의 은퇴 했을 경우에 발생하기도 합니다. ②심하게 놀라거나 죽음을 목격한 경우에 발생하기도 합니다. ③자녀들이 출가하여 다 떠났을 때(빈둥지) 발생합니다. ④인간은 삶에 순환, 사이클이 있어야 합니다.

모두 잠재의식에 쌓여있던 독소들이 체력이 떨어지는 틈을 타서 현재의식 밖으로 드러난 것입니다. 밥을 먹고 소화를 시키고 일을 하고 휴식을 취하고(긴장-이완-긴장-이완)가 규칙적으로 일어나야 합니다. 그러나 긴장만 있어서도 안 되고, 이완만 있어서도 안 됩니다. 긴장이나 이완된 상태에서 계속될 때, 심리적인 문제가 생깁니다. 다음에 질병이 찾아오게 됩니다. 그러므로 항상 성령이 충만한 믿음 생활로 내면관리를 해야 하는 것입니다. 무엇보다도 사전에 영적검진을 하여 예방 하는 것이 중요합니다. 제가 치유사역을 하다 보면 막연하고 안일하게 신앙생활을 하다가 질병이 발생한 다음에 후회하는 분들이 있습니다.

둘째, 우울증의 대표적인 현상. ① 앞으로 아무런 희망도 없다고 느껴질 때 우울증을 의심해 보아야합니다. ② 차라리 죽는 것이 낫다고 생각될 때 우울증을 의심해 보아야합니다. ③ 세상에 나 혼자라고 느껴질 때 우울증을 의심해 보아야합니다. ④ 그대로 있으면 무슨 일을 저지를 것 같을 때 우울증을 의심해 보아야합니다. ⑤ 괴로움을 혼자 견디기 힘들 때 우울증을 의심해 보아야합니다. ⑥ 불면증에 시달릴 때 우울증을 의심해 보아야합니다. ⑦ 체중의 감소 혹은 증가가 심할 때 우울증을 의심해 보아야합니다. ⑧ 지나친 죄책감에 시달릴 때 우울증을 의심해 보아야합니다. ⑨ 병원에서 진찰을 받은 결과 몸에 이상이 없다고 하는데도 몸이 계속 아프거나 심각한 병이 있다는 생각에 빠져들 때 우울증을 의심해 보아야합니다. ⑩ 누가 자신을 놀리거나 남들이 나에게 피해를 주고 있다는 생각 때문에 괴로울 때 우울증을 의심해 보아야합니다. ⑪ 주위에 아무도 없는데 사람의 목소리가 들리는 경험을 할 때 우울증을 의심해 보아야합니다. ⑫ 아무 일도 하기 싫어 주부가 집안일을 못하거나 직장인이 업무를 제대로 못하거나 학생이 공부를 할 수가 없어 성적이 떨어지는 경우에 우울증을 의심해 보아야합니다. ⑬ 말수가 줄어들거나 짜증이 늘어나는 등 성격이 변한 것 같은 경우에 우울증을 의심해 보아야합니다. ⑭ 술, 담배, 기타 여러 약물(진통제 등)을 상습적으로 복용 또는 남용하는 경우에 우울증을 의심해 보아야합니다. ⑮ 고혈압, 당뇨 등 신체적인 질환이 있는 사람이 우울해할 때 우울증을 의심해 보아야합니다. 의사의 말을 믿을 수 없을 때 우울증을 의심해 보아야합니다. 자신의 상태를 누구에게 물어봐야 할 지 모를 때 우울증을 의심해 보아야합니다. 나는 이상이 없다고 생각하는데 남들이 병원에 가 보라고 권할 때 우울증을 의심해 보아야합니다. 병원에 가야 하는 것을 알면서도 병원에 가기 싫을 때 우울증을 의심해 보아야합니다.

여기에 추가적인 우울증의 증상은 이렇습니다. 우울증 환자 90%가 신체 통증을 호소한다는 것입니다. 대한우울·조울병학회에서는 여의도성모병원과 서울아산병원 등 13개 병원에서 치료중인 우울증 환자 393명을 대상으로 역학조사를 한 결과 우울증 환자 대부분이 가슴이 답답하거나 호흡이 곤란한 신체증상을 동반하는 것으로 나타났다고 2010년 3월 18일에 밝혔습니다. 조사결과에 따르면 응답자의 90%(340명)는 머리와 가슴, 목, 어깨 등의 부위에서 통증을 느끼고 있는 것으로 분석됐습니다. 부위별로는 두통을 호소하는 환자가 71.4%(275명)로 가장 많았으며, 목이나 어깨 통증 67.8%(262명)명, 근육통 48.9%(188명), 가슴 통증 46.9%(180명), 요통 46.1%(177명) 순으로 흔했습니다.

성별로 보면 남성이 여성보다 허리통증을 더 많이 느꼈으며, 우울증이 심하다고 응답한 사람일수록 신체 통증을 더 많이 느끼는 것으로 조사됐습니다. 응답자 중에는 자살을 생각해 본 적이 있는 응답이 40%에 달했으며, 이중 8% 정도는 실제 자살을 시도했던 것으로 집계됐습니다. 학회에서는 "우울증 환자에게 나타나는 통증은 우울증을 더욱 깊게 만들고, 이는 더욱 심각한 통증 및 다른 신체 증상으로 이어지는 악순환으로 작용한다" 면서 "우울증 환자가 조속한 시간 내에 적절한 치료를 받을 수 있는 시스템과 교육이 필요하다"고 말했습니다.

그래서 우리 그리스도인에게 기쁨과 평안은 필수적입니다. 그러나 우리의 내면이 그렇지 못합니다. 요즈음 우리는 우울한 소식이 많이 들립니다. 그리스도인들도 우울해질 수 있습니다. 다윗은 지금 자신의 감정을 시로 표현합니다. 이는 믿음의 사람 다윗이 낙심하며 매우 불안해하고 있다는 증거이기도 합니다. 우울증은 특정한 사람이 걸리는 심리적인 병이 아닙니다. 여자, 마음이 약한 사람, 내성적인 사람, 믿음이 약한 사람, 특정한 사람이 걸리는 병이 아니라 누구든지 걸릴 수 있는 질환입니다. 심리적인 질환에서 가장 우리나라 사람에게 많이 있는 병입니다.

공통적인 질병은 감기입니다. 감기는 어린아이부터 성인에까지 걸리기 쉬운 병입니다. 병중에 가장 기본적인 병이나 모든 병을 일으키는 근원이 되며, 가장 치사율이 높은 병입니다. 감기처럼 우울증도 역시 모든 정신적인 질환에서의 기본적인 병입니다. 감기는 언제 잘 걸립니까? 환절기 기온의 차이가 많을 때, 몸의 상태가 나쁠 때, 과로할 때 많이 걸립니다.

우울증 역시 환절기에 많이 걸립니다. 기분의 차가 심할 때. 복잡한 일이 있을 때. 기온의 차이가 심할 때. 영적인 상태가 약할 때에 잘 나타납니다. 이러한 현상은 누구에게나 찾아올 수 있습니다. 환절기에 감기에 걸리는 것처럼 말입니다. 골리앗을 쓰러트린 담대한 다윗이 우울증에 빠졌던 경우가 있었습니다(시 57:1-2). 갈멜산에서 850명의 이방신 제사장들과 싸워 이긴 엘리야도 우울증에 시달렸습니다(왕상19:4). 요나와 같은 선지자들도 어려움에 빠져 심리가 불안정하게 되었던 경우가 있었습니다(욘4:3). 모두 마음이 하나님으로 채워지지 않았을 때 우울증을 경험했습니다.

셋째, 치유를 위한 노력과 태도. 성령으로 세례를 받고 내면을 치유하여 마음의 밭을 옥토로 만들어야 합니다. 어떻게 옥토로 만듭니까? 말씀과 성령의 역사로 만듭니다. 왜 마음을 옥토로 만들어야 합니까? 마음이 넓으면 상처를 덜 받으니까? 그래서 하나님은 우리에게 항상 기뻐하라. 쉬지 말고 기도하라. 범사에 감사하라고 하시는 것입니다. 성령 충만한 믿음생활을 하면 우울증은 나타나지 않습니다. 성경 말씀은 모두 우리를 위하여 하나님이 주신 것입니다. 우리는 성령으로 충만하여 항상 기뻐해야 합니다. 항상 기뻐하면 건강에도 좋습니다. 우리가 기뻐할 때 몸에서 엔도르핀이 나옵니다. 그래서 육체에 활력을 주어서 건강을 유지하게 됩니다. 그것뿐만이 아니라 마음이 열리게 되므로 성령으로 충만하게 되는 것입니다. 그러나 반대로 혈기를 내거나 분노할 때는 아드레날린이 분비됩니다. 그래서 우리의 뼈와 뼈 사이에 들어가 뼈로 마르게 합니다.

모든 질병은 자율신경의 계통의 흐름과 부조화로 생깁니다. 모든 질병의 대부분이 자율 신경의 부조화에서 나오는 경우가 많습니다. 그렇기 때문에 내 영이 무거운 죄 짐이나, 불평이나, 원망의 무서운 독소에서 자유 함이 있어야 합니다. 자율 신경의 조화는 주로 마음의 평안과 영의 기쁨을 항상 유지하게 됩니다. 자율 신경의 교감신경은 불안, 좌절, 분노 등의 결과를 유발합니다.

부교감 신경은 주로 기쁨, 화평, 감사, 용서, 사랑, 절제, 인내, 자비와 양선과 충성과 온유함을 주관합니다. 그래서 하나님은 (빌4:4)"주 안에서 항상 기뻐하라 내가 다시 말하노니 기뻐하라." 하시는 것입니다. 포도나무의 가지가 원줄기에 붙어 있어야 하듯이, 우리의 영적 생명과 성령의 역사는 생명의 근원 되시는 예수님에게 붙어 있어야 합니다. 그래서 영적 신령한 생명이 계속 공급을 받아서 끊임없이 흘러나오거나 솟아나야 합니다. 그런데 우리가 분노하거나 혈기를 내면 육성으로 돌아가기 때문에 이런 영적 생명이 공급되지 못하는 것입니다. 그래서 우리는 자신의 건강을 위해서라도 분노하거나 혈기를 내면 안 되는 것입니다. 성도는 마음에 보복의 칼을 품어서는 안 됩니다.

이는 자신의 영성관리와 정신건강을 위해서 삼가야 합니다. 그래서 우리는 항상 마음에 평안을 유지하려고 의지적인 노력을 해야 하는 것입니다. 그래야 내 안에 계신 성령으로부터 영적생명이 흘러나오는 것입니다. 이러한 생명의 흐름이나 성령의 흐름이 성경에서는 기름부음이라는 표현으로 설명되고 있습니다. 이러한 예수의 생명이 흘러넘치는 역사가 충만하기 위해서는 속사람(영)이 강건해야 합니다. 이 속사람은 자율신경의 부교감 신경에 주로 영향을 받게 됩니다. 자율 신경이 조화를 이루지 못하고, 분노나 불안이나 좌절 등을 일으키면 육성으로 돌아가 기도가 막히게 됩니다. 그래서 성령의 역사를 소멸하게 되는 것입니다.

성령을 소멸하게 되니 자신도 모르는 사이에 마귀가 틈을 타서 마귀가 역사하는 것입니다. 거기다가 건강에도 영향을 미쳐서 위장, 간, 심장, 폐, 등 오장육부의 혈관 정맥, 근육 등에 뻗어 있는 자율 신경에 자극을 주게 되어, 신체에 이상을 일으키고 정신적인 질병을 유발시키는 것입니다. 모든 쓰라림과 원한은 첫째 분노로부터 시작, 이것이 신체에 공급되는 아드레날린을 지나치게 분비시킵니다. 신체는 분비된 아드레날린의 초과량을 흡수할 수 없습니다. 결과적으로 그것은 신장으로 가지만 그러나 신장은 이 초과량을 수용할 수 없습니다. 그 결과로 그것은 신체의 관절에 모여 관절염을 일으킵니다. 또 근육통을 일으킵니다. 관절염을 앓는 사람은 자신의 삶을 성찰하고, 혹 다른 사람에 대한 쓴 뿌리와 용서하지 않는 마음을 품고 있는지 여부를 알아보라고 성심성의로 충고하시기 바랍니다.

그러므로 분노나 혈기는 성령을 소멸하게 됩니다. 성령을 소멸하니 자신의 영 안에서 생명이 올라오지 못하므로 자신의 영적인 생활에도 지대한 영향을 줍니다. 우리는 자신의 건강과 성령의 충만함을 위해서라도 혈기나 분노는 다스려야 합니다. 그래서 자신의 영을 자신이 지키는 것은 자신의 힘으로는 불가능하고 성령으로 충만하여 성령의 인도가 있어야 하는 것입니다.

성령으로 충만하고 성령의 인도를 받기 위해서 마음의 평안을 유지해야 합니다. 마음의 평안은 말씀과 성령으로 심령이 치유되어 안정한 심령이 될 때 가능한 것입니다. 우리 말씀과 성령으로 충만하여 마음을 평안하게 유지합시다. 그래서 항상 내 안에서 성령의 기름부음(생수)이 올라오게 해야 합니다. 제가 지금까지 성령치유 사역을 하면서 우울증이나 정신적인 문제가 있는 분들을 상담한 결과 모두 불안과 두려움으로 고생을 하고 있었습니다. 마귀는 우리가 성령의 깊은 임재 가운데 들어가지 못하게 하려고 두렵게 하는 것입니다. 그래서 성령을 소멸하게 하는 것입니다.

마귀는 어떻게 해서라도 우리가 성령으로 충만하지 못하게 하려고 기를 쓰는 것입니다. 이렇게 불안과 두려움과 우울증으로 고생하는 분들이 저의 교회에 오셔서 말씀과 성령으로 내적치유를 받으면 모두 말 못할 평안을 찾았다고 간증을 합니다. 그러므로 성령이 우리를 장악하면 평안해지는 것입니다. 성령의 속성은 평안이기 때문입니다. 반대로 불안하거나 두려움은 마귀가 주는 것입니다. 그래서 우리는 두려움을 성령의 역사로 몰아내야 합니다. 성령의 임재 가운데 두려움에게 명령해야 합니다.

넷째, 우울증의 순간치유 방법. 우울증을 순간적으로 치유하려면 성령께서 자신을 완전하게 지배하고 장악해야 합니다. 성령의 임재가운데 자신의 마음이 상하고 분하게 한 상처를 성령님의 은혜로 현실로 떠오르게 하시기 바랍니다. 숨겨진 감정을 드러내는 것은 치유의 접근이지 치유의 방법은 아닙니다. 기억을 통하여 나를 불안(우울)하게 하는 상황에 가까이 가서 상처의 기억이 생생하여 질수록 치유가 더 강하게 일어납니다. 기억을 위하여 성령님께 도움을 요청하면 자신의 깊은 곳에 감추어져 있던 상처의 기억과 감정이 생생하게 살아나게 됩니다. 먼저 성령으로 세례를 받는 것은 필수입니다.

성령의 임재가 깊어지면 성령님의 도우심으로 특정한(분노, 불안, 두려움, 공포, 눌림, 혈기, 스트레스, 마음의 상처, 자존심의 상처 등) 사건의 현장으로 돌아가서, 그때 받았던 묻힌 상처의 기억을 떠올리며, 상처와 함께 그때에 겪었던 당황함, 부끄러움을 회상하시기 바랍니다. 하나씩 앞으로 회상해 나가면서 떠오르는 상처를 주님에게 드려야 합니다. 주님은 항상 나와 함께하셨습니다. 주님은 내가 고통당할 때 함께 하시면서 나와 고통을 함께 하셨습니다. 지금도 그 주님은 나와 함께 하십니다. 억울함, 분노, 두려움, 상처, 눌림 등으로 내가 울 때 함께 하시면서 우신 분입니다. 특히 어린 시절의 작은 상처, 부모가 자신을 거부했다고 하는 상처가 오늘의 자신에게 많은 영향을 주게 됩니다.

자 이제 상처를 예수께 드립니다. 드러난 상처를 주님께 가져가야 합니다. 주님은 많은 상처를 입은 분이십니다. 그러기에 상처 입은 사람들의 고통의 삶을 누구보다 안타깝게 여기고 계십니다. 예수 그리스도에게 성령님의 치유의 능력을 간곡하게 부탁해야 합니다. 우리가 지울 수 없는 상처를 주님께 드려야 합니다. 주님에게 상처가 드려 질 때 보혈의 능력으로 상처가 치유 받게 됩니다. 상처의 자리에 주님의 위로와 은혜와 평안으로 채워야 합니다. 우울증을 순간치유 받으려면 전문적인 내면세계를 치유하는 사역자를 찾아야 합니다. 그래야 순간치유를 하고 관리하면서 살아갈 수가 있습니다.

14장 조울증 발병과 검진과 순간치유

(시 42:11)"내 영혼아 네가 어찌하여 낙심하며 어찌하여 내 속에서 불안하여 하는가 너는 하나님께 소망을 두라 나는 그가 나타나 도우심으로 말미암아 내 하나님을 여전히 찬송하리로다."

조울증이란 개인의 기분에 있어 변화가 심하게 반복되는 것입니다. 물론 조울증 환자에서 정상적인 기분 상태로 있을 때도 있지만 기분이 들뜨기도 하고, 가라앉기도 하며, 주기적으로 기복을 보이게 됩니다. 조울증은 뇌에서 생화학 물질이 변화하는 것과 같은 생물학적 요인, 유전적인 요인, 스트레스 등과 같은 심리사회적 요인들이 서로 복합적으로 작용하여 나타나는 것으로 알려져 있습니다.

조울증 환자라 하더라도 아무런 증상이 없을 때가 있으나 별문제없이 잘 지내다가도 조증이나 우울증 상태가 되면 그 상태에 따라 다양한 증상이 나타납니다. 조증 상태에서는 기분이 들뜨고 유쾌해지며 자신감에 넘칩니다. 말이 많고 빨라지며 목소리도 커집니다. 잠이 줄어들고 이것저것 여러 가지 일을 하느라 바빠지지만 제대로 끝내는 것이 없습니다. 더 나아가 과대사고, 피해사고 등이 생길 수 있습니다.

반대로 우울상태에서는 거의 매일 우울한 기분이 지속되고 매사에 재미가 없어지며 입맛도 없고 잠을 못자고 피곤하며 의욕도 없고 집중력도 떨어지며, 죄책감에 시달리고 심할 경우에는 죽고 싶은 생각까지 들게 됩니다. 조울증 치료는 기분을 일정하게 유지해 주는 여러 가지 약물이 개발되어 치료에 이용되고 있습니다. 이와 더불어 다양한 정신치료 기법중 환자 개개인에 따라 적절하게 선택되어 제공되어야 합니다.

첫째, 조울증의 진단. 조울증(양극성장애)은 흔히 조증이 한 번 심하게 발병되거나 혹은 여러번 발병되는 질병을 칭합니다. 조울증 환자 중 일부에서는 우울증이 먼저 나타나기도 하고, 조증 삽화(중간/사이) 사이에 우울증을 겪기도 합니다. 이는 우울증환자가 어느정도 시간이 지나면 조증으로 진전된다는 뜻입니다. 조울증 환자의 60% 내지 70%의 경우는 우울증부터 발병합니다. 그러나 일부는 우울증이 전혀 나타나지 않는 경우도 있으며 이런 경우도 병명은 같습니다. 이들 모든 경우에 일반적으로는 조울증 혹은 양극성 장애라고 부릅니다. 결국, 조울증이란 우울증과 조증이 반복해서 일어나는 주기성을 가지는 재발이 가능한 질병입니다.

조울증의 진단은 의사의 면담과 신체적 질환 검사, 심리 검사 등을 통해 이루어집니다. 우선 신체적 질병이나 약물에 의한 것인지를 감별하여 진단하여야 합니다. 조울증은 심각한 정도에 따라 경도, 중등도, 중증으로 나뉘며 그 치료법도 다양합니다. 그러므로 정확하게 진단을 한 후, 면담을 통한 원인 규명과 치료 전략을 수립하는 것이 매우 중요합니다.

1) 조울증의 조증 시기의 진단: 조증이라고 하려면 우선 비정상적으로 의기양양하거나, 과대하거나 과민한 기분이 적어도 1주간(만약 입원이 필요하다면 기간과 상관없이) 지속되는 분명한 기간이 있어야 합니다. 그리고 이 기간 동안 다음의 증상 가운데 4가지(이상)가 지속되며 심각한 정도로 나타나야 합니다.

첫째로 조증 시기. ① 조용하고 차분하던 사람이 평소와는 달리 돈 씀씀이가 커져 자기 분수에 넘치는 값비싼 물건을 마구 사들이는 경우에 조울증을 의심해보아야 합니다. ② 무모한 사업 계획, 투자 계획을 세우고 실행에 옮기려고 하는 경우에 조울증을 의심해보아야 합니다. ③ 말도 많고 빨라지고 목소리도 커지며 자신감에 넘쳐 자기주장이 강해지는 경우에 조울증을 의심해보아야 합니다. ④ 쓸데없는 전화도 많이 하고 별로 잘 알지도 못하는 사람도 많이 만나며 활동적이 되는 경우에 조울증을 의심해보아야 합니다. ⑤ 자기가 세운 무모한 계획을 수행한다며 밤늦게까지 일하고 잠도 잘 안자는 경우는 조울증을 의심하여 보아야 합니다. ⑥ 성적으로 문란해지고 과음을 자주 하게 되는 경우에 조울증을 의심해보아야 합니다. ⑦ 자신에게 새로운 힘 또는 능력(초능력)이 생겼다거나 자신이 큰 힘 또는 권력을 가진 사람이라는 과대적인 생각에 빠진 경우에 조울증을 의심해보아야 합니다. ⑧ 자신을 누군가가 감시하고 도청을 하며 괴롭히고 있다는 생각을 갖고 있는 경우에 조울증을 의심해보아야 합니다. ⑨ 아무도 없는 조용한 방에서 다른 사람이나 신의 목소리를 듣게 되는 경우에 조울증을 의심해보아야 합니다. ⑩ 과격한 행동, 난폭한 행동, 이상한 행동을 하는 경우에 조울증을 의심해보아야 합니다.

둘째로 우울증은 앞 장 우울증 발병과 순간치유 참고하세요.

2)조울병 자살 위험 '우울증 3배': 우울증이 자살을 부르는 원인이 된다는 건 비교적 잘 알려져 있습니다. 그렇지만 이보다 더 무서운 것이 조울병입니다.

3)발병연령: 첫 번째 조증 증상이 나타나는 평균 연령은 20대 초반이지만 청소년기나 50세 이후 갱년기에 시작되기도 합니다. 조증 증상은 전형적으로 갑자기 시작되고 수일이내에 증상이 빠르게 악화되며, 심리사회적 스트레스에 뒤따라 자주 일어나는 것으로 알려져 있습니다. 조증의 기간은 보통 2-3주부터 5-6개월까지 지속되고 우울증의 기간보다 더 짧고 갑작스럽게 끝나지만 50-60%에서 우울증이 조증 증상 이전이나 이후로 정상 기분의 기간 없이 연속으로 나타날 수 있습니다. 만약 조증 증상이 산욕기에 나타난다면 그다음 산욕기에 재발될 위험성 또한 높습니다.

4) 재발빈도: 조울증에서 한번 조증 증상을 경험한 사람들의 90% 이상이 장차 조울증의 증상을 재 경험하게 되는데 특히 40-50%가 첫발병 후 2년내 두 번째 발병이 있다고 합니다. 또 조증 증상을 보인 환자들 중 약 60-70%는 우울증 직전이나 직후에 발생하는데 개인마다 특징적인 양상으로 우울증에 선행하거나 뒤이어서 나타납니다. 조울증의 평생 빈도는 재발성 우울증에 비해 높은 경향이 있습니다. 여러 연구에서 리튬 치료를 받

기 이전의 조울증의 경과를 보면 평균 10년 동안 네 번 조울증의 증상이 발생하며 조울증의 증상 사이의 시간 간격은 나이가 증가하면서 감소하는 경향을 보이고 있습니다.

조울증을 가진 사람들 가운데 약 5-15%는 1년 동안 여러번 (네 번 이상) 기분 증상(우울증, 조증, 혼재성 인격장애, 또는 경조증)을 경험하며 만약 이러한 양상이 나타난다면 급속 순환성으로 진단됩니다. 급속 순환성은 예후가 보다 불량하다고 알려져 있습니다. 또 대다수의 환자는 우울증과 조증이 함께 있지만 10-20%는 단지 조증만 나타납니다.

5) 조울증의 예후: 조울증을 앓았던 대다수의 개인들은 증상 사이 기간에 완전히 정상으로 돌아오지만 일부(20-30%)는 불안정한 기분과 대인 관계에서의 장애 및 직업에서의 장애가 계속됩니다. 정신병 증상이 없는 조증이 생기고 난 후 며칠이나 몇 주가 지나서 환청이나 망상 등 정신병적 증상이 나타나기도 하는데, 이런 양상이 있는 조증을 경험한 환자는 그 다음의 조증 증상에서도 정신병적 양상을 나타내는 경향이 있습니다.

또 현재의 조증 증상이 기분증상과 조화되지 않는 정신병적 양상을 동반할 때 불완전하게 회복되는 경우도 흔합니다. 조울증 증상이 있는 사람들의 자살 성공률은 10-15%이며. 아동 학대, 배우자 학대, 기타 폭력적인 행동은 환청, 망상 등 정신병적 증상과 함께 나타나며 또는 심한 조증 기간 중에도 나타날 수 있습니다. 연관되는 다른 문제로는 학교 무단결석, 학업 실패, 직업적 실패, 이혼, 또는 반사회적 행동 등을 포함하며 관련되는 다른 정신장애들은 신경성 식욕부진증, 신경성 폭식증, 주의력-결핍 및 과잉행동장애, 공황장애, 사회공포증, 물질 관련 장애 등이 있습니다.

특히 조증인 경우 무모한 투자를 하거나 싼 값에 부동산을 처분하는 등 회사일이나 재산상의 막대한 손실을 끼칠 수가 있으므로 법적인 조치까지 해야할 필요가 있습니다.

둘째, 조울증의 순간치유. 모든 정신장애의 치료가 그러하듯이 조울증의 치료도 크게 약물 치료와 정신치료와 영적치유로 나눌 수 있습니다. 조울증에서는 조증이나 우울증이 반복되므로 약물치료는 환자의 상태에 따라 달라질 수 있습니다. 현재 조증이나 우울증에서 이용되는 치료약물이 개발되어 있으며 이런 약물들은 증상의 치료뿐만 아니라 재발의 예방에도 효과가 있습니다. 대개 치료에 대한 반응이 좋으며 병의 경과 또한 양호한 편이므로 이 질환의 치료에 대해 크게 걱정하지 않아도 좋으나, 재발이 잦은 질환이므로 이 질환에 대한 이해를 높이는 것이 환자나 가족에게 도움이 될 수 있습니다.

영적으로 치유를 하려면 먼저 환자와 보호자가 자신들의 상태를 인정해야 합니다. 그리고 예수님만이 자신의 병을 치유할 수 있다고 믿어야 합니다. 치유에 앞서 반드시 예수를 영접해야 합니다. 예수를 영접한 후에 집중적인 치유에 들어가야 합니다. 먼저 성령으로 세례를 받아야 합니다. 성령의 역사가 있어야 내면의 상처가 치유되면서 조울증의 증상들이 치유되기 시작을 합니다. 환자와 보호자가 의지를 가지고 지속적으로 말씀을 들으면서 성령의 역사에 순종하며 치유를 받아야 합니다. 성령의 역사를 체험하면 상태가 악화되는 경우도 있습니다. 상태가 악화되었다고 당황하지 말고 지속적으로 치유를 받으면 점점 평안해지면서 자신이 치유되고 있다는 것을 체험적으로 알게 됩니다. 기도는 소리를 내서 기도를 해야 합니다. 주여! 주여! 주여! 하면서 소리를 내서 기도를 해야 잡념에 사로잡히지 않습니다. 이렇게 지속적으로 기도를 하다가 보면 성령께서 완전하게 지배하고 장악하게 됩니다. 성령의 역사로 내적치유가 되다가 보면 악한 영들이 축사되기 시작 합니다. 상처와 귀신들이 축사되기 시작하면 점점 상태는 호전 됩니다. 절대로 한 번에 치유를 받으려는 생각은 금물입니다. 자신이 말씀과 성령으로 장악되는 만큼씩 치유됩니다. 절대로 한 번에 치유되지 않습니다. 급하다고 치유되는 것이 아니고 성령의 인도를 따라야 합니다.

만약에 한 번에 치유가 되었다고 하더라고 얼마 지나지 않아서 다시 발생합니다. 그러므로 내면을 진리의 말씀과 성령으로 채우면서 장기적인 관리를 해야 합니다. 환자가 사역자가 전하는 말씀을 알아들으면서 아멘으로 화답하기 시작해야 치유가 시작되는 것입니다. 저의 경험으로 보아 환자가 의지를 가지고 집중적인 치유를 받았을 때 모두 치유가 되었습니다. 정신신경과 약을 복용하는 사람은 일정기간 약을 먹어 가면서 치유를 받아야 합니다. 상태가 호전 되었다고 담당의사의 지시 없이 약을 중단하면 안 됩니다. 약을 십년을 먹었어도 환자가 의지만 있으면 치유가 됩니다. 조울증으로 고생하는 분들은 희망을 가져야합니다. 죽은 자를 살리시는 예수님이 나의 병을 꼭 치유하여 주신다는 믿음을 가지고 치유에 응해야 합니다. 절대로 환자의 의지 정도에 의해서 치유가 되느냐 안 되느냐가 결정이 되는 것입니다. 좌우지간 성령의 역사가 일어나야 합니다. 성령의 역사 없이 말만 가지고는 치유되지 않습니다.

조울증을 예방하려면 제일 중요한 것은 내면을 하나님의 은혜로 채우는 일입니다. 어떤 치유보다도 영성이 중요합니다. 하나님 중심의 생활을 해야 합니다. 하나님 안에 건강과 축복이 있습니다. 성령이 충만한 교회에서 정기적인 예배를 빠지지 말고 드려야 합니다. 성령치유 집회를 한다면 열심히 참석하여 성령으로 충만하게 지내야 합니다. 사람을 사귀더라도 성령으로 충만하고 긍정적인 사람을 사귀어야 합니다. 지속적인 영성을 유지해야 합니다.

대략 조울증이 있던 사람들이 사람을 사귀는데 자신하고 처지가 같은 사람을 사귀는 경우가 많습니다. 그러나 그런 사람과는 멀리하고 하나님의 은혜로 영육이 강건한 사람과 사귀려고 노력을 해야 합니다. 대부분 조울증이 있던 분들은 아직 말씀과 성령으로 충만한 상태가 아니므로 다른 사람의 영육의 문제가 자신에게 전이되기 쉽습니다. 그러므로 믿음이 있는 축복 받는 사람과 가까이 지내기를 바랍니다. 자신을 영적으로 이끌어주는 지도자를 잘 만나야 합니다. 영성이 있고 정신적인 문제를 치유할 수 있는 권능이 있는 지도자를 만나는 것이 좋습니다.

자신의 영육을 성령으로 장악하게 해야 합니다. 그래야 재발하지 않습니다. 절대로 성령으로 충만하게 지내면 재발하지 않습니다. 그러므로 무엇보다도 성령으로 장악되는 것이 중요합니다. 하나님도 성령으로 천지를 장악하고 천지 창조를 했습니다. 당신이 성령으로 장악만 된다면 다시는 조울증으로 고통당하지 않습니다. 주의 말씀 안에 거하려고 노력해야 합니다. 하나님의 말씀은 우리를 보호하는 울타리입니다. 성령의 임재 하에 말씀을 묵상하여 심령에 말씀을 새겨야 합니다.

될 수만 있으면 하나님에게 아낌없이 드리려고 하시기를 바랍니다. 물질이 있는 곳에 마음이 있습니다. 가정의 분위기를 영적으로 유지하면 좋습니다. 항상 보혈이 있고 성령 충만한 찬양이 은은하게 들려지는 분위기를 만드시기를 바랍니다. 될 수 있는 한 TV는 멀리하는 것이 좋습니다. 보더라도 치유에 도움이 되는 프로를 보아야 합니다. 절대로 슬프거나 이별하는 드라마는 금물입니다. 영적인 책을 가까이 두고 읽으시기를 바랍니다.

치유에 관한 책도 좋습니다. 성령이 충만하게 하는 책을 가까이 두고 읽으려고 하시기를 바랍니다. 그리고 성령치유 집회 실황 녹음 CD를 듣는 것이 좋습니다. 충만한 교회에 많이 준비되어 있습니다. 항상 꿈과 믿음을 가지고 착하고 선하게 살아가려고 하십시오. 꿈이 있는 사람과 가정, 나라는 망하지 않습니다. 나는 건강하다는 것을 자신의 무의식에 심으려고 해야 합니다. 우리 주변 사람들과 좋은 관계를 유지하는 것이 정신 건강에 좋습니다. 절대로 사람들과 앙금이 쌓이지 않게 하십시오. 땅에서 풀면 하늘에서 풀립니다. 계속 입술로 선포하며 명령하시기를 바랍니다. 나를 우울하게 하는 악한 영은 떠나가고 기쁨의 영이 임할지어다. 잡념을 주는 악한 영은 물러가고 머리가 맑아질 지어다. 머리에 산소가 잘 공급이 될지어다. 머리에 피가 잘 순환 될지어다. 마귀의 유혹에 대적하여 싸우시기 바랍니다. 예수 이름으로 마귀와 싸워 이겨야 합니다.

환경이 어려워도 환경에 지지 말아야 합니다. 환경을 이기는 자가 되어야 조울증에서 해방을 받을 수가 있습니다. 아무리 어려워도 절망감을 가지지 말아야 합니다. 우리의 승리는 영적인 부분에서 시작됩니다. 우리를 둘러싼 환경은 실상이 아니라, 허상이라는 것을 알아야 합니다. 지나가는 스크린에 지나지 않습니다. 이러한 것들에게 충격을 받지 말아야 합니다. 환경을 두려워하지 말아야 합니다. 우리는 믿음으로 환경을 만들어가야 합니다.

이외에도 운동과 적당한 수면, 휴식을 통한 신체의 리듬과 건강의 유지, 긍정적인 사고, 효율적인 여가생활 등이 조울증의 예방에 도움이 됩니다. 조울증 시기에는 자살의 위험이 높고, 조증 시기에는 재산상의 손실 위험이 높습니다. 미혼 여성의 경우 분별없는 이성관계로 충격적인 상처를 당할 수도 있습니다. 이런 점에 특히 유념해야 합니다. 조울증은 안수한 번에 치유는 불가능합니다. 지속적으로 말씀을 듣고 기도하여 성령으로 충만해야 합니다.

15장 조현병 발병과 검진과 순간치유

(시 38:8)"내가 피곤하고 심히 상하였으매 마음이 불안하여 신음하나이다"

조현병(정신분열증)은 유전적인 경향성 뇌의 구조적인 이상이나 기능적인 이상으로 신경전달 물질의 불균형 등의 생물학적인 원인들이 밝혀지면서 하나의 뇌 질환으로 생각되고 있습니다. 임상의 경우는 정신분열증에 걸리게 될 취약성을 가진 환자가 환경으로부터 특별한 스트레스를 받을 때 발병하는 것으로 보고 치료를 하고 있습니다.

조현병(정신분열증) 증상에는 양성증상과 음성증상이란 두 가지 증상이 있습니다. 양성증상은 환각, 망상, 흥분, 폭력행위, 자살행동 등 누가 보든 금세 이상하다는 점을 눈치 챌 수 있는 증상입니다. 음성증상은 아무것도 하지 않고 자기 보금자리 속에 틀어박히거나 감정이 둔해져 멍하니 시간을 보내는 등의 상태입니다.

첫째, 조현병의 발생. 현재까지의 연구결과에 의하면 조현병은 생물학적, 즉 신체적인 원인들과 개인적인 인생경험, 특히 유년기 초기 경험과 이에 따른 인격의 발달, 그리고 외부적인 스트레스가 함께 작용하여 발생하는 질환으로 생각되며, 유전적인 요인과 인지적인 요인도 발병에 영향을 주는 것으로 생각된다고 합니다. 조현병(정신분열증)으로 고통을 당하는 분들은 이미 자신의 잠재의식에 잠재하여 있던 요소들이 현재의식으로 드러난 것입니다. 이런 유형의 사람들의 가계력을 조사해 보면 조상 중에 무당이 있다든지, 남묘호랭객교를 믿었든지, 천리교를 믿었든지, 절에 스님이 있다든지, 우상을 지독하게 섬겼다든지, 절에 재물을 많이 시주 했다든지, 영적이고 정신적인 질병으로 고생하다가 돌아간 사람이 있다든지, 등등의 원인이 반드시 있었습니다. 이런 사람들은 태아시절에 귀신이 침입을 하기도 합니다. 유아시기에도 침입을 합니다. 그러니까, 영적정신적인 문제 보균자들입니다.

이렇게 잠재하여 있던 영적정신적인 문제들이 사업 파산, 결혼실패, 직장해고, 학교공부 스트레스, 충격적인 상처, 놀람 등 자신이 감당할 수 없는 충격을 받거나 장기간 스트레스를 받아 체력이 급속이 저하되었을 때 밖으로 나타납니다. 그래서 저는 균형 잡힌 영성이 되어야 한다는 말을 많이 합니다. 영-혼-육이 균형이 잡혀야 정상적인 생활을 할 수가 있다는 말입니다.

우리가 스트레스를 받으면 체력의 소모가 많이 됩니다. 체력이 떨어지니 자신 속에 잠재하여 있던 영육의 문제가 드러나는 것입니다. 정상적으로 지내던 사람이 갑자기 불안하고, 초조하고, 두려워서 잠을 자지 못하고, 가위눌림을 당하고, 헛것이 보이기도 하고, 간질을 하고 발작을 하면서 괴성을 지릅니다. 머리가 깨질 것과 같이 아프기도 합니다. 정상적인 생활을 할 수 없는 지경에 이르게 됩니다. 그래서 영적인 문제라고 단정하고 축사만 받으려고 합니다. 유명하다는 목사를 찾아가 안수를 받습니다. 한 번에 쉽게 해결을 받기 위해서 돌아다닙니다. 이렇게 이리저리 돌아다니다가 치유의 시기를 놓치는 경우가 허다합니다.

그러다가 영적인 분야를 잘 알지 못하는 사역자를 만나 금식도 합니다. 그러나 금식은 금물입니다. 체력이 소진되어 문제가 발생했는데 금식을 하면은 기름 탱크에 불을 붙이는 것과 마찬가지입니다. 더 악화된다는 것입니다. 이때에는 당황하지 말고 환자를 안정을 시키고 우선 체력을 보강해야 합니다. 빠른 시간에 체력을 보강할 수 있는 보약이나 다른 보양 식품을 먹여야 합니다. 그래서 체력을 회복시켜야 합니다. 안정을 취하게 해야 합니다. 그러면서 정신적인 문제를 바르게 전문으로 치유하는 사역자에게 가서 말씀과 성령으로 치유를 받으면 바로 정상이 됩니다. 치유는 무조건 축귀만 한다고 치유가 절대로 되지 않습니다. 비전문가의 축귀는 오히려 더 악화될 수가 있습니다.

주의해야 합니다. 영적, 조현병(정신분열증)의 치유가 그렇게 쉽고, 단순하지 않습니다. 환자 스스로 말씀 듣고 성령으로 기도를 하도록 해야 합니다. 본인의 심령에서 성령의 역사가 일어나야 합니다. 자신의 영의 힘으로 일어서게 해야 합니다. 환자가 영적 자립을 해야 하므로 시간이 걸립니다. 급하게 생각한다고 빨리 치유되는 것이 절대로 아닙니다. 축사만 하면 당시에는 치유가 된 것 같은데 시간이 지나면 재발을 합니다. 영적 자립능력이 없기 때문입니다. 그런데 이와 같은 전문적인 치유를 일반 성도들이나 목회자는 잘 이해하지 못합니다. 그래서 영적치유를 받겠다고 1년 이상 돌아다니면서 이 사람 저 사람에게 안수와 축귀만 받으면서 돌아다니게 됩니다.

이러다가 치유의 시기를 놓쳐서 환자가 사람 노릇을 못할 정도로 심각해 질수가 있으니 주의 하지 않으면 안 됩니다. 제일 좋은 것은 사전에 예방하는 것입니다. 이런 가계력이 있다면 미리 성령이 충만한 교회에 가셔서 전문적인 치유사역자의 도움을 받아가며, 성령의 역사로 문제의 잠복된 요소들을 배출하는 것입니다. 아무 교회나 다닌다고 예방되는 것은 절대로 아닙니다. 살아계신 성령의 역사가 있고, 생명의 말씀이 증거 되는 교회라야 사전에 영적인 진단을 하여 치유될 수가 있습니다. 성령이 강하게 역사하는 교회라야 정체를 폭로합니다.

침입한 귀신은 나이에 상관없이 정체를 드러냅니다. 초등학교 1-2학년 17살(고1)에 제일 많이 드러냅니다. 학업에 스트레스가 심하기 때문입니다. 20살에 드러냅니다. 24살에 드러냅니다. 결혼하여 잦은 부부불화가 있을 때 드러냅니다. 27살, 32살, 36살, 38살 43상 등등 한번 침입한 귀신은 인내하며 기다리다가 취약한 시기가 되면 반드시 정체를 드러냅니다. 말씀과 성령의 역사로 정기적인 영적 진단과 내적치유와 축귀하는 예방 신앙이 중요합니다. 상처가 있고 영적으로 깔끔하지 못한 가계력을 가진 분들은 교회를 잘 정해야 합니다. 성령의 역사가 강한 교회에서 신앙생활을 하면서 미리 영적 진단하여 치유해야 하기 때문입니다. 예방신앙이 중요합니다. 숨어있던 귀신은 자신들이 원하는 시기가 되면 반드시 정체를 드러내기 때문입니다.

둘째, 조현병(정신분열증)의 순간치유. 조현병(정신분열증)으로 고생하는 분들이 어떻게 치유를 받느냐 입니다. 1년 이상 15년까지 영적, 조현병(정신분열증)으로 고생을 했다면 이미 귀신이 전인격을 장악한 상태입니다. 그러므로 능력이 있다는 사람에게 찾아가서 안수한번 받아서 해결하려는 생각을 아예 버리는 것이 좋습니다. 절대로 안수 한번 받아서 치유되지 않습니다.

저희 충만한 교회에서 치유하는 비결을 소개하면 이렇습니다. 먼저 환자가 치유 받고자하는 의지가 있어야 합니다. 보호자가 적극적이어야 합니다. 정기적인 집회(화-수-목)와 예배(주일)에 참석을 하여 말씀 듣고 기도를 하면서 안수를 받습니다. 본인이 소리를 내면서 기도를 합니다. 이렇게 집중적인 치유를 하지 않으면 치유가 되지를 않습니다. 기도 시에는 제가 하라는 대로 순종(따라야)해야 합니다. 따라서 하지 못하면 자연스럽게 치유 기간이 길어집니다. 초기에는 모두 잘 따라하지 못합니다.

왜냐하면 귀신이 의지를 잡고 있어서 환자가 의지를 제대로할 수 없기 때문입니다. 그러나 시간이 흐르면 따라하게 되어 있습니다. 필자가 직접 기도 시간마다 지속적으로 안수를 하면서 귀신의 묶임이 풀어지게 합니다. 그러면 제가 하라는 대로 환자가 따라합니다. 환자가 스스로 기도를 합니다. 그러면서 서서히 성령께서 장악을 하십니다. 성령께서 장악을 하기 시작하면 치유가 되기 시작하는 것입니다.

치유는 전적으로 성령께서 하시는 것입니다. 어찌하든지 필자는 환자를 성령께서 장악을 하실 수 있도록 합니다. 전문적인 기술이 필요합니다. 저는 이런 유형의 환자를 많이 치유해 보았기 때문에 제가 하라는 대로 순종만 하면 모두 100% 치유 받을 수 있습니다. 문제는 순종하지 않기 때문에 치유되지 않습니다. 치유하는데 시간이 많이 소요가 됩니다. 환자의 유형에 따라 3개월-6개월-1년-2년이 걸립니다. 3년 이상이 걸리는 경우도 있습니다.

어떤 환자는 주중 집회와 토요일 집중치유를 받고 1달 만에 완치된 경우도 있습니다. 이런 경우는 질병이 발생한 기간이 짧고 하나님의 특별한 섭리가 있는 경우입니다. 이분은 지속적으로 성령충만한 믿음 생활을 해야 재발하지 않습니다.

좌우지간 치유에 조급하지 말고 마음을 느긋하게 먹어야 환자를 살릴 수가 있습니다. 절대로 순간 치유는 불가능합니다. 어떤 경우는 4-5년이 걸리기도 합니다. 이렇게 치유가 되더라도 치유 후에 관리가 중요합니다. 지속적으로 주일 마다 관리해야 합니다. 어쩌면 치유보다도 관리가 더 중요하다고 보아야 합니다. 성령하나님의 은혜가운데 머물러 있어야 하기 때문입니다. 이유는 환자가 육을 가지고 있기 때문입니다.

영적, 조현병(정신분열증)으로 고통당하는 환자와 보호자는 단번에 치유 받으려는 생각을 접어야 합니다. 전문적인 사역자를 만나 지속적이고 장기적인 치유를 받아야 합니다. 이런 마음 상태만 되면 영적, 조현병(정신분열증)으로 15년을 고생했더라

도 치유는 됩니다. 환자나 보호자는 사전에 전문적인 사역자하
고 상세한 상담을 한 후에 치유를 결정하고 시작하시기를 바랍
니다.

셋째, 조현병(정신분열증)을 기적적으로 치유 받은 사례.
2013년에 한 청년이 치유 하려고 저에게 상담을 요청해 왔습니
다. 정신이 아찔해지면서 밤에 잠이 오지 않고 늘 불안 초조하고
분노가 폭발해서 직장생활도 그만두고 놀고 있다는 것입니다.
예수는 언제 믿었느냐고 했더니 25세 때 부터 친구를 따라 교회
에 다니기 시작하여 8년째 믿음생활을 하고 있다고 했습니다.
제사를 빠짐없이 지내고 있는 집안이었고, 어머니가 무당을 집
에 데려다가 굿도 몇 차례씩 하는 집안이었습니다. 그래서 이 청
년에게 회개하라고 했습니다. 그리고 "예수 이름으로 이 가정의
우상숭배 영의 줄을 끊노라. 우상숭배를 통해 들어온 귀신의 줄
은 예수 이름으로 끊어질지어다. 그리고 무당에게 복을 빌고 무
당에게 기도 받을 때 들어와 고통을 주고 있는 귀신은 예수 이름
으로 물러갈지어다. 떠나갈지어다."라고 하니 엉엉 한참을 울더
니만 기침을 막 하면서 귀신들이 떠나갔습니다.

그런 후 청년은 부모님과 같이 지속적인 치유를 받는 것이 좋
겠다고 했습니다. 어머니와 함께 한 육 개월 동안 치유 받고 정
상으로 회복되어 고향으로 내려갔습니다. 잠재의식에 형성된 조
현병(정신분열증)의 요소들을 정화시켜서 하나님의 나라로 바꾸
는데 시간이 걸리는 것입니다. 절대로 조현병의 치유는 단번에

되지 않습니다. 잠재의식을 정화하여 하나님의 나라로 바꾸어야 정상적인 생활을 할 수가 있습니다. 쉽게 생각하지 말아야 합니다. 인재하고 자신이 생명의 말씀과 성령으로 바뀌려고 의지적인 노력을 해야 합니다.

이런 경우를 보면서 항상 느끼는 것은 영적인 면도 무식하면 쓸데없는 고생을 한다는 것입니다. 그래서 하나님은 "내 백성이 지식이 없으므로 망하는 도다 네가 지식을 버렸으니 나도 너를 버려 내 제사장이 되지 못하게 할 것이요 네가 네 하나님의 율법을 잊었으니 나도 네 자녀들을 잊어버리리라(호4:6)"고 말씀하신 것입니다. 만약에 조상 중에서 사술에 종사하거나 우상을 숭배했다면 치유를 받아야 합니다. 우리나라는 전통적으로 우상숭배를 했던 나라입니다. 너나 할 것 없이 모두 치유의 대상입니다. 문제만 일으키지 않으면 그냥 지나면 되지 않느냐는 분도 있을 것입니다. 그러나 이런 우상숭배의 문제가 있으면 믿음이 자라나지를 않습니다. 악한 영이 성령의 깊은 임재에 들어가지 못하도록 방해하기 때문입니다. 머리에 잡념을 집어넣거나 자녀, 부부, 이웃을 이용하여 스트레스를 받게 하거나 여러 가지 문제를 일으켜서 물질이 새나가게 하는 등, 보이지 않는 영적인 세계에서 별일이 다 일어나게 하는 것입니다. 악한 마귀는 어찌하든지 자신의 종을 만들려고 호시탐탐 노리는 것입니다. 그래서 갈라디아서 5장 1절에 보면 "그리스도께서 우리를 자유롭게 하려고 자유를 주셨으니 그러므로 굳건하게 서서 다시는 종의 멍에를 메지 말라"라고 하였습니다. 예수 그리스도의 나라에는 자유

함이 있습니다. 마귀와 악에게 종노릇하지 않습니다. 나쁜 습관에 종노릇하지 않는 것입니다.

자유를 얻고 영혼이 잘되고 범사에 잘되며 강건하고 의와 평강과 희락 가운데 행복을 누리고 살 수 있게 되는 것이 바로 예수님 나라에 들어와서 사는 것입니다. 우리는 이 땅에 세상 나라와 예수님의 나라가 동시에 임하여 있는 것을 알아야 합니다. 눈에 안 보이는 두 나라가 우리를 서로 **빼앗으려고** 투쟁하고 있는 것입니다. 마귀의 나라가 우리를 시시각각으로 도둑질하고 죽이고 멸망시키려 하지만 하나님의 나라에서는 성령님께서 성도들을 진리 가운데로 인도하시며 은총과 사랑과 영생 얻기를 원하시고 계신 것입니다.

우리 충만한 교회에서는 이런 분들을 대상으로 매주 토요일날 개별집중정밀치유시간(10:00-12:30)을 갖고 있습니다. 2시간 30분 동안 기도와 안수를 하면서 성령의 역사를 체험합니다. 이 방법이 최고로 **빨리** 치유할 수 있는 방법입니다. 지속적으로 3-5회를 받으면 영의 통로가 뚫리면서 우울증이나 정신분열증의 치유는 물론, 정신적인 질병의 치유가 되고, 상처가 치유되고, 불면증이 치유되고, 귀신이 축사되고, 마음에 참 평안을 찾게 됨과 동시에 성령의 은사와 능력이 나타납니다. 일석이조가 되는 것입니다. 아주 좋은 사역입니다. 반드시 정한 선교헌금을 입금하고 1주전에 예약을 해야 합니다. 많은 분들이 이 집중치유를 통하여 영의통로를 뚫고 영적인 만족을 누리고 있습니다.

16장 불면증 발병과 검진과 순간치유

(시127:2)"너희가 일찍이 일어나고 늦게 누우며 수고
의 떡을 먹음이 헛되도다 그러므로 여호와께서 그의 사
랑하시는 자에게는 잠을 주시는 도다."

불면증은 잠이 쉽게 들지 못하고 잠을 자도 자주 깨며 이른 아
침에 깨는 특징을 갖는 증상을 일컫는 말입니다. 불면증은 밤에
잠을 잘 이루지 못하는 불편뿐 아니라, 낮 시간의 활동에도 영향
을 미쳐서 주의집중의 저하나 피로감으로 작업장에서 재해의 원
인이 되기도 하고, 졸리움으로 인한 교통사고의 위험이 증대되
기 때문에 이에 대한 사회적 관심이 증가되고 있는 추세입니다.
국제수면협회의 자료에 의하면, 일 년 동안 인구의 27%에서 일
시적인 또는 간헐적인 불면증상을, 인구의 9%에서는 만성적인
불면증을 보인다고 하였습니다.

불면증은 편의상 6개월 이상 지속되는 만성 불면증과 4주 미
만동안 지속되는 급성 또는 단기불면증으로 나누고, 임상적으
로는 흔히 최소한 3-4주이상 지속적인 불면 증상을 보이는 경우
치료 대상으로 삼습니다. 만약 불면증이 6개월 이상 지속이 되
는 경우는 흔히 여러 가지 소인(예 : 불안증)과 촉발인자(예: 새
로운 직업), 영구화시키는 인자(예: 술 혹은 수면제 남용)를 가지
고 있기 때문에 아주 복잡한 양상을 띠게 됩니다. 이때는 수면제
의 지속적인 복용, 불면과 수면제에 대한 두려움, 붕괴된 수면의

각성리듬과 아주 나빠진 수면 위생으로 치료가 더욱 어렵게 됩니다. 이러한 불면증은 반드시 원인에 대한 정확한 평가가 이루어져야 제대로 치료를 받을 수 있기 때문에 이런 경우 꼭 정신과 의사나 가정의를 찾아보길 권합니다.

첫째. 불면증 증상

1) **불면증 증상과 불면증의 심각한 증상.** ① 수주 이상 거의 밤마다 잠이 들기 어려울 경우는 불면증입니다. ② 잠이 들기 어렵기 때문에 불안하여 잠자리에 들기가 무서울 경우는 불면증입니다. ③ 낮 동안 몹시 피곤하고 제대로 집중하거나 활동할 수 없을 경우는 불면증입니다. ④ 잠을 자기 위해 술이나 약물에 의존할 경우는 불면증입니다.

2) **수면의 기능에 대해.** 수면의 기능은, 잠을 못 자게 했을 때 나타나는 현상을 보고 짐작할 수 있습니다. 사람에게 잠을 못 자게 하면 결국엔 자아붕괴, 환각, 망상이 나타납니다. 동물실험에서 수면박탈은 음식섭취증가, 체중감소, 체온저하, 피부장애 그리고 사망까지 초래함을 보였습니다. 꿈을 못꾸게 해도 과민성, 피로가 나타납니다. 질병, 과로, 임신, 스트레스, 정신기능 과다 등이 있을 때 수면요구가 많아집니다. 잠이 적은 사람이 잠이 많은 사람보다 능률적이고 야심적이며, 만족해한다고 합니다.

3) **수면은 크게 5가지 기능을 갖는다.** ① 낮 동안 소모되고 손상된 부분(특히 중추신경계)을 회복시켜 주는 기능이 가장 중요한 수면기능중의 하나입니다.

② 발생학적 기능인데 그래서 급속안구운동수면(REM 수면)은 특히 성장이 활발한 신생아에서 더욱 활발합니다.

③ 인성학적 기능으로 수면은 낮 동안의 생존기능과 본능적 보존 기능을 잘 할 수 있도록 준비시키고 조절 연습하도록 합니다.

④ 인지적 기능으로 특히 급속안구운동수면이 낮 동안 학습된 정보를 재정리하여 불필요한 것은 버리고 재학습 및 기억시키는 기능을 합니다. 급속 안구운동, 수면 중 단백질 합성이 증가되는 것은 학습된 정보를 기억으로 저장시키는 과정이기도 합니다.

⑤ 감정조절기능입니다. 불쾌하고 불안한 감정들이 꿈과 정보처리를 통해 정화되어 아침에는 상쾌한 기분을 갖도록 해줍니다. 특히 흥미로운 것은 우울감정과 수면의 관계입니다. 건강한 사람에서는 충분한 수면을 취하고 나면 우울한 감정이 감소 되는 현상을 보이나 어떤 사람들에서는 수면이 우울감정을 악화시킵니다. 그래서 이런 환자들에게는 수면박탈을 통해 우울을 치료합니다.

4) 불면증은 크게 4가지 원인이 있습니다.

① 정신과적 질환과 동반된 경우인데, 이 경우는 정신과 장애와 관계된 수면장애로 분류합니다.

② 신체장애가 그 원인인 경우는 신체장애와 관계된 수면 장애로 분류합니다.

③ 스트레스, 입원과 일상의 중대한 변화 등과 같은 환경적 변화로 생긴 불면증으로 흔히 억압이 많고 완벽주의 성향이 강한 강박적 성격의 사람들이 수면이 자기 뜻대로 조절되지 않을 때

쉽게 긴장하고 불안해 질 수 있습니다. 그런데 이런 사람은 낮에는 잘 지내다가 수면시간이 가까울수록 정신 생리학적 긴장과 각성이 높아지면서 불면증으로 이행될 수 있습니다.

④ 경추에 문제가 생긴 경우입니다. ⓐ 척추가 바르지 못하게 비틀린 변형 원인. ⓑ 비틀린 척추로 잠을 자는 자세를 만드는 베개와 침상(침대쿠션, 요 두께). ⓒ 비틀린 척추로 자세를 유지하는 습관. ⓓ 비틀린 척추로 스스로 만들어버리는 스트레칭이나 체조 운동들. ⓔ 교통사고나 추락사고 산재사고 등의 외부 충격에 의하여 골절 변형된 척추로 인하여 발생할 수가 있습니다.

한의학적으로는 불면증의 원인은 네 가지 정도가 있다고 합니다. 첫째로 생각을 너무 많이 해서 생각을 주관하는 장부인 비장을 상한 경우, 둘째로 영양 부족과 지나친 성생활로 진기를 소모해서 신장을 상한 경우, 셋째로 심장과 담이 허약한 경우, 넷째로 목 부분인 경추에 문제로 생기를 경우, 다섯째로 마지막으로 음식을 조절 못해 체해서 위가 상하게 되어 편하게 자지 못하는 경우가 있습니다.

필자가 내적치유 하다가 어려서 물에 두 번 **빠져서** 사경을 헤매다가 구출되었고, 불속에서 한 번 구출된 경험이 있는 60세 된 목사님을 내적치유와 축귀를 통하여 치유한 경험이 있습니다. 이 목사님이 불면증으로 2년을 고생하시다가 저의 충만한 교회 성령치유 집회에 연속적으로 참석했습니다. 여러 곳을 다니면서 치유를 받으려고 했지만 불면증을 치유 받지 못하다가 국민일보 광고를 보고 참석하기 시작했습니다. 몇 개월 동안 열심히 다니면서 능력과 치유를 받았습니다. 그런데 어느날 아마 밖의 날씨가 영하 8도 정도 내려갈 때인데 집회를 마치고 집으로 가려고 하는데 내가 보니까 땀을 비가 내리듯이 흘리면서 몸을 가누지를 못하는 것이었습니다. 그래서 내가 그냥 가시면 안 된다고 잠시 안정을 취하고 가시라고 의자에 앉게 했습니다.

그리고 머리에 손을 얹고 안수하며 기도를 했습니다. 그러니까, 성령께서 이렇게 감동을 하시는 것입니다. "어려서 심하게 놀란 일이 있다. 본인에게 한번 물어보아라." 그래서 본인보고 어렸을 때 놀란 일이 있는지 생각하여 보라고 했습니다. 그랬더니 한참을 눈을 감고 생각하더니 "목사님 이제 생각이 났습니다. 제가 물에 두 번 빠져서 죽을 뻔 했는데 하나님의 은혜로 살아나왔습니다. 그리고 불에도 한번 들어가서 타죽을 뻔 했습니다."

그래서 제가 안수를 시작했습니다. 성령이여 임하소서. 성령이여 사로잡으소서. "불속에 집어넣고, 물속에 집어넣어 죽이려고 했던 귀신아 내가 예수 이름으로 명하노니 정체를 밝히고 나와라. 정체를 밝히고 나와라." 하니까 한참을 흐느끼다가 서서히 정체를 드러내기 시작했습니다. 온몸이 부르르하고 한참을 떨었습니다. 숨을 몰아쉬더니 기침을 한동안 사정없이 하다가 떠나갔습니다. 목사님 얼굴이 아주 평안한 상태가 되었습니다. 그렇게 줄 줄 줄 흐르던 땀이 싹 멈추었습니다. 축귀를 한 후에도 계속 몇 개월 동안 다니면서 은혜를 받았습니다. 목사님이 저의 사모에게 축귀를 받고 2년 동안 고통당하던 불면증을 치유 받았다는 것입니다. 영적으로 깊어지면 마음이 평안해 지므로 잠을 잘 자게 됩니다. 깊은 영성을 유지하는 방법은 이런 것이 있습니다.

둘째, 말씀과 성령에 의한 영적치유. 불면증을 치유하는 방법 중에 제일 좋은 방법은 말씀과 성령으로 영적치유를 하는 것입니다. 저는 불면증으로 몇 년씩 고생한 사람들을 말씀과 성령으로 내적치유를 통해서 완전 치유하여 자유하게 한 체험이 많습니다. 그래서 불면증 환자는 먼저 자신의 불면증은 하나님만이 치유하실 수 있다는 강력한 믿음이 있어야 합니다. 말씀과 성령으로 영적치유를 받겠다고 찾아와야 합니다. 교회나 치유센터에 찾아 나와서 말씀을 듣고 기도하며 성령을 체험해야 합니다. 성령을 체험해야 불면증을 일으키던 어두움의 세력들이 떠나가기 시작하는 것입니다.

분명하게 불면증을 일으키는 어두움의 세력이 있습니다. 이 어두움의 세력은 초자연적으로 역사하는 성령의 역사가 일어나야 떠나가는 것입니다. 왜냐하면 성령의 역사는 불면증을 일으키는 세력보다 강하기 때문입니다. 그런데 우리가 바르게 알아야 할 것은 성령의 체험은 말이 아닙니다. 성령으로 체험하면 영적으로 육적으로 본인이 느끼게 됩니다. 성령체험을 할 때 일어나는 현상은 이렇습니다. 잘 이해하고 거부하거나 두려워하지 않도록 하시기 바랍니다. ① 호흡이 깊어지거나 빨라지고 손이 찌릿찌릿 하기도 합니다. 이는 악 영과 성령의 대립 현상이나 상처를 풀어주는 현상이기도 합니다. ② 주체 못하게 울음이 터지거나. 웃음이 터지는 경우도 있습니다. 방언이 나오게 됩니다. ③ 가슴을

찌르고 무엇이 빠져나오는 아픔을 느낄 수 있습니다. ④ 위장이나 아랫배 부근에서 어떤 뭉치 같은 것이 움직이는 것을 느낄 수도 있습니다. ⑤ 큰소리가 속에서 터져 나오기도 하고 온 몸에 불이 붙은 것 같이 뜨겁기도 합니다. ⑥ 가슴이 답답하고 기침이 나오고 손과 입에서 불이 나오는 것을 느끼기도 합니다. ⑦ 기침, 하품, 트림이 나오고, 토하기도 하고 메스꺼움을 느끼기도 합니다. ⑧ 멀미하는 것처럼 속이 울렁거리며 아랫배가 심히 아프기도 합니다. ⑨ 머리가 아프고 어지럽고 몸이 감당하지 못하게 흔들리기도 합니다. ⑩ 때로는 얼굴이나 몸 전체가 뒤틀리다가 풀어져 평안해지기도 합니다. ⑪ 때로는 상당한 시간 동안 심신의 괴로움(머리가 어지럽고, 몸이 떨리고, 몸에서 열이 나는 등)의 현상이 일어날 수 있습니다. 이것은 일종의 성령의 임재와 치유의 현상이니 두려워말고 조금 있으면 없어집니다. 많은 분들이 이런 체험이 있은 후 영안이 열리고 능력이 나타납니다.

그리고 내적치유를 해야 합니다. 말씀을 들으면서 사역자의 안수를 받으며 내적치유를 2-3개월 받게 되면 웬만한 불면증은 모두 치유됩니다. 지금까지 우리 교회에 오셔서 불면증을 치유받지 못한 성도는 거의 없습니다. 본인이 의지를 가지고 다닌 분들은 모두 치유 받았습니다. 저는 항상 이렇게 말합니다. 불면증은 불치병이 아닙니다. 성령을 체험하고 뜨겁게 기도하면서 내면을 치유하고 귀신을 축사하면 치유가 됩니다. 믿음을 가지십시오. 인내력을 가지고 영성훈련에 참여해야 합니다. 그러면 어느날 불면증은 깨끗하게 사라지고 말 것입니다.

불면증을 치유 받았다고 성령 충만한 믿음생활을 중단하면 조금 있다가 다시 재발합니다. 그래서 지속적인 말씀과 성령 충만한 믿음생활을 하여 영성을 유지하면 절대로 재발하지 않습니다. 우리 주변에 불면증으로 고생하는 분이 있다면 잘 권면하여 치유 받게 하시기를 바랍니다.

넷째, 적당한 운동을 통한 치유. 유산소 운동이 좋습니다. 될 수 있으면 등산을 하는 것도 좋습니다. 낮에 잠을 잔다면 밤에 잠을 못자는 것은 당연한 것입니다. 낮에는 활동을 해야 합니다. 헬스장 같은 곳에 가서 지속적으로 운동을 하는 것도 불면증 치유에 도움이 될 것입니다. 좌우지간 본인이 불면증을 퇴치하려고 부단한 노력을 해야 합니다. 성령이 충만한 교회에서 하는 성령치유집회를 참석하여 근본적인 영적문제를 해결하는 방법도 좋습니다. 성령치유를 해야 불면증을 일으키는 근원을 제거할 수가 있습니다. 그리고 불면증 환자가 금해야 하는 것은 낮잠을 자는 것입니다. 낮잠을 자면 밤에 잠이 오지 않는 것은 당연한 것입니다. 불면증은 반드시 치유가 됩니다. 성령으로 세례를 받고 내면의 상처를 치유하여 안정된 심령이 되어야 합니다. 기간을 단축하여 치유를 받으려면 매주 토요일 날 실시되는 개별 집중치유를 받으면 좀 더 빨리 불면증을 치유 받을 수 있습니다. 집중 치유를 받으면 불면증뿐만 아니라. 다른 질병과 상처가 치유됩니다. 귀신이 축사되어 마음에 참 평안을 찾게 됩니다. 물론 성령의 은사도 받게 됩니다. 일석이조가 됩니다.

17장 공황장애 발병과 검진과 순간치유

(시42:5)"내 영혼아 네가 어찌하여 낙심하며 어찌하여
내 속에서 불안해하는가, 너는 하나님께 소망을 두라 그가
나타나 도우심으로 말미암아 내가 여전히 찬송하리로다."

불안함과 긴장감을 야기할만한 그 어떤 자극이 없는데도 불
구하고 호흡곤란, 가슴부위 통증, 식은땀, 어지럼증과 같은 증
상이 나타난다면, 그 사람은 극도의 불안감에 휩싸일 수밖에 없
을 것입니다. 대부분의 사람들은 이런 상황이 발생하면 응급실
을 찾게 됩니다. 그런데 응급실에서 시행하는 각종 검사(심전
도, CT, MRI 등)상 아무런 이상증상이 나타나지 않는다면 어떤
느낌이 들게 될까? 분명 자신은 금방이라도 죽을 것 같은 고통
을 느껴서 병원을 찾아왔는데도 불구하고 각종 검사 상 아무런
병적 반응이 나타나지 않는다고 한다면, 그 또한 불안하기 그지
없을 것입니다. 분명 죽을 것과 같은 신체의 이상반응을 감지했
는데 검사 상 아무 이상이 없다면 대부분 나 스스로 꾀병을 이
야기하는 것이 아닌가라는 생각을 하게 됩니다. 태어나서 이런
고통을 처음 느껴본 사람들은 아무리 생각해도 꾀병은 아님이
분명하다고 느낍니다.

바로 이런 상태를 일컬어 '공황장애'라고 부릅니다. 다시 말
해 특별한 자극이나 스트레스가 없는 상황에서 온 몸이 극도의
교감신경항진상태에 빠지게 되어 심장박동의 증가 및 호흡곤란

과 불안감을 온 몸으로 느끼며, 마치 죽음이라는 상태를 몸 전체로 인식하게 되는 상태가 되어 이것이 반복적으로 지속되게 되는 상태를 가리키는 말인 것입니다. 이런 공황장애가 반복적으로 발생 시 대부분 신경정신과를 찾게 됩니다. 그러면서 자율신경을 조절해주면서 억제성 신경전달물질을 증가시켜주는 약을 처방을 받게 됩니다. 그러면 일시적으로 증상은 개선되지만, 근본적인 치유는 불가능합니다. 말씀과 성령으로 하는 영적인 치유 만이 완벽한 치유가 가능합니다. 이 증상 자체가 아무런 예고 없이 찾아오고 또한 그 원인을 정확하게 파악하지 못했기 때문에 이것을 대비한다는 것이 결코 쉬운 일은 아닙니다.

첫째, 공황장애란 어떤 질병인가? 공황장애란 불안장애의 일종으로 급작스런 공황발작 즉 극심한 불안과 함께 두통, 현기증, 가슴 두근거림, 질식감, 호흡곤란, 가슴 통증, 오한, 마비 감, 또는 저림 등의 증상이 나타나는 것이 반복되는 질병입니다.

공황발작이란, 사람이 생명에 위협을 느낄 정도의 극심한 상황에서나 느낄 수 있을 정도의 심각한 공포를 갑작스럽게 느끼는 것을 의미합니다. 환자들은 쉬고 있거나 차를 타고 있거나 자고 있던 중에 증상이 나타나 매우 당황하게 되고 급한 나머지 응급실을 방문하기도 합니다. 공황발작시의 특징적인 신체증상도 환자를 더욱 곤혹스럽게 합니다. 불안감과 동시에 나타나는 신체증상은 심각한 신체질환의 증상과 매우 유사하여 환자들은 내과, 신경과 등 타과를 방문하기도 합니다.

공황발작이 일어나면 가슴이 답답하여 호흡을 할 수가 없고, 자신을 절재 하거나 가누기가 힘이 듭니다. 심장을 짓누르거나 압박을 가하는 고통으로 마치 숨이 넘어가는 것과 같은 두려움이 엄습합니다. 눈이 출혈되고, 몸이 뒤틀리며 소리를 낼 수가 없습니다. 억지로 소리를 내게 되는데 비명소리가 나옵니다. 그래서 참다못해 응급실을 찾게 됩니다. 병원에 가서 여러 가지 검사를 해보면 정확한 증상이 나타나지 않는 것이 보통입니다. 이렇다가 보니 주변 사람들은 환자가 동일한 현상을 일으키면 마치 꾀병을 앓는 것으로 인정하기 쉽습니다. 왜냐하면 남편하고 다투었다든지, 시어머니에게 잔소리를 들 엇다든지, 경제적인 환경이 좋지 않을 때 가장 많이 발생을 하기 때문입니다. 일어나는 현상과 증상을 바르게 알고 주변 사람들의 도움이 필요한 질병입니다.

둘째, 공황장애가 발생하는 원인. 공황장애의 원인은 크게 생물학적인 원인과 정신사회적 원인으로 나눌 수 있습니다. 현재까지의 연구결과에 의하면 공황장애는 생물학적, 즉 신체적인 원인들과 개인적인 인생경험, 특히 유년기 초기 경험과 이에 따른 인격의 발달, 그리고 외부적인 스트레스가 함께 작용하여 발생하는 질환으로 생각되며, 유전적인 요인과 인지적인 요인도 발병에 영향을 주는 것으로 생각된다고 합니다.

생물학적 원인으로는 유전이론, 카테콜아민이론, 청반이론, 대사이론, CO_2과민성의 증가 등이 있습니다. 유전이론에 따르면 공황장애환자의 직계가족에서 공황장애의 발병률이 4~8배

높은 것으로 알려져 있으며, 일란성쌍생아에서의 공황장애발병 일치 율이 이란성에 비해 약 3배 높은 것으로 알려져 있습니다.

뇌 구조적으로는 뇌의 간뇌에 있는 청반이 관련되는 것으로 보고되고 있는데, 청반은 불안의 중추조직으로 인체의 경보장치 역할을 합니다. 공황발작은 인체의 경보장치가 지나치게 예민해 져서 아무런 이유 없이 혹은 사소한 자극으로도 작동하기 때문 에 일어나는 것입니다. 그 외에도 불안을 중개하는 편도 핵의 역 할이 중요한 것으로 알려지고 있으며 기타 불안관련 중추신경에 서 불안을 종합하는 능력의 상실이 공황을 일으키는 원인으로 보고되고 있습니다.

정신사회적으로는 성격이 너무 내성적이고 의존적이거나 너 무 완벽 지향적이고 성취욕이 높으며, 경쟁적인 경우에 많고 스 트레스가 많아 과음하거나 생활이 불규칙하거나 카페인이 든 음 식을 과다하게 섭취하거나 항상 수면이 부족한 사람에게서 흔합 니다. 정신분석적 입장에서는 억압이 중요한 공황장애환자들의 방어기제로 보고하고 있으며, 개인이 받아들이기 어려운 소망, 충동들이 억압되어 있다가 의식화되려 할 때 불안과 공황발작이 나타나는 것으로 설명하고 있습니다. 행동주의 이론에서는 불안 이 부모로부터 학습한 결과이거나 전형적인 조건화반응을 통하 여 나타난다고 보고 있습니다.

이 밖의 공황장애는 등이 굽어서 흉추 3, 4, 5번들이 틀어졌을 경우에 오기 쉬운 병입니다. 보통은 몸과 마음이 다른 것으로 생 각하기 쉬우나 몸의 병이 마음에 나타나기도 하고 마음의 병이 몸으로 나타나기도 하는데, 대부분 몸을 건강하게 하면 정신적인 증상도 사라지게 됩니다.

가슴이 답답한 것은 등이 굽고 어깨가 앞으로 틀어짐으로써 가슴을 압박하기 때문이며, 등이 굽고 어깨가 처지면 목을 잡아당기게 되어 목도 삐어있는 경우가 대부분인데 그러면 머리로 올라가는 신경이 약화되어 여러 이상이 나타나게 됩니다.

우리 몸은 골격만 바로 서 있으면 큰 일이 없는 한 건강하도록 되어 있습니다. 몸 골격에서 가장 중요한 부분은 '고관절' 로서, 고관절 이란 다리와 골반을 이어주는 부분으로 집에 비유하자면 '주춧돌' 처럼 가장 기초가 되는 곳인데, 이 고관절은 외부 충격을 받아서 틀어질 수도 있지만 요즈음은 대부분 나쁜 생활습관과 자세를 오랫동안 지속함으로써 고관절이 쉽게 틀어지고 있으며, 푹신한 침대, 소파, TV시청에 더하여 컴퓨터의 보급으로 인해 몸의 자세가 무너지고, 이로 인해 거의 모든 병이 발생한다고 해도 과언이 아닙니다. 고관절이 틀어지면 〉 골반이 기울고 〉 다시 그 위의 요추와 흉추가 굽거나 휘게 되며 〉 등이 굽으면 어깨가 처지고 목이 삐게 되는데, 이처럼 우리 몸은 하나로 연결된 유기체 이므로, 고관절이 틀어짐으로써 집이 무너지듯이 점차 이상이 생기게 되는 것입니다.

또한 몸이 굽으면 위장을 비롯한 모든 내장기관들이 아래로 처지면서 제 기능을 못하는 것은 물론이고 몸 살림 운동에서 '공명' 이라고 말하고 있는 아랫배 부분이 꽉 막혀서 깊은 호흡이 안 되고 가슴으로 할딱할딱 숨을 쉬게 되므로 몸에 필요한 산소를 공급하지 못하게 되어 악순환이 거듭되게 됩니다. 치유를 위하여 "고관절 자가 교정" 과 "어깨 자가 교정" 들도 익혀서 할 수 있다면 더욱 도움이 되겠습니다. 허리를 곧게 세우고 가슴을 활짝 펴는 바른 자세를 갖는 것만으로도 건강할 수 있습니다.

나쁜 생활습관으로 해서 몸이 굽은 것을 약이나 시술 또는 타인의 도움을 받을 수 있는 것은 아주 제한적 이라는 것을 잘 이해해서 매일 자세를 바로 하는 꾸준한 운동으로 스스로의 몸을 바로 세우면 건강해지는 것입니다.

셋째, 공황장애의 진단 및 증상. 공황장애환자에서 흔한 증상으로는 ①가슴 두근거림. ②땀 흘림. ③떨림 또는 전율. ④숨 가쁨 또는 숨 막히는 느낌. ⑤질식감. ⑥흉부통증 또는 가슴 답답함. ⑦토할 것 같은 느낌 또는 복부 불 편감. ⑧현기증, 불안정감, 머리 띵함, 또는 어지럼증. ⑨비현실감. ⑩자제력상실에 대한 두려움 또는 미칠 것 같은 두려움. ⑪죽음에 대한 두려움. ⑫감각의 이상. ⑬오한 또는 얼굴이 화끈 달아오름 등입니다.

말씀드린 13가지 증상 중에 4가지 이상의 증상이 동시에 나타나는 경우 공황발작이 있는 것으로 진단되고 이러한 발작이 반복되거나 또 그런 발작이 반복되는 것을 두려워하는 경우 공황장애로 진단됩니다.

넷째, 공황장애의 임상양상. 대개의 경우 공황발작의 첫 증상은 흔히 특별한 유발요인 없이 저절로 시작됩니다. 그러나 일정기간 동안의 육체적 과로나 심각한 정신적인 스트레스를 겪고

난 후에 증상이 처음 시작되는 경우도 많습니다. 대개 공황발작은 10분 이내에 급격한 불안과 동반되는 신체증상이 최고조에 이르며 20~30분 정도 지속되다가 저절로 사라지게 됩니다. 증상이 1시간 이상 지속되는 경우는 드물며, 증상의 빈도도 하루에 여러 번씩 나타나거나 1년에 몇 차례만 나타날 수 있을 정도로 환자에 따라 차이가 큽니다. 증상과 다음 증상 사이에는 예기불안이 동반되기 쉬우며 발작 중에 이인감이나 우울감을 경험하기도 합니다. 평소에 카페인 음료나 알코올을 과도하게 섭취해도 증상이 악화될 수 있습니다.

많은 환자들이 공황 발작이 있을 때 응급실을 방문하거나 내과 등, 다른 신체질환을 다루는 의사를 찾게 되며 증상의 원인을 찾기 위해 각종 임상 검사들을 하지만 공황발작 당시의 일시적인 혈압상승이나 과 호흡 증상 이외에는 특별한 이상이 없는 것으로 판정되곤 합니다.

1) 다음 중 4가지 이상의 증상이 갑자기 발생하여 10분 이내에 증상이 최고조에 이르게 됩니다. ①심계항진, 가슴이 심하게 두근거림, 빈맥. ②발한. ③몸이 떨리거나 후들거림. ④숨이 가쁘거나 답답한 느낌. ⑤숨 막히는 느낌. ⑥흉통 또는 가슴의 불쾌감. ⑦메스꺼움 또는 복부 불편감. ⑧어지럽거나 불안정하거나, 멍한 느낌이 들거나 쓰러질 것 같은 느낌. ⑨이인증(자신의 심리 과정이나 신체로부터 떨어져 있는 듯한 느낌) 또는 비현실감. ⑩스스로 통제할 수 없거나 미칠 것 같은 두려움. ⑪죽을 것 같은 공포감. ⑫감각과민. ⑬춥거나 화끈거리는 느낌 등.

2) 공황장애의 진단기준. ① 다음의 (1), (2)가 모두 존재합니다. (1) 반복적이고 예기치 못한 공황발작. (2) 최소한 한 번 이상의 공황발작과 더불어 한 달 이내에 다음 중 한 가지 이상의 증상이 있습니다. (a) 또 다른 발작이 올까봐 계속 염려함. (b) 발작이나 그 결과의 함축된 의미(스스로에 대한 통제를 잃어버리거나 심장발작이 오거나 혹은 미쳐버리지 않을까)에 대해 걱정함. (c) 공황발작과 관련된 행동에 있어 뚜렷한 변화가 온다.

② 광장공포증이 없거나 혹은 있습니다.

③ 공황발작은 물질(습관성 물질의 남용이나 약물투여 등)이나 일반 신체적 상태(갑상선 기능항진증 등)의 직접적인 생리적 영향 때문이 아닙니다.

④ 공황발작이 사회공포증, 특정 공포증, 강박장애, 외상 후 스트레스장애, 분리불안장애와 같은 다른 정신질환에 의해 더 잘 설명되지 않습니다.

다섯째, 순간치유하기. 공황장애의 근본적인 원인은 "마음의 상처"와 "죄"이기 때문에 죄와 용서의 처리가 먼저 되어야 합니다. 죄의 개념이 율법을 범하는 차원에서만 생각하지 않기를 바랍니다. 죄란 바로 나 자신의 일부로서 육을 통하여 나타나는 생각이나 감정이나 의지가 다 죄입니다.

육신이 바로 죄이며 육신적으로 사는 것이 죄입니다. 영으로 살지 않는 사람은 육신적으로 사는 죄의 대가인 혼의 질병이 오게 됩니다. 그리고 자신의 죄가 아니더라도 조상의 죄악으로 오는 경우가 많습니다. 그리고 용서를 해야 합니다. 많은 경우 질병이 있는 환자는 말 못할 큰 충격을 받은 일이 있습니다. 나에게 이 충격을 일으킨 사람을 용서해야합니다. "내가 원하는 바선은 행하지 아니하고 도리어 원하지 아니하는바 악을 행하는도다. 만일 내가 원하지 아니하는 그것을 하면 이를 행하는 자는 내가 아니요 내 속에 거하는 죄니라(롬 7:19-20)"

1) 죄를 용서받고 치유를 받으려면 예수를 영접하여야 한다. 예수를 영접하므로 성령의 역사로 치유가 이루어지기 시작합니다. 모든 치유는 성령의 능력으로 됩니다. 자신에 내재하는 인간의 영의 선한 힘(영력)이라 하고, 예수를 믿어 내면으로 들어오신 하나님의 영은 인간의 능력을 초월하여 나타나는 영적 능력으로 역사합니다. 성령의 능력이 이때부터 나타납니다. 그래서 사람은 할 수 없으나 할 수 있는 하나님의 영력(형상)이 나타나서 성령이 충만하게 됩니다. 영력은 나타나는 상태와 조건을 만들어야 나타납니다.

2) 성령의 역사가 나타나는 말씀을 듣고 성령의 세례를 받아야한다. 그 조건과 상태는 여러 가지이지만 첫째 의지를 발동시켜야 합니다. 의지를 발동하게 하여 성령세례를 받는 것이 제1의 원리요, 그 다음은 말씀과 성령으로 내적 치유하는 것이 제2의 원리요, 귀신 추방의 제3 원리입니다. 그리하여 생각이 바뀌고, 마음이 감동되어, 믿음이 생겨서, 본인의 의지가 발동되어, 몸이 움직여지고, 행동으로 옮겨지는 과정을 거쳐야 합니다. 이 영적 원리는 모든 것에 적용됩니다.

3) 성령의 인도로 말씀을 잘 알아들을 수 있어야한다. 성경에서는 내 뜻과 정성과 힘을 다하여 하나님을 섬기라 했고(신28장), 크게 사모하는 자에게 제일 좋은 길을 보여 준다고 했습니다(고전12:31). 네가 낫기를 원하느냐고 예수님은 말씀했습니다(요5:6), 영과 진리로 예배하는 자에게 찾아오신다 했습니다(요4:23). 모든 영적인 일에 진심으로 구하고 구하면 얻을 것이요, 찾고 찾으면 찾을 것이고 두드리면 열립니다. 성령을 주십니다. 강한 순종과 믿음과 승리의 의지를 발동시키고 행동으로 옮기십시오. 행동으로 옮기지 못하게 하는 장애요인(죄)이 자신에게 있습니다. 이것을 성령으로 깨닫고 회개하여 제거하십시오. 귀신의 병과 정신병의 구분을 잘 해야 합니다. "그러나 내가 하나님의 성령을 힘입어 귀신을 쫓아내는 것이면 하나님의 나라가 이미 너희에게 임하였느니라(마 12:28)", "하나님의 나라는 말에 있지 아니하고 오직 능력에 있음이라(고전 4:20)"

4) 앞의 과정을 거친 다음에 질병의 원인을 성령께 질문해야한다. 영적인 그림을 그리라는 말입니다. 전체의 그림을 보면서 자신의 문제의 원인이 어디에 있는 지를 찾아야합니다. 시간이 많이 걸릴 수가 있습니다. 왜냐하면 성령께서 완전하게 장악을 한 다음 원인을 알 수 있고 치유도 되기 때문에 하나님의 시간표를 따라 기다려야 합니다. 급하다고 되는 일이 아닙니다.

5) 성령께서 알려주는 질병의 원인에 따라 조치를 해야 한다. 죄악은 회개하고, 상처를 준 사람은 용서하고, 가문의 유전은 절단하고 원인을 제거해야 합니다. 악한 영의 역사라면 귀신을 축

사해야 합니다. 그리고 지속적인 치유를 받아야 합니다.

6) 이때부터 악한 영을 축사하고 내적치유를 한다. 의지를 가지고 지속적으로 해야 합니다. 공황발작이 일어나는 환자가 찾아오는 경우 치유사역자는 절대로 당황하거나 불안해하면 안 됩니다. 덩달아서 소리를 지른 다든지, 악을 쓰지 말고 잠잠하게 기다리며 환자에게 호흡을 들이쉬고 내쉬라고 하면서 환자가 안정을 취하도록 해야 합니다. 지속적으로 성령의 역사를 요청하여 성령의 역사가 환자를 장악하면 귀신이 기침이나 제체기를 통하여 떠나갑니다. 그러면 환자는 바로 안정을 취하게 됩니다. 제일 빠른 치유가 영적인 치유입니다.

7) 하나님과 영적인 관계를 지속하며 감사해야 합니다. 공황장애의 치유는 반드시 말씀과 성령으로 가능한 것입니다. 먼저 예수를 믿어 옛 사람이 죽어야 합니다. 그리고 새사람으로 태어나야 합니다. 옛 사람이 그대로 살아있는 이상, 완전 치유는 곤란합니다. 옛 사람이 죽고 새사람으로 태어나는 고통을 감내해야 치유가 됩니다. 그러므로 공황장애를 치유 받으려면 반드시 성령의 세례를 받아야 합니다. 성령으로 세례를 받아, 성령의 이끌림을 받으면서 지속적인 내면 치유를 받아야 합니다. 한마디로 자신이 변해야 완치가 되기 때문입니다. 사람은 할 수 없으되 하나님은 하십니다. 하나님의 말씀에는 불치가 없습니다. 믿음을 가지고 치유 받아 새로운 삶을 살 수가 있습니다. 반드시 예수 안에서 치유된다는 믿음이 굉장히 중요합니다. 하나님이 하십니다. 공황장애의 순간치유는 환자와 보호자의 관심과 의지가 중요합니다.

18장 악성두통 발병과 검진과 순간치유

(시 62:5)"나의 영혼아 잠잠히 하나님만 바라라 무릇
나의 소망이 그로부터 나오는 도다"

하나님은 스트레스로 인해서 몸속에 독소가 쌓여서 발생한 만성 두통을 치유하십니다. 지금 세상에는 만성 두통으로 고생하는 사람들이 많습니다. 두통이 시작되면 아무 것도 못하는 악성 두통 환자도 많습니다. 이는 세상 살아가기가 어렵기 때문입니다. 여기에는 예수를 믿는 성도도 예외가 되지를 않습니다. 상당수의 크리스천에 만성두통으로 고통을 당합니다.

현대인들은 혈통의 유전, 저하된 위 기능, 심장의 불균형, 대장의 독소, 신장의 무력 등의 여러 가지 이유로 편두통을 앓고 있습니다. 하지만 정확히 편두통 원인에 대해 모르는 경우가 많습니다. 검사를 통해서도 딱히 문제가 발견되지 않을 때에는 치료가 더욱 어렵습니다. 때문에 환자들은 편두통 치료에 있어서 두통약을 최선이라고 생각하게 됩니다. 하지만 두통약만 먹는다고 편두통이 치료가 되지는 않습니다. 무엇보다 자신의 생활 속에 어떠한 문제가 편두통을 일으키는지 정확히 알아야 할 필요가 있습니다. 충만한 교회 집사님이 편두통으로 고생하면서 정상적인 생활을 하지 못하고, 교회를 나오지 못할 지경에 이르렀습니다. 필자가 전화하여 집중치유에 참석하도록 하여 안수기도 했더니 2시간 만에 완전치유가 되었습니다. 근본원인을 제공

하는 위장을 다스리고 혈액순환이 잘되게 하라고 권면했습니다. 필요하면 혈액순환제를 복용하는 것도 좋다고 권면했습니다. 소화가 잘되는 음식을 드시라고 말했습니다. 이렇게 성령으로 충만하여 영적인 치유를 하면 순간적으로 치유가 될 수가 있습니다. 많은 분들이 두통은 참고 넘기면 되는 질환이라고 여기는 경향이 강합니다. 두통약이면 된다는 안이한 생각으로 증상을 키우는 경우가 많습니다. 두통은 심각한 질환입니다. 우리가 쉽게 무시하고 넘어가는 생활습관 중에는 식습관이 편두통의 발생에 큰 영향을 주기 때문입니다.

편두통은 머리 한쪽에서 통증이 나타나는 일측성, 심장이 뛰는 것 같은 박동성 통증이 일정 기간 지속되는 것을 말합니다. 소리나 빛 공포증, 구역 등의 증상이 나타나기도 하는데요. 이때 개인에 따라 오른쪽 머리가 아프기도, 왼쪽 머리가 아프기도 합니다. 일반적으로 편두통은 뇌혈류와 관련이 깊다고 하여 혈관성두통으로 분류되기도 합니다. 뇌 혈액순환이 원활하지 않게 되면서 편두통으로 이어진다는 것입니다. 혈액순환 장애로 뇌에 충분한 혈액(산소+영양소)가 공급되지 않게 되면서 편두통 증상으로 이어지는 것입니다. 또한 뇌혈류가 원활하지 않으면 뇌압이나 안압도 덩달아 상승하게 되는데, 이로 인해 눈 주변 두통이 심해지는 것입니다.

잠재의식의 상처를 성령으로 치유함으로 혈액순환을 원활하게 할 수가 있습니다. 내면에 형성된 독소를 정화하고 배출하는 것은 두통치유에 참으로 좋습니다. 바쁜 일상 속에서 두통약은 정말 유용한 존재입니다. 효과 역시 좋습니다. 그러나 두통약은 근본적인 대안이 될 수 없고 지속적인 통증에 과도한 두통약 복용은 오히려 약물과용두통이라는 또 다른 두통을 불러올 뿐입니다.

세계두통협회에서 두통은 불치병이라고 정의를 내렸습니다. 진통제로 일시적 진정 효과밖에는 거둘 수 없으므로 두통은 고칠 수가 없다고 단정해 버렸습니다. 머리가 깨질 것 같이 아파서 병원에 찾아가 MRI 사진을 찍어보아도 아무것도 안 나오고, 머리가 막 깨지는 것처럼 아픈데도 아무것도 안 나오니까 증거가 없다는 겁니다. 증거가 없으니까 두통은 병이 아니고, 증상이라고 최신 이론은 말합니다. 통증이 사진에 나올 리가 있나요. 그래서 두통은 못 고치는 것으로 되어있습니다.

회사생활의 스트레스와 피로누적, 컴퓨터나 휴대전화를 자주 이용하는 현대인들은 두통으로 한 번씩은 고생해본 경험이 있을 것입니다. 두통이 심한 경우에는 일상생활에도 지장을 주게 되며, 임시방편으로 진통제를 먹어봐도 소용이 없는 경우가 있습니다. 두통은 머리를 조이는 것과 같은 통증이 오기도 합니다. 뒷목부터 머리 전체가 아프기도 합니다. 근본문제를 일으키는 잠재의식의 상처를 정화시키고 밖으로 배출해야 합니다.

전체 인구의 70~80%가 겪는 두통의 원인과 치료방법에 대해 알아보겠습니다. 두통은 소뇌 기능의 부조화로 인해서 우리 몸이 균형감각을 잃어버리게 되어 나타나는 현상으로 어지러움 증을 느끼게 됩니다. 두통은 스트레스성 두통, 긴장성 두통, 근육성 두통, 약물의존성 두통 등이 있는데 이러한 두통이 나타나는 원인은 모두 제각각 입니다.

첫째, 두통의 원인. 두통은 여러 가지 원인이 있을 수 있습니다. 뒷목이나 어깨, 허리 연부조직이 손상되어 두통이 나타날 수 있고, 화병이나 스트레스, 과로, 가슴 답답함 같은 심리적 원인으로 인해 두통이 나타날 수도 있습니다. 그리고 소화기능에 문제가 있거나, 소화불량, 변비, 간기능 장애로 인하여 두통이 생길 수도 있습니다. 순환이 잘 되지 않아 독소가 쌓여있고 독소기혈 행 불안정이나 뇌압이 상승하는 경우 두통이 생길수도 있습니다. 그리고 여성들은 생리 전후에 두통이 발생하기도 하며, 임신을 했을 때 임신증상으로 두통을 지속되는 경우도 있습니다. 술이나 담배, 초콜릿 등 특정음식물로 인하여 두통이 생기는 사람들도 있습니다.

둘째, 두통 증상. 두통을 겪게 되면 머리의 통증과 함께 어지러움(달팽이관 이상시)이 느껴집니다. 눈이 침침하고 눈이 아픔을 느낍니다. 오심을 하거나 구토를 동반합니다(소화장애인 경우). 또 귀가 멍하거나 식욕부진, 의욕상실, 무기력, 피로, 소화불량, 요통 식은땀을 동반하기도 합니다. 이렇게 두통은 일상생활을 방해하는 요소로 두통이 나타나는 증상을 잘 파악하여, 원인을 제거해야 다시 두통에 시달리지 않습니다.

셋째, 부위별 두통

1) 윗머리 통증: 머리 위 정수리 부위의 통증은 정신적, 육체적 쇼크로 인한 경우와 뇌종양이나 순환기 문제를 체크해야 합니다. 한의학적으로는 분노와 같은 감정으로 화기가 머리까지 올라가기 때문에 발생하는 것입니다.

2) 앞머리 통증: 감기나 축농증, 비염, 술, 담배 등으로 발생하는 두통입니다.

3) 뒷머리 통증: 고혈압이나 혈관계의 질환이 있는 경우, 한의학적으로 신장기능이 허약할 때 발생합니다.

4) 편두통: 삼차신경통이나 중이염, 소화기 장애, 머리가 피로할 경우 발생합니다. 한의학적으로는 간장이나 담낭 기능의 이상 상태를 나타냅니다.

넷째, 두통의 치료. 만성 두통이나 편두통을 치료받고 있는 환자가 나날이 늘고 있습니다. 인구의 10%가 이러한 두통으로 고생을 한다고도 이야기를 합니다. 치유집회에 오시는 두통 환자가 늘어나는 것을 보아도 두통에 대한 환자 층은 점점 더 늘어나는 것 같습니다. 현대 의학이 그렇게 발달을 하는데 왜 두통은 극복이 안 되는 것일까요? 이는 원인을 알 수 없다고 하는 두통이 있기에 그렇습니다. 우리는 오직 진료 장비에 의존하여 두통을 진단합니다. 그래서 뇌에 이상이 없으면 두통의 원인을 알 수 없다고 하는 것입니다. 하지만 실제로 두통은 뇌 내의 문제만은 아닙니다. 신체의 각 장부가 그 기능을 제대로 못하여 일어나는 것입니다. 간이나 위의 기능 혹은 신장의 기능 등등…. 아무리 만성 악성 두통이라도 반드시 원인이 있습니다. 그런데 병원에서 하는 MRI 검사로는 나타나지 않습니다. 성령으로 충만한 가운데 지식의 말씀의 은사로 원인을 진단하여 찾아야 합니다.

한 예로 평소에 머리가 심하게 두통이 와서 오신 한 환자분이 있었습니다. 이분은 하루에 2회 정도 머리가 아파오는 증상이 심하게 나타나 활동을 거의 못하는 정도라고 했는데 병원에서 진단을 해보아도 원인을 알 수가 없다고 한다는 것입니다.

이분을 영적진단을 해본 결과 낸 결론은 위장의 기능 저하로 담이라는 물질이 생성되어 이것이 혈액을 따라 돌아다니다가 머리 혈관에 영향을 미치기에 두통이 생기는 것 이었습니다. 평소에 위장이 좋지 않아 소화가 잘 안되고 식사 후에 두통이 나타난다고 하니 그렇게 진단을 한 것입니다. 진단에 따른 치료는 성령을 체험하게 하고 내적치유를 했습니다. 뼈, 신경치유로서 위장과 연결된 신경을 치유했습니다. 이에 환자는 3개월의 치료로 두통에서 벗어날 수 있었고, 일상생활을 이제 무리 없이 영위할 수 있게 되었습니다.

두통 치료는 말씀과 성령으로 일단 막힌 곳을 뚫어주어야 합니다. 그리고 내적치유와 뼈, 신경 치유로 소화기나 간의 기능을 개선시켜야 하고, 성령으로 몸의 나쁜 기운을 몰아내야 합니다. 동시에 내 스스로 병을 극복할 수 있도록 영성을 만들어주어야 합니다. 우리는 흔히 과도한 스트레스를 받으면 목이 뼈근하거나 혹은 어지럼증, 만성피로, 두통 등을 호소하는 경우가 있는데, 이러한 것이 얼마나 위험한 것인지 모릅니다.

다섯째, 만성 악성두통 영적치유. 앞에서 간증을 들어서 아시겠지만 만성두통은 민간요법으로는 치유가 불가능합니다. 반드시 영적인 치유를 해야 완치가 가능합니다. 본인은 이런 순서로 만성 두통을 치유합니다.

1) 성령을 체험하게 한다. 성령을 체험해야 정확한 원인을 알수 있습니다. 성령으로 치유되기 시작하는 것입니다. 성령의 체험은 말이 아니고 실제로 몸으로 느끼는 것입니다. 성령을 체험하려면 예수를 마음으로 믿고 입으로 시인해야 합니다. 뜨겁게 기도해야 합니다.

2) 원인이 무엇인지 진단한다. 원인이 영적인 것인지, 육적인 것인지를 먼저 진단합니다. 두통이 일어나는 증상이 여러 가지가 있기 때문에 정확한 진단을 하여 원인을 바르게 알아야 바른 처방이 가능합니다. 원인은 성령님이 알고 계십니다.

3) 원인에 따라 치유를 한다. 원인이 혈통의 유전, 저하된 위기능, 심장의 불균형, 대장의 독소, 신장의 무력 등 있다면 해당 분야를 원인을 해결하는 조치를 합니다. 먼저 내적치유를 합니다. 두통의 원인을 제공하는 해당 장기에 연결된 뼈와 신경치유를 합니다. 필요하면 축귀를 합니다. 환자를 성령으로 충만하게하고, 의지를 가지고 치유를 받도록 권면합니다. 만성두통의 치유는 단기간에 되지 않습니다. 상당한 기간 동안 말씀을 들으면서 말씀과 성령으로 내적치유를 하면서 두통의 원인을 제거합니

다. 무엇보다도 성령이 충만하여 약한 부분이 강해지도록 합니다. 의지를 가지고 성령으로 체험하며 성령으로 기도를 해야 합니다.

4) 의지를 가지고 치유한다. 하나님은 질병을 치유하는 것이 목적이 아니라, 질병을 통하여 성도를 영적으로 바꾸려고 하십니다. 고로 성도가 만성 두통을 치유 받으면서 영적으로 변하게 해야 합니다. 말씀을 듣고 성령으로 충만하여 생각이 바뀌고 믿음이 생기게 합니다. 반드시 치유된다는 의지가 중요합니다. 이렇게 의지를 가지고 치유를 지속적으로 하면 아무리 오래된 악성 두통이라도 치유가 됩니다. 절대로 의심하면 안 됩니다. 치유는 무엇보다도 정확한 원인을 진단하는 것이 중요합니다. 혈통의 유전인가, 아니면 특정한 장기에 문제가 있어서 발생했는가, 정확한 원인을 찾는 것이 중요합니다. 한의원에서도 만성두통을 치유하는데 4-6-12개월씩 걸린다고 합니다. 이렇게 오랫동안 치유를 해도 치유되지 않는다고 합니다. 영적으로 치유할 때 성령께서 알려주시는 방법으로 치유하면 순간 치유가 됩니다.

악성 두통을 치유 받은 간증입니다. 저는 몇 년 전부터 악성 두통으로 사람구실을 제대로 못하면서 살아왔습니다. 119 구급차도 세 번이나 탔습니다. 그래서 서울대 병원에 가서 M.R.I도 두 번이나 찍었는데 아무런 이상이 없었습니다. 그런데 그렇게 두통이 심해서 사모 노릇을 거의 하지를 못하면서 지냈습니다. 그러니 남편 목사님이 저를 치유 받게 하려고 별별 곳을 다 데리고 다녔습니다. 그러나 치유 되지를 않았습니다. 그러다가 어느 기도원 목회자 치유세미나에 참석하여 강요셉 목사님을 만났습니다. 목사님을 만나서 저의 남편목사님도 내적치유를 받아야 한다는 것을 알게 되었습니다. 저도 남편 목사님도 그때까지 내적치유가 무엇인지 몰랐습니다. 강요셉 목사님이 기도원에서 제가 고생하는 것을 보시고 남편목사님과 저를 안수하여 주시면서 내적치유에 대하여 알려주셔서 알게 되었습니다. 알고 보니 저뿐만이 아니고 남편에게도 상처가 말도 못하게 많다는 것을 알았습니다. 솔직하게 말씀드리면 저의 남편과 결혼한 이후로 한 번도 마음이 편안하게 살아본 경험이 없습니다. 율법주의 목사님이라 이것저것 행위를 가지고 저를 힘들게 했습니다. 개척교회를 하는데 성도가 주일날 오지 않으면 저에게 화풀이를 다합니다. 왜 오지 않았는지 전화해 보았느냐, 무슨 일이 있느냐, 오늘은 왜 이렇게 성도들이 오지를 않았느냐 하면서 그렇게 저를 힘들게 하고 상처를 받게 했습니다. 그 스트레스가 쌓이고 쌓이다가 보니까, 저에게 우울증이 왔습니다. 악성 두통이 생겼습니다. 밤에 잠을 제대로 자지를 못했습니다. 그래서 치유 받으러 갔다가 강요셉 목사님을 만난 것입니다.

강요셉 목사님의 이야기를 듣고 매주 충만한 교회에 가서 치유를 받았습니다. 치유를 받다가 보니까, 저도 저인데 남편 목사님이 영적으로 변하는 것입니다. 저의 교회 성도들이 저보고 하는 말이 목사님의 찬송소리가 달라졌다는 것입니다. 너무나 은혜로워졌다는 것입니다. 말씀도 너무나 은혜롭고 정말 옛 날하고는 딴판으로 목사님이 달라지는 것입니다. 그러면서 제 마음에 평안이 찾아오는 것입니다. 머리 아픈 것이 사라졌습니다. 우울증이 사라졌습니다. 이제 잠도 잘 잡니다. 그래서 참 평안을 찾았습니다. 이제 마음에 여유가 생겼습니다. 기도도 몇 시간을 할 수 있게 되었습니다. 사람을 보면 심령이 읽어집니다. 예언의 은사도 나타났습니다. 지금 생각하면 목사님이 상처가 정말 많았습니다. 부교역자를 가면 일 년을 채우지 못하고 나옵니다. 그래서 여덟 곳을 다니면서 부교역자를 했습니다.

그러니 마음에 얼마나 많은 분노가 쌓여 있었겠습니까? 그 분노 때문에 그렇게 저를 힘들게 하고 다른 사람에게 은혜를 전하지 못한 것입니다. 먼저 성령님의 인도로 강요셉 목사님을 만나게 되어 감사드립니다. 그리고 치유하여 주신 성령하나님에게도 감사를 드립니다. 제가 지금 치유 받고 생각 하니 목회자는 내적치유와 내면세계를 알아야 합니다.

당신도 말씀 말씀하지 말고 영적인 눈을 열어 내면세계에도 관심을 가지시기를 바랍니다. 저의 남편 목사님은 교계에서 인정하여 주는 신학대학과 대학원을 나온 장자 교단의 목사님입니다. 그런데 저로 인하여 치유에 관심을 갖다가 지금은 너무도 많이 영적으로 변했습니다. 하나님에게 영광을 돌립니다. 인천 새로운 교회 박은영사모.

19장 울화병의 발병과 검진과 순간치유

(마 7:3)"어찌하여 형제의 눈 속에 있는 티는 보고 네 눈 속에 있는 들보는 깨닫지 못하느냐"

하나님은 몸과 마음이 하나님의 나라가 되기를 원하십니다. 태중에서 가지고 나온 상처와 스트레스에다가 세상을 살아가면서 만들어진 스트레스로 인하여 몸속에 독소가 쌓이면 영적으로 무기력해집니다. 영적으로 무기력해지면 영의 만족을 누리지 못함으로 영을 만족하게 하는 장소를 찾아서 돌아다닙니다. 영적 분별력이 약함으로 잘못된 비 진리를 받아들여서 몸속에 제일로 문제가 되는 비 진리의 독소가 쌓이게 됩니다. 참으로 심각한 독소가 쌓인 것입니다. 비 진리의 독소는 자신을 파괴하는 심각한 독소입니다. 이와 같은 진리와 비 진리를 구별하려면 앞으로 출간되는 "진리와 비 진리를 구별하는 법" 책을 참고하시기를 바랍니다.

성령치유 집회할 때 많은 분들이 명치끝이 아프다고 하십니다. 전중혈이라고 가슴의 정중앙이 손가락만 대도 아프다고 합니다. 입에서 불이 올라온다고 하십니다. 보통 울화는 명치끝에 많이 뭉쳐있습니다. 손을 대지 못할 정도로 통증을 느낍니다. 어떤 분은 가슴에 또는 갈비 밑에 뭉쳐있는 분들도 계십니다. 특이한 것은 병원에서 CT를 찍어도, MRI 검사를 해도 나타나지 않습니다. 병원에서는 원인을 알지 못합니다. 아프기는 아픈데 나타나지를 않습니다. 나타나지 않고 원인을 찾지 못하니 불치병이라고 합니다. 이 귀신의 견고한 진은 단 기간에 치유되지 않습니다. 덩어리가 뭉쳐 집을 짓기까지 상당한 기간이 흘렀기 때문에 그 만큼 치유에 시간이 걸립니다. 집중적으로 2-3일 성령의 역사를 체험하면서 치유하면 부수어지기 시작을 합니다. 성령의 역사로 귀신의 견고한 진이 파괴 되어도 일정 기간 동안 통증은 남아있는 것이 보통입니다.

지속적으로 성령의 불을 집어넣으면서 집중 치유를 합니다. 어느 분은 육 개월이 지나니까, 통증이 없어지고 완치되었습니다. 가슴이 아파서 바로 눕지도 못하고 엎드리지도 못하여 옆으로 누워서 잠을 자다가 오셔서 완전하게 치유를 받았습니다. 치유가 되니 가족 모두가 좋아했다고 합니다. 병원에서 불치병이라고 했는데 치유되어 자녀들에게 살아계신 하나님을 체험하게 하는 계기가 되었다고 합니다. 귀신의 견고한 진은 성령의 불세례를 체험하고 깊은 영성과 성령의 권능이 함께하는 사역자가 치유할 때 정체를 드러냅니다. 배에 손을 얹고 기도하면 적어도 10-20여분 이내에 귀신의 견고한 진이 표면에 나타나게 됩니다. 달걀 크기만 한 동그란 근육덩어리가 배 속에서 솟아나 안수하는 사람의 손을 피해 이리저리 달아납니다.

한번은 이런 일이 있었습니다. 지방에서 올라온 성도인데 분명하게 영적인 존재가 장악하고 있어서 상당히 오랫동안 안수를 했는데도 꼼짝을 하지 않습니다. 갑자기 성령께서 배를 만져보아라, 하십니다. 그래서 배에다가 손은 대니 성인 주먹보다 큰 덩어리가 잡힙니다. 살짝 누르니 아프다고 소리를 지릅니다. 필자가 직감적으로 귀신의 집이구나, 하고 손을 대고 "상처와 같이 형성된 귀신의 집은 예수이름을 파괴될지어다." 하니까, 성도가 숨을 몰아쉬기 시작을 합니다. 조금 있으니 기침과 함께 가래가 나오면서 귀신이 떠나가기 시작을 했습니다. 이로보아 귀신의 집이 파괴되지 않으면 귀신은 떠나가지 않는다는 것입니다.

이런 여러 경우를 보아 알 수 있는 것은 사람의 몸속에 귀신의 비밀 처소가 있다는 것입니다. 이것을 인정해야 귀신으로 부터 해방을 받을 수가 있습니다. 이는 정말 이해하기가 힘이 들지만 이해해야 하는 비밀입니다. 영적인 세계는 사람의 이론이나 지식으로는 이해가 불가능하기 때문입니다. 영적인 세계는 참으로 이해하기 힘든 일이 많이 있습니다.

명치끝에 화가 모여서 발생하는 울화병입니다. 울화병이란 고부간의 갈등이나 남편의 외도 등 강한 스트레스를 적절하게 해소하지 못하는 한국여성에서 주로 발생하는 '문화결함증후군'의 하나로 알려져 있으며 현대사회에서 직장인들의 주요한 직업병 중 하나이기도 합니다. 한 온라인 취업포털 사이트의 2007년 남녀직장인 1315명이 설문조사를 실시한 결과 직장인의 63%가 직장생활 질병을 앓는다는 것으로 나타났고 이 중에서 '화병' 등과 같은 스트레스성 질환이 30.4%를 차지했습니다. 요즘 사람들은 여러 가지 어려움으로 인한 마음의 상처로 고통스러워합니다. 교회는 이들을 치유해야 합니다.

화병이란 생활 속에서 일어나는 억울한 감정이나 과중한 스트레스를 제 때 발산하지 못하고 억지로 참음으로써 오랫동안 누적되어 생기는 신경질적인 화가 원인이 되어 생기는 병입니다. 화병은 우울한 감정, 속상함 등의 스트레스가 수년간 쌓임으로써 발병하는데, 이러한 스트레스를 제때 풀지 못하여 가슴 부위가 답답하고 얼굴이 화끈거리는 느낌이 들면 이미 화병에 걸렸다고 볼 수 있겠습니다. 이 병은 우리나라에만 있는 고유한 형태의 병으로 호랑이 같은 시어머니와 남편의 외도에 시달려온 우리네 주부들의 한 맺힌 병으로서 "울화병"이라고도 부릅니다. 가장 많은 원인은 남편의 바람기와 술을 마시는 버릇 때문에 화병에 걸리고, 그 다음으로는 시부모와의 갈등으로 인해 화병이 발병한다고 합니다.

첫째, 화병의 증상과 발병단계. 화병은 화가 치밀어 오르는 불행한 현실을 벗어날 방법이 없는 사람에게서 발병합니다. 즉 경제적으로 독립할 여건도 안 되고, 교육수준이 낮은 계층에서 많이 생기는 병입니다. 남자들은 사업실패, 명예실추, 배신, 돈 떼임, 사기의 피해, 예상하지 못한 실직 등의 이유로 생기고 여자들은 시댁의 구박이나 가정문제로 발병합니다. 직장인들은 과도한 업무 스트레스로 발병이 되기도 합니다.

부부의 대화부족, 시어머니와의 갈등 또는 자녀교육 등의 과다한 스트레스나 정신적인 갈등의 화열(火熱), 큰 병을 앓고 난 후나 노약자 등의 허약(虛弱), 비만이나 수척한 체질적인 소인의 습담(濕痰), 병리적인 산물인 어혈(瘀血), 기후나 계절적인 요인인 풍(風) 등이 있습니다. 신체적 증상으로는 두통과 어지러움을 느끼고 얼굴에 열기가 느껴지며 가슴이 뛰고 답답하며 울화가 치밀어 오릅니다. 또 목이나 가슴에 덩어리가 느껴지기도 하고 소화 장애가 나타나기도 합니다. 가슴이 답답해 호흡을 하기가 힘이 드는 경우도 있습니다.

정신적 증상으로는 우울, 불안, 신경질, 짜증 등이 자주 나타나고 깜짝깜짝 자주 놀라며 쉽게 화를 폭발하기도 합니다. 그밖에 "사는 재미가 없고 의욕이 없다" "허무하다" "죽고 싶다"는 생각이 들기도 합니다. 화병의 발생 빈도는 중년 이후의 여성에게 많이 나타나며 학력과 경제적 수준이 낮을수록 많이 발생합니다. 화병이 일반적 스트레스성 질병과 다른 점은 발병원인이 분명하며 발병기간이 10여 년에 걸친 만성적인 병이라는 점입니다.

둘째, 화병의 증상들. ① 특정한 스트레스 사건으로 인해 생긴 억울한 감정이 누적되어 해소되지 않은 상태가 3개월 이상 지속됩니다. ② 가슴이 답답하거나 숨이 막히는 증상과 함께 뭔가 치밀어 오르는 증상을 나타냅니다. ③ 가슴이 두근거리고 뜁니다. ④ 가슴이나 목에 뭉친 덩어리가 느껴집니다. ⑤ 두통이나 어지러움이 자주 옵니다. ⑥ 몸이나 얼굴에 열감이 오르는 것을 느낍니다. ⑦ 잠을 잘 자지 못합니다. 놀라서 잘 깹니다. ⑧ 갑작스런 화가 폭발하거나 혹은 분노감이 있습니다. ⑨ 우울 또는 허망한 기분이 자주 듭니다. ⑩ 불안 혹은 초조감을 많이 느낍니다. ⑪ 신경질이나 짜증이 심합니다. ⑫ 억울함을 자주 느낍니다. ⑬ 소변을 자주 보게 됩니다. ⑭ 대응능력에 따라 고혈압 등 순환기

계, 두통 등 신경계, 호흡기계, 소화기계 등 다양한 증세로 나타날 수 있습니다.

셋째, 치유는 가족의 이해와 도움이 가장 중요. 화병은 어떻게 치료해야 하는가? 안타깝게도 근본적인 원인을 제거하기 전에는 치유방법이 없다는 것이 정설입니다. 남편과 시부모와의 갈등 때문에 화병이 발병했을 때는 다소 치료하기가 힘이 듭니다. 효과적인 치료를 위해서는 가족의 이해와 도움이 무엇보다 중요한데 이는 사실상 매우 어렵습니다. 왜냐하면 주부의 건강에는 가족들이 의외로 무관심하기 때문입니다. 남편의 바람기 때문에 화병에 걸린 주부환자의 경우는 남편에게 아내의 상태에 대해서 이야기하고 협조를 구하지만, 많은 남편들의 반응이 대체로 비슷합니다. "나는 그런 사실이 없다" 또는 "여자가 성질이 못됐으니까 병에 걸렸지"라는 식입니다.

또 환자 본인의 마음가짐도 치료에 도움이 안 되는 일이 많습니다. "시어머님이 집에 계신데 어떻게 약을 먹어요? 그냥 병원에 와서 침만 맞으면 안 될까요?" 하고 말하는 환자도 적지 않다고 합니다. 반면에 자녀문제로 인해 화병에 걸린 경우에는 치료하기가 비교적 수월한 편입니다. 남편의 협조가 가능하고 취미나 운동 등으로 스트레스를 풀 수 있기 때문입니다. 화병을 치료하기 위해서는 여러 가지 치료법이 동원되지만 무엇보다 가족의 이해와 도움이 가장 중요합니다. 대부분은 한 달 가량 말씀과 성령으로 집중 치료하면 많이 좋아지지만, 심한 경우에는 3개월 이상

장기간 치료를 받아도 쉽게 낫지 않습니다. 또한 치료기간 동안 스트레스에서 벗어나 있으면 치료에 상당한 도움이 됩니다.

넷째, 화병을 진단하는 방법. 병리적인 화를 중심으로 화에 대하여 알아보면 다음과 같습니다. 인체의 화를 관장하는 장기는 심장이고, 또 심장은 감정을 관장한다고 한방의학 서적에는 기술되어 있는데, 스트레스에 대하여 직접적으로 반응을 하게 됩니다. 화는 오행 중에서 불의 성질을 가집니다. 그러므로 증상이 나타나게 되면 얼굴이나 가슴의 열기, 분노, 충혈 등이 나타나게 되는 것입니다. 화는 양(陽)의 특성을 가져 위로 올라가려는 속성을 가지고 있습니다.

그러므로 화병의 증상은 주로 가슴 위의 부분에서 나타납니다. 두통이나 어지럼증, 상열감, 가슴부위의 답답함이나 열기가 나타나게 됩니다. 화는 온몸의 진액을 손상시킵니다. 불은 물을 마르게 하고, 습기를 건조하게 하는 작용을 가지고 있는 것처럼, 화병은 신체를 건조시키는 작용을 합니다. 입술이 타거나 목이 마르는 증상이 나타나는 것도 그 이유에서입니다.

다음과 같은 조건이 충족되어야 화병이라고 할 수 있습니다. 억울한 감정이 누적되고 해소되지 않은 상태가 6개월 이상 지속되었다면 화병입니다. 단기적인 스트레스나 충격은 화병이라고 할 수 없습니다. 가슴이 답답하거나 숨이 막히는 증상과 무엇인가 치밀어 오르는 증상이 나타납니다. 이것은 화병의 필수증상입니다. 가슴 정중앙 부위를 누르면 심한 통증이 나타납니다. 가슴의 정중앙은 전중이라는 침 자리로 감정의 기운이 많이 모이는 곳입니다. 그러므로 이 부위를 눌렀을 때 심한 통증이 있다면 정서적인 스트레스를 많이 받았다고 보아도 좋을 것입니다. 또한 이 자리는 화병을 진단하는 자리이면서 경과를 관찰할 수 있는 중요한 자리입니다. 치료에 따라 화병의 증상이 좋아지면 이곳의 통증도 완화가 됩니다. 특징적인 4가지 증상은, 즉 가슴의 답답함, 무엇인가 치밀어 오르는 증상, 몸이나 얼굴에 열이 오르는 느낌, 그리고 급작스러운 화의 폭발 혹은 분노 중에서 최소한 2가지 이상은 현저하게 나타나야 합니다.

다섯째, 화병을 건설적으로 치유하는 길. 우리가 분명히 알아야 할 것은 화를 참았다고 해서 드러나지 않는다는 것은 아니라는 것입니다. 화는 여러 가지 방식으로 나타난다. 중요한 점은 얼마나 건설적으로 나타나느냐 입니다. 화가 건설적으로 나타나지 않을 경우 그 화는 그냥 없어지지 않습니다. 화를 억눌렀을 경우 그 화는 결국 자신과 남들에게 파괴적인 모습으로 나타나기 때문입니다. 그러므로 통성 기도를 해서 푸는 것이 좋습니다.

화병을 예방하기 위해서는 심장과 장이 건강해야 합니다. 심장과 장이건강하기 위해서 성령의 임재 가운데 주여! 주여! 주여! 주여! 하면서 심경을 하나님에게 토설하는 것입니다. 그렇기 때문에 우리는 화의 원인을 정확하게 알아내어 화를 직접적이고 건설적인 방법으로 표현해서 화병을 예방하고 우리자신과 상대방이 함께 성장할 수 있는 좋은 기회로 삼아야 할 것입니다.

성령의 이끌림을 받는 기도를 하십시오. 내면을 성령으로 기도하여 정화하시고 상처를 배출하세요. 기억을 위하여 성령님께 도움을 요청하면 자신의 깊은 곳에 감추어져 있던 상처의 기억과 감정이 생생하게 살아납니다. 성령님의 도우심으로 특정한(분노, 불안, 두려움, 공포, 눌림, 혈기, 스트레스, 마음의 상처, 자존심의 상처 등) 사건의 현장으로 돌아가서, 그때 받았던 묻혀진 상처의 기억을 떠올리며, 상처와 함께 그때에 겪었던 당황함, 부끄러움을 회상하시기 바랍니다. 하나씩 앞으로 회상해 나가면서 떠오르는 상처를 주님에게 드려야 합니다.

주님은 항상 나와 함께하셨습니다. 주님은 내가 고통당할 때 함께하시면서 나와 고통을 함께 하셨습니다. 지금도 그 주님은 나와 함께하십니다. 억울함, 분노, 두려움, 상처, 눌림 등으로 내가 울 때 함께 하시면서 우신 분입니다. 특히 어린 시절의 작은 상처, 부모가 자신을 거부했다고 하는 상처가 오늘의 자신에게 많은 영향을 줍니다. 자 이제 상처를 예수께 드립니다. 드러난 상처를 주님께 가져가야 합니다. 주님은 많은 상처를 입은 분이십니다. 그러기에 상처 입은 사람들의 고통의 삶을 누구보다 안타깝게 여기고 계십니다. 예수 그리스도에게 성령님의 치유의 능력을 간곡하게 부탁해야 합니다.

이와 같은 영적인 치유는 스스로 하기는 힘이 듭니다. 충만한 교회 같이 성령 내적치유를 전문적으로 하는 곳에 가셔서 전문 치유사역자의 도움을 받아 어느 정도 영의 통로가 열리고 성령의 깊은 임재에 빠져 들어갈 줄 알아야 스스로 치유가 가능합니다. 화병의 증상이 있으면 빠른 시간 내 전문적인 치유를 하는 곳을 찾아가셔서 성령을 체험하면서 치유를 받기를 바랍니다.

20장 심리사회적 스트레스 검진과 치유

(시 62:5)"나의 영혼아 잠잠히 하나님만 바라라 무릇
나의 소망이 그로부터 나오는도다"

얼마 전에 군대에서 같이 근무하던 분에게 전화가 왔는데 같이 근무하던 50대 젊은 분이 주무시다가 급사를 했다는 것입니다. 참으로 아까운 사람인데 말입니다. 오늘날 사람들이 겪는 가장 큰 문제는 삶의 스트레스입니다. 40대 한참 일할 나이에, 또 인생을 즐기고 살 나이에, 급사하는 일들이 얼마나 많이 생겨났는지 알 수 없습니다. 갑자기 사무실에서, 노동 현장에서, 팔팔 젊은 사람들이 급사를 합니다. 다른 이유 아닌, 격렬한 성장 경쟁 속에서 당하는 스트레스에 견디지 못해서 결국에는 넘어지는 것입니다. 또 오늘날 수많은 사람들이 가지가지 정신적인 고통에 허덕입니다. 이것도 역시 스트레스가 넘쳐 나기 때문에 이것을 견디지 못하여 크고 작은 심신 장애로 사람들은 고생을 하는 것입니다. 의사들은 우리가 앓는 질병의 70% 이상이 모두 다 스트레스 때문에 생겨난 병이라고 말하고 있는 것입니다. 스트레스 때문에 가정이 파괴되고 젊은이들이 스트레스를 견디지 못하매 그만 범죄에 몸을 던져서 자기 일생을 망치는 일들이 많습니다.

성경에는 소년이라도 피곤하며 곤비하며 장정이라고 넘어지고 자빠진다고 기록하고 있습니다. 이것이 오늘날 우리들의 시

대를 묘사해서 말한 것이 아니겠습니까? 옛날 농경생활에 자연에 묻혀 자연과 더불어 시간에 쫓기지 않고 살 때와는 너무나 대조적인 것입니다. 그렇다고 해서 우리는 그런 과거의 생활로 되돌아 갈 수는 없습니다. 결국 오늘날의 생활 형태대로 죽기 아니면 살기로 생존 경쟁을 하고 초긴장 속에 우리는 살아가야만 합니다. 이와 같은 생존경쟁은 전 세계적인 범위에서 이루어지고 쌓이는 것은 스트레스인 것입니다. 그러면 이와 같은 삶을 살면서도 마음에 여유를 가지고 스트레스를 삼켜 버리며 기쁘고 평안하게 살아갈 수 있는 길이 없을까요? 하나님께서는 그 길을 성령으로 우리에게 밝히 보여주고 있습니다.

첫째, 스트레스의 원인. 우리가 일상생활에서 받는 스트레스 만병의 근원이라고 말들 하는데 스트레스 원인은 어떨 것들이 있을까요? 보통 일을 하고 여러 가지 스트레스를 느낄 수 있다고 합니다. 하지만 자신이 하고 싶다고 진심으로 생각 일을 제대로 할 수만 있다면 스트레스를 느끼는 기회가 적을 것입니다. 자신이 정말하고 싶은 일을 직업으로 할 수 있는 사람들은 얼마나 될까요? 아마도 아주 소수에 불과할 것입니다. 또한 자신이하고 싶은 일이라도 사람으로부터 간섭을 받는다면 어떨까요?

스트레스는 외부에서 온다고 하는데 원래 스트레스는 압력과 압박이라는 의미가 있는 말입니다. 스트레스에 걸린 상태는 어떠합니까? 방은 마음의 상태를 투영한다고 합니다. 마음이 혼란하고 스트레스가 많이 쌓이면 방안에 우주가 생긴다고 합니다.

스트레스가 쌓이면 몸이 보내는 신호에 둔감해지는데, 피곤해도 자지 않고 아파도 쉬지 않습니다. 스트레스 때문에 건강이 나빠지는 것은 스트레스 자체보다 그로 인한 몸의 혹사 때문입니다. 상상하는 것만으로 몸이 욱신욱신 쑤시는 것과 같은 느낌을 가지신 분은 지금 현재 스트레스에 시달리고 계신분이라고 말씀드릴 수 있습니다.

스트레스라는 것이 무엇인지 알 수 있다고 생각하면 왜 스트레스를 느끼면 몸이 불편해지거나, 몸이 좋지 않게 되는 것일까요? 그 이유는 인간이 가지고 있는 호르몬과 깊이 관련되어있다고 말씀드릴 수 있습니다. 부신피질 호르몬에 코르티솔 이라는 호르몬이 존재하는데 이 코르티솔 호르몬은 인간의 몸에 필요한 호르몬이지만 스트레스를 느낄 때 필요 이상으로 분비되는 호르몬으로 알려져 있습니다. 이것이 뇌의 해마를 위축시켜는 스트레스 원인으로 알려져 있습니다.

우리가 업무를 수행하면서 받는 업무 스트레스는 여러 가지 원인이 있습니다. 업무 스트레스도 예외 없이 외부의 압력에 기인한다고 볼 수 있습니다. 예를 들어 상사와 부하와의 인간관계가 잘되지 않는 경우에 느낀다거나, 노동 시간의 길이에 따라 느끼게도 되고, 자신이 하고 있는 작업량과 임금을 비교했을 경우 등, 자신의 뜻대로 되지 않는 것이 그대로 정신에 스트레스 원인이 되는 경우입니다. 그러나 업무라는 것은 모든 그런 복잡한 상황과 관련되어 있지 않을까요? 모든 것이 순탄하게 진행되는 것은 아무것도 없지 않을까 생각합니다. 사람과 사람들 간의 문제이기 때문에 스트레스를 느낀다는 것은 당연하다고 말씀드릴 수 있습니다.

위에서는 업무로 인한 스트레스 원인을 알아보았는데 다음으로 신체적, 정신적 스트레스 원인을 말씀드리겠는데 신체적, 정신적 스트레스 원인 은 매우 여러 가지가 있습니다. 거기에는 본인 스스로는 눈치 채지 못한 뜻밖의 것까지 있습니다. 신체적 스트레스 원인은 몸에 부담을 주는 것을 말씀드릴 수 있는데 예를 들면 매일 장거리 통근, 수면 부족, 피로, 더위, 추위, 굶주림 등을 말씀드릴 수 있습니다. 정신적 스트레스 원인은 마음에 부담을 주는 것으로 불안, 슬픔, 우울, 분노, 좌절 등을 말씀드릴 수 있습니다. 신체적 스트레스 원인 은 외적 스트레스와 내적 스트레스 로 구분할 수 있는데 다음과 예를 들 수 있습니다.

첫째로 외적 스트레스 원인은 육체적 고통을 주는 것으로 질병, 부상, 지병, 통근, 야근, 새벽 근무 등을 들 수가 있습니다. 환경에서 발생하는 스트레스는 소음, 어둠, 밝기, 먼지, 냄새, 형광등, 컴퓨터, 게임 등을 들 수가 있습니다. 물리적으로 발생하는 스트레스는 더위, 추위, 강풍, 호우, 천둥, 눈, 자외선 등을 들 수가 있습니다. 화학성 원인에 의하여 발생하는 스트레스는 식품 첨가물, 주류, 담배, 공기 오염, 수질 오염, 세제, 화학 물질 등을 들 수가 있습니다. 생물학적 원인에 의하여 발생하는 스트레스는 바이러스, 박테리아, 꽃가루 등을 들 수가 있습니다.

둘째로 내적 스트레스의 원인으로는 먹는 음식이 스트레스가 되는데 과식, 소식, 편식, 영양 부족, 불규칙한 식사 시간 등입니다. 운동도 스트레스를 발생하는 원인이 될 수 있는데 운동 부족, 부하가 큰 운동, 격렬한 운동, 나쁜 자세 등을 들 수가 있습니다. 수면상태에 따라서 스트레스가 될 수가 있는데 수면 부족, 너무 불규칙한 수면 시간, 꿈 등입니다. 생활을 통하여 스트레스가 발생하는데 밤샘, 불규칙한 생활 등을 들 수가 있습니다. 기타로는 성징(性徵), 월경, 임신으로 인한 신체적 변화 등이 스트레스를 유발하기도 합니다.

셋째로 정신적 스트레스 원인은 사회적 스트레스 원인과 심리적 스트레스로 구분됩니다.

1) 사회적 스트레스의 원인으로는 학교 관계에서 스트레스가 오기도 하는데 입학, 전학, 클래스 기준, 성적 부진, 왕따 등을 들 수가 있습니다. 직장에서 일하면서 발생하는 개인관계가 스트레스가 되기도 하는데 취업, 승진, 좌천, 전근, 단신 부임, 전직, 실업, 연구발표, 할당량 등이 스트레스를 유발합니다. 가정 관계에서 오는 스트레스 근원은 결혼, 이사, 이혼, 육아, 아이의 반항기와 독립, 별거 중 등입니다. 인간관계에서 오는 스트레스도 있는데요, 가족, 연인, 이웃, 상사, 부하, 거래처, 고부갈등, 가계 대물림 등을 들 수가 있습니다.

2) 심리적 스트레스의 원인은 신체 관계로서 질병, 부상, 피로, 임신, 출산 등이 스트레스를 유발합니다. 상실 체험이 스트레스를 발생하게 하는데 사랑하는 가족·친구·애완동물과의 이별·사별 등입니다. 기타로는 가족과 사회에 대한 분노, 비탄, 미래의 불안, 공포, 실패, 좌절 등이 스트레스를 발생하게 합니다.

이상과 같이 스트레스 원인으로는 여러 가지 면으로 나타날 수 있는데 우리의 모든 일상생활의 모든 부분이 스트레스 원인이 되고 있습니다. 그러나 같은 스트레스 원인이 있어도 그 사람의 성격이나 사고 패턴으로 스트레스 되는 경우도 있고, 스트레스가 되지 않을 수도 있습니다. 그러므로 스트레스 원인을 파악하고 스트레스를 그때그때 바로 해소하여야 합니다. 태중에서부터 상처가 생겨서 잠재의식에 형성된 사람이 다른 사람보다 쉽게 스트레스를 받게 됩니다. 스트레스를 쉽게 받는 사람은 자신의 내면세계를 정화할 필요성이 있습니다.

둘째, 늘 자신의 스트레스의 정도를 점검하라. 늘 인간이 당하는 치명적인 병 즉 각종 암, 뇌졸중, 심근경색 가지가지 소화기관의 병들이 스트레스에 의한 것이라고 의사들은 말합니다. 우리들이 앓는 병의 70% 이상이 스트레스로 말미암아 생긴다고 합니다. 그런데 우리는 성경을 읽어보면 스트레스에 걸려 암 등 다양한 병에 걸려 죽은 사람을 한 사람도 볼 수가 없습니다. 희한하게 성경에 족보를 읽어보면 다 운명대로 살았었습니다. "스트레스"란 말은 한 물체에 가해지는 압력이나 물리적 힘을 가리키는 의미로 원래 물리학에서 처음 사용되었습니다. 우리나라의 한 연구에 의하면 내과 계 입원환자의 약 71%가 스트레스로 인해 발병하거나 악화되는 질환을 가지고 있다고 말합니다. 스트레스는 신경내분비계의 변화를 일으키고, 자율신경계의 이상, 면역력 저하 등을 일으켜 대부분 나쁜 질환에 영향을 미친다고 합니다. 스트레스가 계속 쌓이면 사람들은 우선 피로감이나 불면증이나 수면과다, 식욕저하 등 두통, 가슴 답답함 등의 신체 증상을 나타냅니다. 또한 불안, 우울, 짜증, 집중력 저하, 의욕 저하와 같은 정신적인 증상들이 나타나 이러한 현상이 심해지면 사회생활에 적지 않은 지장을 받게 되는 것입니다. 이처럼 오늘날 인간이 당하는 치명적인 병들은 거의 대부분이 스트레스에 의한 것입니다. 그러나 성경에는 스트레스로 인해 가지각색의 병에 걸려 죽었다는 기록을 찾아 볼 수가 없습니다. 제가 스트레스에 관한 말씀을 정리하려고 성경에 스트레스로 모범적으로 죽은 우리 선조가 있는가, 아무리 찾아봐도 다 자기명대로 살았지 스트레스에 걸려 병들어 죽은 사람이 아무 것도 없었습니다. "암에 걸렸다. 관절염에 걸렸다. 폐병에 걸렸다." 병에 걸려서 죽은 사람이 한분도 없습니다. 그러니 성경에 있는 우리 조상들은 새 스트레스를 받지 않았다는 것을 말하는 것입니다.

스트레스란 여러 가지 측면에서 정의할 수 있으나 실생활과 관련된 부분만을 말하자면 "몸 또는 마음에 부담이 되는 일"이라 할 수 있습니다. 그 중 마음에 부담이 되는 일은 억압을 하고자하는 심리기제 때문에 스스로 외면하고 지내다 나중에 커진 다음에야 인식을 하고 처리 못해 전전긍긍하는 일이 많습니다. 잠이 안 오거나, 가슴이 두근거리거나 숨이 차거나, 소화가 안 되거나 두통이 생기거나 하는 증상으로 병원을 찾는 많은 환자들이 각종 검사를 한 후에 이상이 없다는 결과를 듣고 나서야 비로소 스트레스 때문이 아닌가하는 생각을 하게 됩니다. 그나마 자신에게 스트레스가 있다는 것을 인정할 수 있는 사람은 다행입니다. 많은 사람들이 내과의사로부터 스트레스 때문일 가능성이 많다는 얘기를 들어도 오진이 아닌 가 의심하고 방황하는 일이 많습니다. 만약 의사에게서 스트레스 가능성을 얘기 듣는 분은 일단 그 말을 믿기를 바랍니다. 왜냐하면 사실 스트레스가 없는 사람은 전혀 없습니다. 그리고 작은 스트레스라도 빨리 발견하면 해결하기 쉽기 때문에 평소에도 늘 스트레스를 체크하는 것이 좋습니다. 평소 건강관리 하듯 스트레스 관리를 하는 것도 필요합니다.

셋째, 성령의 임재가운데 스트레스를 적극적으로 배출하는 법

1) 대부분 스트레스는 잠재의식에 스트레스가 쌓여있기 때문에 쉽게 받는 것입니다. 그렇기 때문에 스트레스를 해소하고 정화하려면 반드시 성령의 역사가 일어나야 합니다. 성령의 역사없이 인간 방법으로 하는 해소법은 임시방편에 불과한 것입니다. 성령의 임재가운데 스트레스를 해소하고 정화하려면 반드시 성령세례를 받는 다음에 가능한 것입니다. 성령의 임재 가운데 성령의 역사로 스트레스를 치유하려면 마음이 성령 임재로 장악된 평안한 상태가 되어야 합니다. 마음이 외부의 영향을 받지 않는 영적인 상태가 되어야 합니다. 마음속의 예수님께 집중하는 마음 상태가 되어야 깊은 곳에 숨겨진 상처를 성령님의 도우심으로 치유 받을 수 있습니다. 외적 침묵과 내적 침묵이 되어야 합니다.

2) 성령님의 임재를 간구합니다. 영에서 마음으로, 이성으로 성령의 임재가 나타나시도록 간구합니다. 성령님의 도우심으로 자신의 과거나 지난 시간으로 돌아가서 과거나 오늘 받았으나 묻혀 있는 크고 작은 상처의 기억을 떠올리며 상처와 함께 그때 겪었던 당황함, 부끄러움을 회상한 후, 하나씩 그 상처를 주님께 드립니다.

3) 당시에 받았던 상처로 말미암는 감정이 내면에 떠오르거나 감정(서러움, 수치감, 답답함, 분노, 좌절감, 깊은 슬픔, 두려움 등)이 되살아나면 억제하거나 감추지 말고 의식 수준으로 표현합니다. 그리고 그것을 주님께 드립니다.

4) 이때 자신의 상처와 관련된 사람을 용서하는 작업을 해야 합니다. 용서하지 않고 단순히 감정만 처리하는 것은 상처의 근원은 그냥 두고 감정만 치유하는 것이며, 이러한 치유는 후에 다시 재발됩니다. 큰 사건, 큰 상처일수록 이 부분에 세심한 주의를 기울여야 하며, 세심한 치유를 했어도 같은 감정이 오면 몇 번이고 계속해서 치유해야 합니다. 자신의 마음에 상처를 준 사람을 용서하지 않으면 진정한 치유가 되지 않습니다. 어두움과 저주의 세력에게 자신을 묶어 놓고 있는 것입니다.

5) 성령님의 능력으로 치유 받은 후에는 마음에 평안함을 느끼게 됩니다. 계속하여 이 평안을 유지하는 것은 자신의 책임입니다. 오래된 상처나 깊은 상처는 일회적인 치유보다 장기적이고 지속적인 치유를 해야 합니다.

6) 악한 생각이 나지 않도록 성령님과 교제하며 기도생활을

지속해야 합니다. 진정한 치유란 지속적인 성령 하나님과의 동행입니다. 늘 마음에 하나님을 느끼고, 하나님과 동행하고 하나님을 의지하여야 합니다. 그리함으로 늘, 점점 마음이 맑아지고, 자유해지고, 평안해지는 삶을 살아야 합니다.

하루 일과를 마치고 스트레스를 정화하는 시간을 갖는 것은 참으로 좋습니다. 필자가 몇 년 전에 사모에게서 이런 말을 들었습니다. 어떤 사모님이 하시는 행복한 넋두리입니다. 자기네 예배당 위에 사택이 있다는 것입니다. 그런데 성도 중에 한사람이 하루도 빠짐없이 직장에서 퇴근하고 오후 6-7경이 되면 예배당에 나와서 기도를 한다는 것입니다. 그런데 얼마 지나지 않으면 여지없이 왝~ 왝~ 하면서 토해낸다는 것입니다. 토해내는 소리를 듣고 있자니 더러워죽겠다는 것입니다. 이 사모님은 스트레스에 대하여 잘 모르는 사모입니다. 스트레스를 받지 않고 사는 사모입니다. 내면세계를 모르는 사모입니다. 더 나아가 성령의 역사와 영적인 것을 모르는 사모입니다. 자기 정화를 모르는 사모입니다. 퇴근하고 예배당에 나와서 기도하는 이 분은 참으로 영적인 성도입니다. 하루하루 스트레스 처리에 대하여 바르게 알고 행하는 성도입니다. 권장할 일입니다. 사모님이 정 괴로우면 사택을 밖으로 옮기면 될 것입니다. 하루하루 스트레스를 해소하는 크리스천이 되어서 스트레스와 상처가 잠재의식에 쌓이지 않도록 하는 것이 하나님의 뜻입니다. 하루하루 스트레스 처리에 관심이 있어야 합니다. 이것이 바로 자신을 건강하게 하는 것이요, 예방 신앙입니다.

21장 대인관계의 상태 통한 검진과 치유

(히12:14-15)"(15)너희는 하나님의 은혜에 이르지 못
하는 자가 없도록 하고 또 쓴 뿌리가 나서 괴롭게 하여
많은 사람이 이로 말미암아 더럽게 되지 않게 하며"

대인공포증은 내면세계가 부실하여 생기는 문제입니다. 태아
시절에서부터 내면에 도사리고 있었던 두려움입니다. 잠재의식
에 형성되어 있었다는 것입니다. 두려운 상황이 없을 때에는 모
르고 지냅니다. 그런데 불안하고 두려운 상황에 처하면 잠재의
식의 상처가 머리를 들고 일어서서 정상적인 사람이 되지 못하
게 합니다. 어렸을 때 잠재의식을 성령으로 정화했어야 하는데
그렇지 못한 것입니다. 내면세계는 생명의 말씀과 성령으로 강
하게 되는 것입니다. 우리는 현재의식을 잘 분별해야 합니다. 현
재의식은 잠재의식에서 올라오는 경우가 많기 때문입니다. "사
람들이 나를 어떻게 생각할까?" 사회공포증은 바로 대인공포증
입니다. 사람 대하기가 두렵고 자신의 모습이 남들에게 이상하
게 비춰지지 않을까 두려운 것입니다. 이런 증상은 다른 사람이
자기를 해칠까 봐 두려운 것이 아니라, 자기 내면의 불안을 다른
사람에게 들키지나 않을까 하는 두려움 때문에 나타납니다. 이
런 공포증은 혼자 있을 때는 나타나지 않고 다른 사람과 함께 있
을 때 나타납니다.

사회공포증 환자들은 몇 가지 특징을 가지고 있습니다. 자기

는 중요한 신체적 결함을 가지고 있다고 생각하고, 그런 결점을 다른 사람들에게 들키지나 않을까 하는 두려움을 갖는 것입니다. 그런 나의 결점이 다른 사람에게 불쾌감을 주기 때문에 어떻게 해서든지 치료해야 한다고 생각합니다. 그래서 자기의 증상을 실제보다 과장하고, 다른 사람이 자기의 부탁을 거절하는 것에 몹시 좌절하고, 다른 사람이 자기를 어떻게 평가할지 늘 신경 씁니다.

또 다른 사람의 말을 자기 멋대로 해석하고, 자기 의견은 제대로 주장하지 못합니다. 치열한 경쟁을 뚫고 들어온 새내기 직장인, 처음 출근할 때의 심정은 첫사랑이나 데이트 순간만큼 흥분되고 벅찹니다. 하지만 학창시절과 달리, 월급 받는 '직장생활'은 험난한 나날의 연속입니다. 우선 업무가 낯설고 서툽니다. 낯선 사람들과 대면하며 좋은 관계를 맺어야 하는 일은 더더욱 어렵습니다. 수없이 닥치는 머쓱하고 민망한 일, 떨리고 창피한 상황도 극복해야 합니다. 누구나 겪게 되는 직장생활, 문제점과 슬기로운 대처법을 알아봅니다.

첫째, 힘든 상황은 반복 훈련이 해결책 : 서울에 명문대를 나와서 꾸준한 취업 준비로 꿈꾸던 직장에 입사한 아무개 씨(28.남)의 경우입니다. 수습 기간이 끝나고 부서에 배치 받은 지 반년도 못 돼 사직서를 썼다는 것입니다. 상사는 이런저런 업무들을 군말 없이 성실하게 수행하는 그를 마음에 들어 했습니다. 그래서 다른 부서에 아무개 씨를 자랑하고 소개할 목적으로 많은 간부가 참석하는 회의석상에 그를 끌어들여 발표할 기회를 줬습니다. 그런데 이런 호의가 아무개 씨에겐 크나큰 화근이 됐습니다.

그는 "실수하지 않기 위해 여러 가지 사전 준비를 해 갔습니다. 하지만 막상 좌석에 앉은 많은 사람을 보자 떨려서 가슴이 답답해지고 목소리가 안 나왔습니다. 용기를 내 말문을 열었지만 자신도 알기 힘들 만큼 목소리가 떨려 결국엔 입을 다물었습니다." 라고 당시 상황을 털어놓았습니다.

낯선 사람이나 많은 사람 앞에 서면 누구나 긴장이 고조되게 마련입니다. 이런 현상은 자신의 능력을 확실하게 보여줘야 하는 자리일수록 심합니다. 게다가 주요 인물이 지켜보거나 많은 눈동자가 자신을 바라볼 때 증폭됩니다. 하지만 대중 앞에서 익살을 떨며 사회를 보는 사람도 알고 보면 상황은 별반 다르지 않습니다. 초기의 떨림을 반복적인 훈련과 경험, 철저한 사전 준비 등을 통해 극복한 것입니다. 따라서 발표 전에 철저하게 준비하고 반복적으로 발표 기회를 갖는 등 시련을 통해 극복해야 합니다. 하지만 자신의 실수를 용납하지 못한 채 "나만의 문제점"으로 고민하는 사람, 공포심이 엄습해 발표 수행이 힘든 사람 등은 빠른 직장생활 적응을 위해 전문가 치료를 받도록 해야 합니다.

필자는 항상 이렇게 말합니다. 처음부터 잘하는 사람은 없다는 것입니다. 반복 훈련, 연습하라는 것입니다. 노력하라는 것입니다. 자기가 극복해야 합니다. 현재 직장에서 극복하지 못하면 다른 직장에서 가서도 동일한 경우를 당하게 되는 것입니다. 어느날 프랑스에서 직장 생활하는 남자 집사님이 귀국하여 시간이 있으니 토요일 집중정밀치유를 받겠다고 했습니다. 사정을 들어보니 앞에 설명한 사람과 동일한 경우였습니다. 상사들 앞에서 발표에 두려움을 가지고 있었습니다. 제가 이렇게 조언을 했습니다. 앞에 있는 사람들을 모두 자기보다 낮은 위치에 있다가 생각하라는 것입니다. 아무것도 모르는 사람들이라고 생각하라는 것입니다. 그리고 반복훈련을 하라는 것입니다. 될 수 있는 대로 말을 하면서 원고를 숙달하라는 것입니다. 머릿속으로 자꾸 되새김을 하라는 것입니다.

필자는 군대에 있을 때 장군들에게 아침 마다 브리핑을 하는 장교였습니다. 브리핑을 한번 잘못하면 승진이고 무엇이고 아무것도 되는 것이 없는 위치였습니다. 날이 새도록 연습하는 것입니다. 앞에 서서는 "앞에 있는 사람들은 호박이다. 아무것도 모른다."라고 생각하면서 당당하게 브리핑을 합니다. 강하고 담대한 마음과 자신감이 중요합니다. 무엇보다도 반복 훈련이 중요합니다.

둘째, 직장 모임에선 남에 대한 배려가 우선. 직장생활은 상부상조입니다. 이를 위해선 자신과 뜻이 맞는 이와 두터운 교분을 맺고 자신을 배척하는 사람이 없도록 해야 합니다. 퇴근 후 모임은 대인 관계를 우호적으로 맺을 수 있는 좋은 기회입니다. 따라서 나를 최대한 잘 표현해 호감을 사야 합니다. 우선 미소 띤 얼굴로 주변 사람과 간단한 인사를 나누고 자신을 소개할 것입니다. 얼굴에 백지장을 깔아야 합니다. 자연스러운 미소는 평상시

거울을 보고 혼자 웃는 연습을 통해 가능합니다.

대화 주제는 여러 명이 공감할 내용을 선택하는 것이 좋습니다. 대화 중 어떤 상황이건 그 자리에서 결론을 내리는 것과 같은 발언은 삼가야 합니다. 또 모임에서의 대화 주제는 깊고 심각한 이야기, 오랜 시간 토론이 필요한 내용은 가급적 피하고, 가볍게 웃고 즐길 화젯거리를 도출해 내야 합니다.

입사 동기 모임, 후배와의 모임 등 허물없는 자리에서도 남의 말에 경청하는 태도는 기본입니다. 자신이 얘기할 때 남들이 흥미를 보이더라도 일정 시간이 지나면 화제를 바꿔 말할 기회를 남에게 돌릴 수 있어야 합니다. 마음의 여유가 중요합니다. 필자는 내면세계가 안정되면 마음의 여유가 생긴다고 생각합니다. 어려서 내면을 진리의 말씀과 성령으로 정화하는 기회를 갖는 것이 좋습니다.

셋째, 사표를 쓰는 것이 만사가 아니라는 것이다. 이직을 고려하기 전 전문가를 찾아가 상담부터 받아야 합니다. 대인 관계가 잘 안 될 땐 이직도 잦고 옮긴 직장에서의 적응도 쉽지 않습니다. 반드시 통과해야 할 문제이기 때문입니다. 따라서 스스로 "사람 만나고 겪는 일이 고통"으로 느껴지는 사람은 사직서를 내기 전 전문가 상담부터 받아야 합니다. 속내는 남과 잘 지내고 싶지만 어떻게 해야 할지 방법을 몰라 당황하는 사람이라면 전문가 도움으로 자신의 문제점을 인식해야 합니다. 전문가들을 만나서 10회 정도 반복 교정하는 과정에서 극복이 가능하다거

합니다. 무엇보다도 본인이 노력을 해야 합니다. 그러나 잠재의식의 상처를 정화하지 않으면 다시 재발합니다. 잠재의식의 상처를 성령으로 정화해야 완치가 됩니다. 잠재의식에 형성된 상처는 이미 모태에서 발생한 것들이 많습니다. 반드시 성령으로 영적치유를 해야 합니다.

반면 남을 전혀 고려하지 않는 성격장애 때문에 발생하는 대인 관계의 어려움은 치료가 쉽지 않습니다. 이런 유형은 주변 사람은 괴롭지만 자기 스스로는 별반 고통을 받지 않습니다. 본인의 치료 의지도 희박합니다. 좌우지간 본인의 의지가 대단히 중요합니다. 또 성격 문제는 정신치료를 매주 두 번 이상, 적어도 1년 이상 장기간 받아야 합니다. 이런 세상적인 치료를 받더라도 근본적인 성격은 안 바뀝니다. 따라서 별도로 사회적응이 가능할 정도의 사회생활 대처법을 익혀야 합니다. 그리고 내면세계를 안정시키는 성령치유를 받아야 합니다. 그래야 근본이 해결이 됩니다.

사회공포증 치료는 작은 두려움부터 차츰차츰 견디게 하는 것입니다. "사람을 대하는 일은 두렵고 당황스럽습니다. 혹시나 실수해 창피당하는 것은 아닐까, 많은 사람 앞에서 주목을 받으며 발표할 때는 물론 남들 보는데서 글씨를 쓸 때, 심지어 먹고 마실 때도 근심이 밀려와 마음이 편치 않는 것이 당연한 것입니다" 잠재의식의 상처의 영향입니다. 그러므로 잠재의식의 상처를 정화하는 것은 필수입니다.

만일 귀하가 이런 문제로 직장생활, 사회생활이 힘들다면 귀하는 사회공포증에 해당합니다. 이들은 남이 나를 쳐다보고 관찰하는 상황이 겁이 납니다. 자연히 회피하다 보니 대인 관계가 힘들고 사회생활도 순탄치 못합니다. 하지만 마음속 깊은 곳에선 진심으로 남들과 좋은 관계를 맺고 싶습니다. 그러나 막상 사람을 대하면 얼굴이 붉어지거나 말을 더듬는 등 답답한 상황이 반복됩니다. 이런 상황을 슬기롭게 대처할 방법은 없을까요?

다행히 사회공포증은 해결책이 있습니다. 치료의 근본 목적은 본인의 "생각을 바꾸는 일"입니다. 물론 환자에게 "남들 다 하는 일이니 두려워할 것 없이 상황을 정면으로 부딪쳐 보라"는 식의 주문은 도움이 안 됩니다. 대신 시간을 두고 공포심을 더는 훈련을 해야 합니다. 첫 번째 단계는 환자를 견딜 수 있을 정도의 가벼운 두려움에 노출시키는 것입니다. 그래서 그 상황을 이겨내면 조금 더 힘든 상태에 노출하는 식의 단계적 인지행동 치료를 합니다.

이를 위해선 비슷한 고민을 가진 사람들끼리 모여 함께 치료받는 것이 좋습니다. 이 같은 집단 치료는 남이라는 거울을 통해 자신을 보는 것입니다. 자신과 비슷한 사람들이 발표하는 모습을 보면서 "나도 저들처럼 불필요한 공포심에 시달릴 필요는 없겠다"란 사실을 자각합니다. 집단 치료는 통상 매주 한 번씩 모여 석 달쯤 받게 되며 만족스럽지 못할 땐 약물 치료, 개인 면담 등을 통해 개선할 수 있습니다.

필자가 말씀드리고 싶은 것은 이런 약물치유는 근본치유가 안 됩니다. 임시해결법에 불과합니다. 필자는 성령의 역사로 내면을 정화하여 마음의 안전을 찾는 것입니다. 내면에 보이지 않은 불안전 요소가 있기 때문에 불안하고 두려운 것입니다. 불안전 요소들은 성령의 역사로 정화하는 것입니다. 필자의 교회에서 정기적으로 하는 토요일 개별집중정밀치유가 효과적입니다. 내면을 정화하고 안정시키는 치유는 해야 합니다. 아니면 나이가 들어가면 갈 수로 더 심해지기 때문입니다.

넷째, 낯선 사람에 대한 '공포'의 치유. 사람을 무서워해본 적이 있으세요? 알다시피 정신과 질병 중에서 가장 흔한 것이 공포증입니다. 이는 모태에서 형성된 불안과 두려움의 상처라고 생각하고 인정해야 해결이 가능한 것입니다. 무서움이란 것은 누구에게나 있습니다. 하지만 그것이 병이 되려면 이성적인 판단보다 더 심각한 경우입니다. 벌레, 폐쇄된 장소, 피 등과 같이 특정 대상이나 상황에 대해 두려움을 갖고 스스로 통제하기 힘든 공포로 일상생활이 이루어지지 않는 병을 '공포증'이라 합니다. 어떤 사람에게 바퀴벌레는 소름 끼치고 징그러운 것으로 끝이지만, 또 어떤 사람에게는 삶을 괴롭히는 무서운 존재일 수 있습니다. 보통 사람이라면 요즘 이야기로 비호감(非好感) 정도지만 공포증 환자는 숨이 넘어갈 지경이니까요.

"일단 피할 생각만 납니다. 아, 이 사람도 나를 우습게보겠구나 하는 생각이 드니 차라리 안 보는 것이 편안하지요. 그런데 직업이 그런 쪽이라면 어떻게 새로운 사람을 안 만날 수 있겠습니까?" 사실 벌레는 운만 좋으면 피할 수 있을 것입니다. 그렇지만 만약 사람을 무서워하면 어떨까요.

막 대리로 승진한 아무개 씨는 낯선 사람을 무서워합니다. 친한 사람과는 정말 아무 거리낌 없이 지내는데 낯선 사람 앞에서는 한없이 긴장이 되고 불안해져서 목소리도 떨리고 얼굴이 굳어서 사회생활이 힘들다는 것입니다. 사실 작년에도 대리를 달 기회가 있었지만 낯선 사람을 만난다는 두려움으로 포기를 하고는 몇 날 며칠을 술로 지새운 적도 있었습니다. 영업하는 사람에게 사람을 대하는 것이 스트레스라니, 말이나 됩니까. 당연히 소화도 안 되고, 잠도 못 자고, 심하면 우울증에 시달리겠지요.

아무개 대리가 앓고 있는 병은 예전에는 대인기피증 또는 대인공포증이라 불렸고 정신의학적으로는 '사회공포증'이라고 하는 병입니다. 낯선 사람과 이야기하거나 다른 사람들 앞에서 연설을 하는 등의 사회적 상황에 대한 두려움과 불안이 있어서 그런 상황이 되면 자율신경계의 교감신경이 흥분을 합니다. 호랑이를 만났을 때 나타날 몸의 변화가 낯선 사람 때문에 생기지요. 당연히 그런 상황을 가능한 피하려 하겠지요. 대인관계에 어려움이 있으니 사회생활에서 불이익을 받기가 쉽습니다. 아무개 대리 같이 승진할 수 있는 기회가 있는 데도 승진을 하게 되면 더 많이 발표를 해야 하기 때문에 포기하는 경우도 적지 않습니다. 직장을 바꾸거나 아예 사람을 만나지 않는 직종을 택하기도 합니다.

물론 지나친 사회공포증은 병원에서 약물치료나 인지행동치료를 받아야 합니다. 치료는 비교적 잘 되는 편이고 이 병이 좋아지면 삶이 바뀌니 웰빙을 위해서는 반드시 치료를 받아야겠지요. 하지만 아직 심각한 상태가 아니거나 치료 중이라도 더 빨리 호전되려면 몇 가지 방법이 있습니다.

우선 낯선 사람을 두려워하는 것은 일반적인 현상이라는 것을 이해하는 것이 필요합니다. 낯선 사람에 대한 경계나 긴장은 똑같이 나타납니다. 공포가 되는 것은 그런 자신의 모습을 지나치게 의식하기 때문이지요. 그러니 "그래! 불안한 것이 당연한 거야"하고 받아들이면 스스로를 의식하는 것이 줄어듭니다. 둘째는 자랑하라는 것입니다. "낯선 사람 만나면 불안하답니다." 라고 고백을 하는 것입니다. 한번 해보세요. 이야기를 하는 순간 불안이 쑥 내려갑니다. 셋째는 일부러 그런 상황을 만드는 것입니다. 의도적이라면 상황을 손쉽게 통제할 수 있습니다. 내가 제일 두려워하지 않는 만남부터 제일 두려워하는 만남까지 이것저것 생각하고 다짐하고 계획해서 계단을 오르듯 차례대로 극복하는 것입니다. 넋 놓고 있다가 당하는 것보다는 '맞짱 뜰' 각오로 덤비는 것, 사람공포에서 벗어나는 자가 치료법입니다. 낯선 사람 때문에 스트레스 받으신다고요. 용기를 내서 받아들이고, 보여주고, 연습하세요. 용기 있는 자만이 공포의 구덩이에서 빠져나올 수 있답니다.

다섯째, 사회공포증의 영적치유. 자신의 잠재의식에 사회공포증을 일으키는 두려움과 불안하게 하는 요소가 숨어있으면서 문제를 일으킨다는 인식이 중요합니다. 먼저 자신 안에 성령님의 임재를 구합니다. "성령님, 내 몸에 들어와 주세요. 성령님, 내 몸에 들어와 주세요." 성령께 인도하심을 구하면 작은 고통에서부터 아주 깊은 것까지 하나씩 치유해 주십니다.

먼저 좋지 못한 상황을 머리에 떠올립니다. 과거 사고로 인한 상처의 현상을 가지고 성령님께 간구합니다. 사람 앞에 서는 것이 두렵다든지, 발표를 하면서 망신을 당했다든지, 두려움에 쌓여 있었다든지, 혈기를 부렸다든지, 우울했다든지, 잠을 못 이루었다든지, 잘 놀란다든지, 잘 다툰다든지, 가슴 아픈 일을 당했다든지 등등 그때 당시의 상황을 마음에 떠올립니다. 성령님의 도움으로 과거의 상처를 회상합니다.

떠올리면서 그때 당한 감정까지 끌어올립니다. 그래서 거기서 나타나는 현상을 주님께 드립니다. "성령님, 내가 그때 이렇게 고통스러웠습니다. 너무 너무 서러웠습니다. 제 마음이 너무 아팠습니다. 너무 억울하였습니다. 심지어는 세상을 떠나고 싶었습니다. 내가 그 사람을 죽이고 싶었습니다." 그리고 주님께 고백하면서 모든 것을 드립니다. 한 가지씩 한 가지씩 기도하면서 드립니다. 그렇게 하면서 마음에 평안이 임하면 치유가 된 것입니다. 그런데 살아가다가 다시 그 생각이나 감정이 되살아나면 다시 성령께 기도하면서 치유를 받아야 합니다.

22장 사회 환경 적응상태통한 검진과 치유

(히12:14-15)"모든 사람과 더불어 화평함과 거룩함을 따르라 이것이 없이는 아무도 주를 보지 못하리라. 너희는 하나님의 은혜에 이르지 못하는 자가 없도록 하고 또 쓴 뿌리가 나서 괴롭게 하여 많은 사람이 이로 말미암아 더럽게 되지 않게 하며"

하나님은 모든 크리스천들이 내면이 강해지기를 소원하십니다. 내면이 강해야 세상을 이길 수 있는 외적인 권능이 나오기 때문입니다. 내면의 능력을 극대화하기 위하여 어떻게 해야 할까요? 무조건 기도만 많이 한다고 내면이 강해지는 것이 아닙니다. 내면의 상처만 치유한다고 내면이 강해지는 것도 아닙니다. 교회에 열심히 다닌다고 내면이 강해지는 것도 아닙니다. 그렇다면 어떡해야 내면이 강해질 수 있을까요? 생명의 말씀과 성령의 역사로 내면이 정리되어 질서가 확립되고 안정이 되어야 합니다. 그리고 성령의 역사로 생명의 말씀을 깨달아야 합니다. 진리의 말씀을 깨닫는 만큼씩 내면이 강하게 됩니다.

진리를 깨달아야 받아들여서 강건해지기 때문입니다. 많은 수의 크리스천들이 잘못 형성된 자아로 인하여 내면의 능력을 극대화 하지 못합니다. 자신이 알고 체험한 것만 받아드리려고 하기 때문입니다. 예를 든다면 성령님은 평안하게 역사한다는 것입니다. 그래서 성령의 역사가 강하게 나타나면 순간 성령의 역사는 평안하게 하는 것이라는데 두려운 것은 다른 영의 역사일 수가 있다고 하면서 이탈하는 것입니다. 그래서 성령의 세례를 받지 못하여 내면이 강해지지 못하는 것입니다.

교회에 와서 설교를 들을 때도 다른 사람에게 하는 말로 알고 들으니 깨닫지 못하여 내면능력과 내면의 지혜가 극대화되지 못하는 것입니다. 성경을 읽을 때도 마찬가지입니다. 옛날 구약시대에 일어났던 설화로 알고 읽고 들으니 영적인 비밀들을 깨달을 수가 없습니다. 구약성경이라도 자신에게 자신의 가정에 현재 일어날 수 있는 일이라고 생각하고 읽어야 영의 눈이 열리고 내면이 강해지고 내면에 지혜가 활성화되는 것입니다. 우리가 살아가면서 우리가 잘 다스리고 좋은 관계를 맺어야 할 대상은 크게 세 가지입니다. 모두 내면세계에 해당되는 것입니다.

1)자기조절력: 자기조절력은 목표를 설정하고 그것을 위해 꾸준히 노력하고 성공하기 위하여 집중력을 발휘하는 능력입니다. 또한 스스로의 감정을 조절하는 능력이기도 합니다. 내가 자신을 제대로 존중하고 할 수 있다는 자신 감을 가지고 조절하는 능력이 곧 자기 조절력입니다. 추가적으로 포함요소로는 감정조절력, 과제 지속력, 긍정성 등이 포합됩니다. 자신이 우선 자기 자신과 제대로 관계를 맺어야 합니다. 기억하는 자아(본래 자아)가 현재 진행 중인 경험하는 자아(본래 자아)가 현재 경험하는 자아(현존자아)를 존중하고 조절할 수가 있어야 합니다. 쉽게 설명하며 잠재의식이 현재의식을 인정하고 따라야 한다는 말입니다. 현재의식이 잠재의식에 휘둘림을 당한다면 사회 환

경에 적응하지 못하는 환자가 되는 것입니다. 자기 조절력을 발휘하려면 기억하는 자아가 경험하는 자아를 잘 화합할 수 있어야 합니다. 즉 스스로 돌이켜보고 조절할 수 있는 능력입니다. 내면적인 나를 존절할 수 있는 존재는 나 자신 밖에 없습니다. 스스로의 감정과 의도를 바라보는 능력입니다.

2)대인관계력: 대인관계력을 다른 사람을 존중하고 배려하고 다른 사람의 마음을 헤아리고 아픔이나 느낌에 공감하는 능력입니다. 내 뜻을 잘 전달하고 설득하고 타인의 의도를 파악하고 리더십을 발휘하는 능력도 포함됩니다. 추가적 포함요소로는 공감능력, 관계성, 자기표현력 등이 포함됩니다.

나는 내 주변의 다른 사람들과 제대로 관계를 맺어야 합니다. 내 주변 사람들을 설득시키고 리드할 수 있어야 합니다. 내가 원하는 방향으로 다른 사람을 끌고 갈수가 있어야 합니다. 그게 리더십이고 설득력입니다. 어떤 일을 해낸다는 것은 대부분의 경우 그 일과 관련된 다른 사람을 설득해냄으로써나 가능합니다. 사랑과 존중의 관계를 맺을 수 있는 사람이 호감과 신뢰를 줄 수가 있습니다. 호감과 신뢰는 설득과 리더십의 기본입니다.

3)자기동기력: 자기동기력은 스스로 하는 일에 대해 열정을 발휘하여 추진하는 능력입니다. 지칠 줄 모르는 집착력입니다. 꼭 해내고 말겠다는 의지입니다. 추가적으로 포함요소로는 내재동기, 자율성, 유능감 등이 포함됩니다. 자신은 자신이 마주하는 세상 혹은 "일"과 제대로 관계를 맺어야 합니다. 내가 하는 일에 의미를 부여할 수 있어야 합니다. 세상이 나를 결정짓

는다는 생각을 벗어나서 내가 세상을 바꿀 수 있음을 믿어야 합니다. 강하고 담대해야 합니다. 그래야 일을 열정적으로 해낼 수 있는 "동기"가 생깁니다. 세상을 변화시킴으로서 사람은 스스로 변화하고 성장합니다. 사람은 자기 뜻에 따라 주변 환경을 변화시킴으로써 재미를 느끼려는 본능을 가지고 있습니다. 세상일은 나와 사람들을 연결시켜줍니다. 우리가 만나서 열심히 이야기하고 의견을 나누는 것은 어떤 세상일에 대해서입니다. 나와 너의 관계 속에서 세상일은 존재합니다. 또는 세상일이야말로 나와 너를 연결시켜주는 교량입니다.

첫째, 대인관계력을 개발하라. 대인관계력은 강하고 담대한 마음과 평안한 내면상태가 되어야 발전합니다. 인생을 성공하는 사람들은 대인관계력도 높은 경우가 많습니다. 고난과 역경을 만났을 때 이를 이겨낼 수 있는 본인 스스로의 힘도 중요하지만 우리는 알게 모르게 주변 사람들로부터 도움과 지지를 받는 것은 큰 보탬이 됩니다. 따라서 강한 회복탄력성을 갖기 위해서 좋은 대인관계력은 필수라 할 수 있습니다. 이뿐만 아니라, 좋은 대인관계력은 강한 리더십을 발휘하게 합니다. 강한 리더십은 주변에 많은 사람들을 모이게 만들고 성공적인 삶의 밑거름이 됩니다. 좋은 대인관계력을 위해서 긍정적 정서는 필수입니다. 긍정적 정서는 공감능력을 향상시켜 인간관계 형성에 도움을 주기 때문입니다.

사람은 혼자서 살아갈 수 없는 존재입니다. 따라서 삶에 있어서 좋은 인간관계를 맺는 것은 매우 중요합니다. 또한 좋은 인간관계를 맺는 사람이 건강한 삶을 살 가능성이 높은 것은 여러 연구 결과들에서 입증된 사실입니다. 좋은 대인관계력을 위해서는 좋은 공감능력, 관계성, 표현능력을 가져야 합니다. 공감능력이 부족한 사람들로 인한 사회 문제가 늘어나고 있는 요즘이라 공감능력에 초점을 맞춰 논리를 전개해 보고자 합니다.

공감능력은 표정이나 목소리 톤, 몸짓이나 자세 등을 통해 상대방이 어떤 생각이나 느낌을 가지고 있는지 알아채는 능력입니다. 공감능력은 뇌의 거울신경에서 오는 능력으로 알려져 있습니다. 또한 일반적으로 남성보다는 여성에게 발달되어 있는 능력으로 남성은 엄마 뱃속에 있을 때부터 커뮤니케이션을 담당하는 뇌의 영역이 여성보다 깎여 나간 상태로 출생한다고 합니다. 따라서 여성보다는 남성들이 공감능력을 향상시키기 위해 노력하셔야 할 것 같습니다.

공감능력이 부족한 사람의 특징은 표정변화가 거의 없다는 점입니다. 그래서 공감능력을 키우는데 는 긍정적 정서를 발달시키는 것이 효과적입니다. 또한 이와 반대로 환한 표정이 뇌에 긍정적 정서를 유발시키기도 한다고 하니 긍정적 정서를 위한 노력만큼이나 웃는 연습도 공감능력 발달에 효과적이라 말할 수 있습니다. 행복해서 웃는 것이 아니라 웃어서 행복한 것이라는 말이 과학적 근거가 있는 말이라 할 수 있습니다.

공감능력을 향상시키기 위해 추천해 드리는 활동은 상대방의 이야기에 공감하며 경청하기입니다. 경청은 타인과의 원활한 소통을 위해서 꼭 필요한 자세입니다. 이야기 하고 있는 상대방 말에 경청하면서 상대방의 표정을 따라 해 보시기 바랍니다. 처음에 표정을 따라서 하다보면 어색하지만 이야기 하는 상대방의 표정을 따라서 하다보면 상대방이 느끼고 있는 감정에 좀 더 공감되는 것을 느끼실 수 있습니다. 더 나은 대인관계력을 가지고 함께 해서 더 행복한 삶을 만들어 나가시기 바랍니다.

둘째, 주변 사람과 관계를 회복하라. 세상이 언제나 나의 뜻처럼 돌아가는 것은 아닙니다. 아니, 어떤 때는 나의 뜻과 완전히 반대로 돌아갑니다. 내가 원하는 사랑, 내가 이루고자 하는 일, 내가 소망하는 것들이 원만하게 이루어지는 일은 드물고 나에게 등을 돌립니다. 그리고 이 세상에는 불협화음과 갈등, 원망과 미움이 넘쳐납니다. 왜 그럴까요?

문명이 현저하게 발달한 지금, 통신수단이 과거에 비해 엄청나게 발달한 지금 사람들 사이의 거리는 갈수록 멀어지고 있습니다. 하루에도 수억 통씩 핸드폰 문자와 이 메일을 주고받지만 사람들은 갈수록 외로움을 느끼고 '이 세상엔 나 혼자'라는 쓸쓸함을 느낍니다. 왜 그럴까요?

답은 간단합니다. '끈'이 풀어졌기 때문입니다. 사람과 사람 사이의 거리가 심리적으로 엄청나게 멀어졌기 때문입니다. 한 이불을 덮고 자는 부부 사이의 거리가 멀어졌고, 부모-자식의 사이가 갈등으로 얼룩졌고, 직장에서 동료와의 사이는 기계적이고, 나와 일과의 사이는 매끄럽지 못합니다. 그리하여 사는 일이 힘들고, 전혀 즐겁지 않습니다. 그렇다면 무엇을 해야 할까요?

삶을 한마디로 표현하면 관계입니다. 관계(關係)를 회복하는 것입니다. 인간은 태어나는 순간부터 한평생 무수한 관계의 늪에서 살아갑니다. 가족과의 관계, 세상사와의 관계 그리고 많은 사람들과의 관계…. 그 모든 관계가 곧 인간의 삶을 이루는 실체입니다. 우리는 그 관계의 과정에서 기쁨, 슬픔, 행복, 만족, 희열을 느끼고 때로는 좌절, 고통, 불만, 실패, 갈등을 느끼며 살아갑니다. 그렇기에 인생(人生)을 성공적으로 산 사람들은 곧 관계에 성공한 것이고 인생에 실패한 사람은 관계에 실패한 것입니다.

셋째, 저 같은 어려움을 겪는 분이 계실까요? 27살 된 청년이구요. 한 때 무 활동적이 된 적이 있습니다. 전 어려서부터 예수님을 믿고 성령으로 충만하고 진리 안에 있었습니다. 어려서부터 발표나 연설도 하고 봉사도 줄 곳 쫓아 다니곤 했습니다. 제가 발표하던 날 실수를 한 적이 있었는데 순간 참석한 사람들이 모두 다 웃는 거였습니다. 엄청 당황스러웠습니다. 두렵고 떨렸습니다. 얼굴이 화끈 거리며 홍당무가 되었습니다. 생전 처음 그런 당혹스러운 경우를 당했습니다. 얼굴 화끈화끈 거리고 땀 줄줄 목소리도 덜덜덜~ 기어들어가는 소리가 나오고~ 침착하게 하던 발표는 일순가 엉망이 되었습니다. 집으로 돌아와 잠을 제대로 자지 못했습니다. 크게 충격을 받은 것입니다. 그 뒤론 발표나 발언을 할 때 마다 그 증상이 생겼습니다. 시간이 지나면서 점점 더 심해졌습니다. 사람시선을 무서워하게 되다보니 봉사도 자신이 떨어지고요. 결국 대인공포증이라는 병을 얻게 되었습니다.

그러다보니 다른 동배들 보다 엄청 뒤쳐지는 느낌을 받았습니다. 근데 정말 열 받는 것은 차별대우를 하는 것입니다. 다른 형제들은 열심히 하는 청소년들, 발전해나가는 청소년들에게 격려나 지원을 베푸시고, 저처럼 어려움이 있어서 발전하지 못하는 청소년에겐 위로는커녕 뭐랄까 한심하다는 것과 같은 시선을 이겨내기가 힘들었습니다.

열심히 하는 친구가 인사하면 웃으면서 반갑게 맞아주시는데, 제가 인사하면 그냥 무심한 태도입니다. 어머니께서도 다른 아이들과 비교만 하십니다. 또 성도들 안에서 같은 연배 형제자매들과의 친교를 억압하는 분위기라서 또래 자매들이랑은 중립 들어가기 전까지 한 번도 이야기를 나눠본 적이 없었습니다. 청소년모임은 할 때마다 참석하는데 그냥 밥만 먹고 헤어지는 수준이고 봉사 중에라도 말을 걸지 못하겠더라고요. 사람들 앞에선 제 말을 그냥 피하니까, 참으로 어렵습니다.

그래서 23살 먹도록 또래 여자들이랑은 예기 조차 한 적이 없었습니다. 사회적응을 잘못하게 되는데 한축을 차지하는 경우가 되기도 하였습니다. 다른 사람들한테 말도 못하고, 그냥 힘들게 지내다가 자살을 결심하게 되자 전 결국 활동을 포기하게 되었습니다. 몇 달 동안 집에서 운둔 생활하다가 결심하게 되었습니다. 그래 부딪쳐보자! 그래서 시작한 것이 고급 한 식당에서 서빙을 하게 되었습니다. 주위의 모든 반대에도 불구하고 말입니다. 거기서 몇 달 일하는 사이 전 엄청나게 변하게 되었습니다. 항상 지켜보면서 예민하게 지적하던 머리나 옷차림 제가 원하던 데로 하니까 사람들 앞에서 좀 당당해졌습니다. 그런 다고해서 제가 머리를 염색한다거나 여자처럼 기른 것은 아닙니다. 조금 긴 정도였습니다.

억압했던 이성과의 친교에서 벗어나니 여자들 앞에서도 자신 있게 이야기를 꺼낼 수 있었습니다. 항상 조심해야했던 말 그래서 꺼내려는 시도조차 하기 싫었던 사람들 앞에서 말도 많이 하게 되었습니다. 어찌하든 사람들 앞에서 당당해지게 되었습니다. 여기서 느낀 것이 말실수가 두려워서 말을 하지 않는다는 건 무리가 있는 것 같습니다. 실력을 인정받아서 매니저까지 진급하게 되었습니다. 매일 아침미팅 에서 알바 생들 불러놓고 제가 앞에서 지시를 할 정도가 된 것입니다. 그래서 전 자신감을 얻어서 이정도면 되겠다 싶어서 성도들과 어울리는 영적인 생활을 계속할 수 있겠구나 싶어 다시복귀 하게 되었습니다. 그러나 얼마가지 않아 예전처럼 돌아가게 되더라고요. 암울했던 제과거로…. 저를 어떻게 하면 좋겠습니까?

넷째, 성령으로 잠재의식을 정밀 치유하라. 성령치유 밖에 다른 치유의 방법이 없습니다. 앞장에서도 말씀드렸지만 모태에서 형성된 두려움과 불안의 요소들입니다. 잠재의식에 형성되어 있기 때문에 반드시 성령치유를 해야 합니다. 충격이나 상처를 현실로 끌고 나와서 밖으로 배출해야 완전치유가 됩니다. 쉽게 설명한다면 실수하고 당황할 때 들어온 귀신을 배출해야 자유 함을 누릴 수가 있습니다. 세상에서 하는 심리치유로는 완치가 불가능하고 죽을 때까지 치유해야 합니다. 성령으로 치유할 때는 이런 순서로 하면 됩니다. ① 마음이 평안한 상태가 되어야 합니다. 마음이 외부의 영향을 받지 않는 상태(성령 임재로 평온한 상태)가 되어야 합니다. 치유에 집중하는 마음 상태가 되어야 깊은 곳에 숨겨진 상처를 성령님의 도우심으로 치유 받을 수 있습니다. 외적 침묵과 내적 침묵이 되어야합니다.

② 성령님의 임재를 간구합니다. 영에서 마음으로, 이성으로 임재가 나타나시도록 간구합니다. 성령님의 도우심으로 자신의 과거로 돌아가서 과거에 받았으나 묻혀 있는 크고 작은 상처의 기억을 떠올리며, 상처와 함께 그때 겪었던 당황함, 부끄러움을 회상한 후, 하나씩 그 상처를 주님께 드립니다.

③ 당시에 받았던 상처로 말미암는 감정이 내면에 떠오르거나 감정이 되살아나면(수치감, 답답함, 분노, 좌절감, 깊은 슬픔, 두려움 등) 억제하거나 감추지 말고 의식수준으로 표현하십시오. 그리고 그것을 주님에게 드리세요.

④ 이 때 자신의 상처와 관련된 사람을 용서하는 작업을 해야 합니다. 용서하지 않고 단순히 감정만 처리하는 것은 상처의 근원은 그냥 두고 감정만 치유하는 것이며, 이러한 치유는 후에 다시 재발됩니다. 큰 사건, 큰 상처일수록 이 부분에 세심한 주

의를 기울여야 하며, 세심한 치유를 했어도 같은 감정이 오면 몇 번이고 계속해서 치유해야합니다. 자신의 마음에 상처를 준 사람을 용서하지 않으면 진정한 치유가 되지 않습니다. 어두움과 저주의 세력에게 자신을 묶어놓고 있는 것입니다.

⑤ 성령님의 능력으로 치유 받은 후에는 마음에 평안함을 느끼게 됩니다. 계속하여 이 평안을 유지하는 것은 자신의 책임입니다. 오래된 상처나 깊은 상처는 일회적인 치유보다 장기적이고 지속적인 치유를 해야 합니다.

⑥ 성령님과 교제를 통하여 악한 생각이 나지 않도록 기도생활을 해야 합니다. 진정한 치유란 지속적인 성령 하나님과의 동행입니다. 늘 마음에 하나님을 느끼고, 하나님과 동행하고 하나님을 의지하여야 합니다. 그리함으로 늘, 점점 마음이 맑아지고, 자유해지고, 평안해지는 삶을 살아야 합니다.

23장 어린 자녀들의 환경 적응력 검진과 치유

(고전15:33)"속지 말라. 악한 동무들은 선한 행실을
더럽히나니"

이전에는 사회적 경험이 부족한 유아나 초등학교 저학년 아이들에게 고민이던 또래관계나 사회성 문제가 이제는 학년이 높아질수록 더 심각하고 어려운 형태로 나타나고 있습니다. 특히, 민감한 성장기의 초등학교 고학년이나 사춘기 아이들의 경우 자기 정체성과 자존감에 상당한 영향을 미치기에 결코 가볍게 넘어갈 수 없는 문제가 되었습니다.

한 반에 한두 명 정도의 아이들은 또래 친구들과 잘 섞이지 못하고 혼자 장난감만 가지고 놀면서 말 한 마디도 하지 않는다거나, 또는 다른 친구들과 제대로 어울려 노는 방법을 알지 못해서 친구들하고 계속 싸우고 갈등을 빚거나 따돌려지는 아이가 있기 마련인데 이런 아이들이 높은 확률로 발달장애일 가능성이 높습니다.

사람이 다른 사람과 소통하고 대화하기 위해서는 뇌의 여러 부분이 사용되어야 하고 이런 능력은 선천적으로도 타고 나지만, 후천적으로 길러지는 것이기도 합니다. 그래서 우리 아이들이 태어난 지 얼마 안 된 시점에서부터 계속 주변의 다양한 것들을 접하게 하고, 부모가 계속 상호작용을 유지해 주고 또래 친구들과 자연 속에서 어울려 놀 수 있도록 유도해줘야만

하는 것입니다.

최근 아이들은 TV나 인터넷, 게임 같은 것에만 몰두하게 되다 보니 주변의 자연스러운 자극이 차단되고 자기폐쇄적인 상태가 되기 쉽습니다. 그렇다 보니 최근 아이들에게서 발달장애가 많이 일어나는 것입니다.

또한 환경호르몬이나 기타 외부적인 영향들 역시 이런 문제가 우리 아이들에게서 빈발하게 되는 원인을 제공하게 됩니다. 그렇다면 우리 아이가 다른 아이들과 제대로 소통을 하고 어울려 놀 수 있게 하려면 무엇이 꼭 필요한 것이 될까요? 폐쇄되고 경직된 도시의 생활 속에서 아이를 방치하기 보다는 자연 속의 여러 가지 신선한 자극들을 겪으면서 다른 아이들과 열심히 뛰어 놀 수 있도록 만드는 게 가장 이상적입니다. 이에 우리 아이들의 안정된 사회적 이미지와 자존감의 회복을 위한 부모님의 자녀 지도 방법을 알려드립니다.

문: 목사님! 안녕하세요? 초 5인 제 아들 때문에 전화를 했습니다. 저학년 때도 학교에서 친구들과 어울리지 못해서 걱정이었는데, 고학년에 올라와보니 친구들에게 괴롭힘을 당하기까지 하는 것 같아요. 친구들이 건드려도 자기표현이 없는 제 아들이 큰 어려움을 당할까봐 학교 보내기도 겁이 나네요. 아무리 당해도 집에 와서 말을 안 하니까요. 왕따를 당하는 것은 아닌지, 바라보는 부모로서 상당히 불안합니다. 도대체 제 아들은 왜 이럴까요? 어떻게 도와주어야 하나요?

답: 두려움이 있고 수줍음도 많고 말수도 적어 친구 사귀기가 어려운 학생인 것 같습니다. 그래서 다른 아이들과 교류하는데 자신감도 없고, 성공경험도 적어 학년이 높아질수록 새로운 관계를 형성하는 것이 어려워졌을 것 같습니다. 첫째로 일반적으로 또래 관계를 잘 맺고 유지하려면 일단 다른 사람을 받아들이는 개방성과 자신감이 있어야 합니다. 마음이 담대함이 있어야 한다는 말입니다. 대인에 두려움이 많아 타인에 대해 경계하는 마음이 많으면 타인 앞에서 위축되게 되고, 더불어 거리감을 갖게 되니 관계 맺기가 어려워지는 것입니다.

둘째로 마음이 평안하여 감정을 잘 인식하고 표현하는 능력이 있어야 합니다. 자기감정을 잘 모르면 적절하게 타인에게 반응하기도 어렵고 표현할 수 있는 내용도 줄어들게 됩니다. 평소 아이가 집에서 자기표현을 잘 하도록 지도하십시오. 어쩌면 사회적 상황만이 어려운 것이 아니라, 감정에 대한 인식과 표현 능력 자체가 잘 형성되지 못한 경우가 더 많습니다. 특히, 전화하면서 말씀해 주신 내용에서 보면 학생은 가정에서 조차도 자기를 제대로 표현해본 일이 적은 것 같습니다. 그렇다면 사회적 상황에서 긴장도와 불안이 높아지면서 더더욱 자기 표현하는 방법을 찾지 못하게 됩니다. 실수할까봐 두려움 때문입니다. 사사로운 주장이라도 분명하게 해 볼 수 있는 수용적 환경이 중요합니다. 두려움을 극복하려면 내면이 안정되는 조치를 하셔야 합니다. 교회의 담임목사님의 안수를 받는 것이 좋습니다. 필요하면 전문적인 내면치유를 하는 것도 좋습니다.

셋째로 상황에 맞는 행동과 반응을 할 수 있는 담대한 마음을 개발하도록 하는 것이 좋습니다. 이를 사회적 문제해결력이라고도 말할 수 있습니다. 아이들이 이 능력을 발달시키기 위해서는 자신이 처한 상황에서 어떤 행동이라도 시도해볼 수 있는 담대함과 용기가 있어야 합니다. 이 같은 능력은 부모님의 평소 지지와 격려, 여러 시도를 인정해주는 태도에서 만들어집니다. 내면의 상처를 치유해 주는 것도 좋은 방법입니다.

가장 먼저 해야 할 일은 아이의 정서 상태를 확인하는 일입니다. 학교에 가서 늘 위축되어 있고, 타인이 어떤 반응을 할지 두려운 상태라면 아이는 심하게 우울해질 수도 있고, 자신에 대한 자신감의 부족 때문에 불안감이 높아질 수도 있습니다. 당장 친구들과의 교류나 소통의 문제보다 아이 내면의 불안정감으로 인한 다른 정서적 문제가 생길 수 있습니다. 이 아이가 5학년이기 때문에 사춘기의 영향과 맞물리면 더욱 심각한 정서문제로 발전할 수 있기 때문에 아이가 현재 어떤 마음을 가지고 있는지, 현재 학교에서의 상황이나 생활을 어떻게 받아들이고 있는지 확인하는 것이 우선입니다.

마음을 평안하게 해주는 것이 급선무입니다. 내면세계가 안정이 되어야 평안해집니다. 아이는 내면에 대인에 대한 두려운 상처가 있다고 보아야 합니다. 상처를 치유하는 것을 먼저 해야 할 것입니다. 잠재의식의 상처가 치유되면 점점 담대해집니다.

5학년 때 까지 이와 유사한 사회적 양상을 유지하고 있는 아이들의 경우 '나만 참으면 된다'는 마음이 있습니다. 그러나 남을 괴롭히는 일은 범죄행위이고, 자신을 돌보지 않는 것도 사실 옳은 일은 아님에 대해 강조해야 합니다. 폭력은 그 어떤 순간에도 사용할 수 없음에 대해 깨닫게 하고, 그 폭력을 묵과하는 것은 자신을 버리는 일과 같다는 것을 알게 해야 합니다. 자신을 보호하는 여러 가지 방법과 대안을 찾아보는 시간을 가져야 합니다.

부모님들은 아이가 걱정이 되어 아이에게 강하게 행동할 것을 요구합니다. 그러나 아이가 강하게 행동할 수 있었다면 아이는 이미 이러한 문제 상황 하에 놓여있지 않을 것입니다. 그러므로 아이가 할 수 있는 방법과 대안을 아이와 함께 찾아보는 시간을 가져보는 것이 필요합니다. 태중에서부터 형성된 잠재의식에 상처치유를 고려해 보는 것도 좋다고 생각합니다. 아이가 어려서 치유를 해야 합니다. 원인을 해결하지 않고 점점 상급학교에 진학하면 할 수로 상황이 나빠지기 때문입니다. 고 1이 되면 정신적인 문제로 발전할 소지가 있습니다. 하루라도 **빨리** 정확한 원인을 찾아 해결하는 것이 아이의 장래를 위해 좋습니다.

첫째, 중2병은 왜 생기는가. 어느 중2학생을 둔 어머니에게 필자가 조언한 내용입니다. 상황은 기말시험을 치렀는데 성적이 반 토막이 되어서 필자에게 데리고 와서 안수기도를 받으면서 드러난 상황입니다. 할렐루야! 충만한 교회 강 목사입니다. 아들 때문에 걱정이 많을 것 같아서 알려드립니다. 얼마 전에 핸드폰 문자로 간단하게 알려드렸지만 아들은 마음에 스트레스가 많은 상태라고 이해하시면 정확합니다.

하루 이틀 쌓인 것이 아니고, 태중에서부터 가지고 태어난 것들도 있습니다. 모계, 부계 모두 영향을 미친 것이라고 인정해야 해결이 됩니다. 그렇게 지내다가 점점 나이가 먹어 가면서 공부 스트레스, 친구들과의 스트레스, 부모님들의 훈계 등을 해소하지 못하고 쌓아두어서 일어나는 현상입니다.

듣기 거북스러울 지라도 사실로 인정해야 해결책이 나옵니다. 마음에 쌓인 스트레스를 해소하려고 자전거를 탈 때 살살 타지 못하고 페달을 강하고 빠르게 밟다가 넘어져서 팔목도 부러지고, 무릎도 까지고 한 것입니다. 모든 정황들을 종합하면 마음 안에 쌓인 스트레스로 인한 것입니다. 마음의 스트레스는 집중을 못하게 잡념을 일으키고 가만히 앉아있지 못하게 하는 것이 특징이 있습니다.

짜증이 심하고 조그마한 말에도 받아들이지 못하고 순간 속에서 분노가 나오기도 합니다. 그러니 집중을 하지 못해서 공부가 되지 않는 것입니다. 초등학교 때는 쉽기 때문에 문제가 되지 못합니다. 그러나 중학생이 되면 점점 집중력을 필요하기 때문에 다른 학생들보다 뒤 처지게 됩니다. 시간이 경과되면 될 수록 상황이 좋아지지 않습니다.

이를 해결하려면 내면세계를 안정되게 해야 합니다. 잠재의식에 쌓인 상처와 스트레스와 혈통에서 흘러들어온 문제의 근원을 현실로 끌어내어 배출해야 합니다. 그런데 세상 방법으로는 마음을 안정시킬 방법이 없습니다. 그래서 예수님이 계신 것입니다.

성령의 역사로 잠재의식에 형성된 스트레스를 현실로 드러나게 하여 밖으로 배출시키는 것입니다. 내면의 상처를 정화하고 배출해야 합니다. 그런데 잠깐! 잠깐 안수 받고 기도해서는 아들의 잠재의식의 상처가 현실로 드러나서 배출되지를 않습니다. 잠재의식을 정화하는데 성령께서 지배하고 장악하시는 시간이 필요합니다.

폰 문자로 알려드린 바와 같이 토요일 날 개별집중정밀치유가 있습니다. 기도해보시고 몇 번 받도록 하여 잠재식의 스트레스를 정화시켜보세요. 그러면 여러 가지로 눈에 보이는 가시적인 효과가 있을 것입니다. 종전에 가지고 가신 책(몸속 독소 배출하면 천국 된다) 중에 1-2장만 읽어보면 이해가 될 것입니다. 지금 상태로는 시간이 경과되면 될수록 상황은 좋아지지 않습니다.

말로 타이르고 윽박지르고 혼낸다고 한다고 성적인 올라가지 못합니다. 아들도 공부하고 싶다는 것을 알아야 합니다. 그런데 막상 책상에 앉으면 집중이 되지 않는 것입니다. 많은 분들이 중2병이라고 하는 것은 모두 스트레스가 과하여 발생합니다. 모든 학생이 그런 것이 아니고 혈통적으로 상황이 좋지 않은 상황에서 아이를 임신하여 엄마 뱃속에서부터 가지고 나온 것들입니다.

미리미리 성령으로 정화를 시켰으면 쉽게 해결이 될 것인데 내면세계와 영적으로 무지하여 방치한 결과입니다. 영적치유를 하여 마음을 안정시키면 해결이 쉽게 됩니다.

둘째, 환경 부적응 아이가 되는 근본원인. 이렇게 영적이고 정신적인 문제로 고통을 당하는 분들은 이미 자신의 내면에 잠재하여 있던 요소들이 드러난 것입니다. 이런 유형의 사람들의 가계력을 조사해 보면 조상 중에 무당이 있다든지, 남묘호랭객교를 믿었든지, 절에 스님이 있다든지, 우상을 지독하게 섬겼다든지, 절에 재물을 많이 시주 했다든지, 영적이고 정신적인 질병으로 고생하다가 돌아간 사람이 있다든지, 등등의 원인이 반드시 있었습니다. 이런 사람들은 태아시절에 귀신이 침입을 하기도 합니다. 유아시기에도 침입을 합니다. 그러니까, 영적정신적인 문제 보균자들입니다.

이렇게 잠재하여 있던 영적정신적인 문제들이 학교 공부 스트레스, 충격적인 상처, 놀람, 사업 파산, 결혼실패, 직장해고 등 자신이 감당할 수없는 충격을 받거나 장기간 스트레스를 받아 체력이 급속이 저하되었을 때 밖으로 나타납니다. 그래서 저는 균형 잡힌 영성이 되어야 한다는 말을 많이 합니다. 영-혼-육이 균형이 잡혀야 정상적인 생활을 할 수가 있다는 말입니다.

우리가 스트레스를 받으면 체력의 소모가 많이 됩니다. 체력이 떨어지니 자신 속에 잠재하여 있던 영육의 문제가 드러나는 것입니다. 정상적으로 지내던 사람이 갑자기 불안하고, 초조하고, 두려워서 잠을 자지 못하고, 가위눌림을 당하고, 헛것이 보이기도 하고, 간질을 하고 발작을 하면서 괴성을 지릅니다. 대인관계를 하지 못하고 머리가 깨질 것과 같이 아프기도 합니다. 정상적인 생활을 할 수 없는 지경에 이르게 됩니다. 그래서 영적인 문제라고 단정하고 축사만 받으려고 합니다. 유명하다는 목사를 찾아가 안수를 받습니다. 한 번에 쉽게 해결을 받기 위해서 돌아다닙니다. 이렇게 이리저리 돌아다니다가 치유의 시기를 놓치는 경우가 허다합니다.

그러다가 영적인 분야를 잘 알지 못하는 사역자를 만나 금식도 합니다. 그러나 금식은 금물입니다. 체력이 소진되어 문제가 발생했는데 금식을 하면은 기름 탱크에 불을 붙이는 것과 마찬가지입니다. 더 악화된다는 것입니다. 이때에는 당황하지 말고 환자를 안정을 시키고 우선 체력을 보강해야 합니다. 빠른 시간에 체력을 보강할 수 있는 보약이나 다른 보양식품을 먹여야 합니다. 그래서 체력을 회복시켜야 합니다. 안정을 취하게 해야 합니다.

그러면서 정신적인 문제를 바르게 전문으로 치유하는 사역자에게 가서 말씀과 성령으로 치유를 받으면 바로 정상이 됩니다. 치유는 무조건 축귀만 한다고 치유가 절대로 되지 않습니다. 비전문가의 축귀는 오히려 더 악화될 수가 있습니다. 주의해야 합니다. 영적, 정신적인 문제 치유가 그렇게 쉽고, 단순하지 않습니다. 환자 스스로 말씀 듣고 기도를 하도록 해야 합니다. 본인의 영의 힘으로 일어서게 해야 합니다. 환자가 영적 자립을 해야 하므로 시간이 걸립니다. 급하게 생각한다고 빨리 치유되는 것이 절대로 아닙니다. 축사만 하면 당시에는 치유가 된 것 같은데 시간이 지나면 재발을 합니다. 영적 자립능력이 없기 때문입니다.

그런데 이와 같은 전문적인 치유를 일반 성도들이나 목회자는 잘 이해하지 못합니다. 그래서 영적치유를 받겠다고 1년 이상 돌아다니면서 이 사람 저 사람에게 안수와 축귀만 받으면서 돌아다니게 됩니다. 이러다가 치유의 시기를 놓쳐서 환자가 사람 노릇을 못할 정도로 심각해 질수가 있으니 주의 하지 않으면 안 됩니다.

제일 좋은 것은 사전에 예방하는 것입니다. 이런 가계력이 있다면 미리 성령이 충만한 교회에 가셔서 전문적인 치유사역자의 도움을 받아가며, 성령의 역사로 문제의 잠복된 요소들을 배출하는 것입니다. 아무 교회나 다닌다고 예방되는 것은 절대로 아닙니다. 살아계신 성령의 역사가 있고, 생명의 말씀이 증거 되는 교회라야 사전에 영적인 진단을 하여 치유될 수가 있습니다.

침입한 귀신은 나이에 상관없이 정체를 드러냅니다. 초등학교 1-2학년 17살(고1)에 제일 많이 드러냅니다. 학업에 스트레스가 심하기 때문입니다. 20살에 드러냅니다. 24살에 드러냅니다. 결혼하여 잦은 부부불화가 있을 때 드러냅니다. 27살, 32살, 36살, 38살 43상 등등 한번 침입한 귀신은 인내하며 기다리다가 취약한 시기가 되면 반드시 정체를 드러냅니다. 말씀과 성령의 역사로 정기적인 영적 진단과 내적치유와 축귀하는 예방 신앙이 중요합니다.

상처가 있고 영적으로 깔끔하지 못한 가계력을 가진 분들은 교회를 잘 정해야 합니다. 성령의 역사가 강한 교회에서 신앙생활을 하면서 미리 영적 진단하여 치유해야 하기 때문입니다. 예방신앙이 중요합니다. 숨어있던 귀신은 자신들이 원하는 시기가 되면 반드시 정체를 드러내기 때문입니다.

셋째, 자녀들의 문제 적극적 치유. 그럼 영적, 정신적인 문제로 고생하는 분들이 어떻게 치유를 받느냐 입니다. 1년 이상 15년까지 영적, 정신적인 문제로 고생을 했다면 이미 귀신이 전인격을 장악한 상태입니다. 그러므로 능력이 있다는 사람에게 찾아가서 안수한번 받아서 해결하려는 생각을 아예 버리는 것이 좋습니다. 절대로 안수 한번 받아서 치유되지 않습니다.

저희 충만한 교회에서 치유하는 비결을 소개하면 이렇습니다. 먼저 환자가 치유 받고자하는 의지가 있어야 합니다. 보호자가 적극적이어야 합니다. 정기적인 집회(화-수-목)와 예배(주일)에 참석을 하여 말씀 듣고 기도를 하면서 안수를 받습니다. 이렇게 집중적인 치유를 하지 않으면 치유가 되지를 않습니다. 기도 시에는 제가 하라는 대로 순종(따라야)해야 합니다. 따라서 하지 못하면 자연스럽게 치유 기간이 길어집니다. 초기에는 모두 잘 따라하지 못합니다.

왜냐하면 귀신이 의지를 잡고 있어서 환자가 의지를 제대로 할 수 없기 때문입니다. 그러나 시간이 흐르면 따라하게 되어 있습니다. 필자가 직접 기도 시간마다 지속적으로 안수를 하면서 귀신의 묶임이 풀어지게 합니다. 그러면 제가 하라는 대로 환자가 따라합니다. 그러면서 서서히 성령께서 장악을 하십니다. 성령께서 장악을 하기 시작하면 치유가 되기 시작하는 것입니다.

치유는 전적으로 성령께서 하시는 것입니다. 어찌하든지 필자는 환자를 성령께서 장악을 하실 수 있도록 합니다. 전문적인 기술이 필요합니다. 저는 이런 유형의 환자를 많이 치유해 보았기 때문에 제가 하라는 대로 순종만 하면 모두 100% 치유 받을 수 있습니다. 문제는 순종하지 않기 때문에 치유되지 않습니다. 치유하는데 시간이 많이 소요가 됩니다. 환자의 유형에 따라 3개월-6개월-1년-2년이 걸립니다. 3년 이상이 걸리는 경우도 있습니다.

마음을 느긋하게 먹어야 환자를 살릴 수가 있습니다. 절대로 순간 치유는 불가능합니다. 어떤 경우는 4-5년이 걸리기도 합니다. 이렇게 치유가 되더라도 치유 후에 관리가 중요합니다. 지속적으로 주일 마다 관리해야 합니다. 어쩌면 치유보다도 관리가 더 중요하다고 보아야 합니다. 성령하나님의 은혜가운데 머물러 있어야 하기 때문입니다. 이유는 환자가 육을 가지고 있기 때문입니다.

영적, 정신적인 문제로 고통당하는 환자와 보호자는 단번에 치유 받으려는 생각을 접어야 합니다. 전문적인 사역자를 만나 지속적이고 장기적인 치유를 받아야 합니다. 이런 마음 상태만 되면 영적, 정신적인 문제로 15년을 고생했더라도 치유는 됩니다. 환자나 보호자는 사전에 필자하고 상담과 대화를 한 후에 치유를 시작하시기를 바랍니다.

4부 우울정신영적질병 순간적으로 치유

24장 실제적인 성령세례로 순간치유

(행 11:15-16)"내가 말을 시작할 때에 성령이 저희에게 임하시기를 우리에게 하신 것과 같이 하는지라. 내가 주의 말씀에 요한은 물로 세례를 주었으나 너희는 성령으로 세례를 받으리라 하신 것이 생각났노라"

우울정신영적인 문제을 일으키는 몸속의 독소는 스트레스와 상처로 인하여 생긴 독소로서 잠재의식에 형성되어 있습니다. 잠재의식에 형성된 독소는 사람의 기교나 방법이나 노력으로 배출이나 정화가 불가능합니다. 몸속에 쌓여있는 독소는 영적이면서 심리적인 독소이기 때문입니다. 스트레스를 받아 몸속에 독소를 생기도록 역사하는 존재들은 육체에 역사하는 영적존재들입니다. 이들은 반드시 잠재의식보다 깊은 영의차원에서 성령의 역사가 일어나야 성령의 역사로 몸속의 독소가 현실로 들어나서 밖으로 배출이 되는 것입니다. 그렇기 때문에 성령님이 아니고는 몸속의 독소를 배출하는 다른 방법은 있을 수가 없습니다.

그리고 세상방법이 몸속의 독소를 배출하는데 최선의 방법이 될 수가 없다는 것입니다. 이유는 몸속의 독소는 스트레스에 의하여 영·혼·육에 발생함으로 몸속의 독소 근원에는 영적이고 심리적인 문제가 결부되어 있기 때문입니다. 영적이고 심리적인 요소는 초인적인 존재가 결부되어 있습니다. 초인적인 존재는 사람의 기교나 방법으로 제압이 불가합니다. 반드시 초인적인 존재보다 한 차원 강한 초자연적인 성령의 역사가 일어나야 제거가 가능한 것입니다. 그래서 세상적인 독소 제거 방법으로는 부분적인 독소제거는 가능하지만 근원까지 제거하는 데는 무리가 있다는 것입니다. 반드시 성령의 깊은 역사가 일어나야 잠재의식에 형성된 독소가 현실로 드러나서 배출이 가능한 것입니다.

크리스천의 몸속에 형성된 독소를 제거하려면 관념적인 성령세례(예수를 믿을 때 받았다고 하는 성령세례)가 아니고, 체험적인 성령세례를 받아야 합니다. 체험적인 성령세례란 예수를 믿을 때 마음 안, 영에 주인으로 임재하신 성령께서 순간 전인격을 장악하는 성령폭발을 말하는 것입니다. 이는 자신도 성령으로 세례 받는 것을 전인격으로 깨달을 수가 있고, 주변에 다른 성도들도 자신이 성령으로 세례를 받는 것을 눈으로 보고 이해할 수 성령세례를 말하는 것입니다. 그 후 지속적으로 성령으로 기도하여 성령으로 충만 받으면서 전인격이 성령의 지배와 장악이 되면서 잠재의식에 쌓여있는 독소를 현제의식으로 끌고 나와서 배출하는 것입니다.

그렇기 때문에 세상방법을 사용하여 해결되지 않는 독소는 반드시 성령의 지배와 장악을 통하여 배출해야 되는 것입니다. 몸속의 독소의 완전한 배출은 성령의 역사 외에는 방법이 있을 수가 없습니다. 그래서 세상방법으로 독소를 배출한 후에 얼마가지 않아서 요요현상이 일어나는 것입니다. 몸속의 독소 뒤에 있는 근본원인을 일으키는 존재들이 배출되지 않았기 때문입니다. 세상방법으로 독소를 배출한 후에 스트레스를 받게 하여 독소를 발생하게 하는 존재들이 역사하기 때문입니다. 그렇기 때문에 반드시 성령으로 잠재의식에 형성된 독소를 배출해야 합니다. 여기서 알고 계실 것은 성령의 지배와 장악으로 독소를 배출했다고 완전하게 끝났다고 방심하면 안 됩니다. 크리스천들도 육체를 가지고 있으므로 지속적인 성령의 지배와 장악이 되지 않으면 재발할 수가 있는 것입니다. 그렇기 때문에 주일날 성령으로 충만한 예배를 통하여 지속적인 성령의 지배와 장악이 되도록 해야 합니다.

저는 18년 이란 세월이 넘도록 성령치유 사역을 했습니다. 개별집중정밀 성령치유 사역을 하다가 보니 성령의 세례를 받으면 그때부터 치유가 이루어지기 시작 했습니다. 마찬가지로 몸속의 독소도 성령으로 세례를 받은 다음부터 배출이 되는 것입니다. 성령으로 세례를 받지 않으면 몸속의 독소는 배출이 불가능합니다. 저는 성령의 세례를 이렇게 표현하기도 합니다. 성령의 세례는 예수를 영접할 때 내주하신 성령께서 순간 폭발하여 전인격을 사로잡는 것이라고 하기도 합니다. 예수를 믿으면 성령이 내주하십니다. 즉시로 죽었던 영은 살아납니다.

그러나 육체는 성령으로 지배나 장악당하지 않은 상태입니다. 육체는 구습을 따르는 옛 사람이 그대로 있다는 말입니다. 그러므로 옛 사람에게 역사하던 세상신이 여전히 주인노릇을 하고 있다는 뜻도 됩니다. 하지만 성령으로 세례를 받으면 성령께서 전인격을 사로잡으므로 옛 사람에게 역사하던 세상신이 떠나가기 시작을 하는 것입니다. 그러면서 몸속의 독소가 녹아지면서 배출이 되기 시작합니다.

하나님은 성도들이 성령으로 세례를 받아 영적으로 변하기를 소원하십니다. 성령으로 세례를 받아야 전인격이 하나님을 따를 수 있기 때문입니다. 목회자나 성도나 할 것 없이 성령의 불 받기를 사모합니다. 그러나 체험적인 성령의 세례를 받아야 성령의 불로 세례를 체험할 수가 있습니다. 저의 개인적인 견해로는 성령의 세례가 없이 성령의 불세례를 받을 수가 없습니다. 성령의 불세례를 받으려면 먼저 성령의 세례를 체험해야 합니다. 성령의 세례를 받으려면 세례를 받을 수 있는 영육의 상태가 되어야 합니다.

성령의 세례를 받으려면 먼저 성령이 역사하는 장소에 가서야 합니다. 그리고 성령으로 세례 받고자하는 마음을 열어야 합니다. 성령은 사람의 영 안에서 역사하십니다. 영은 사람의 마음 안에 있습니다. 그래서 마음을 열어야 영 안에 계신 성령이 역사하는 것입니다. 성령이 역사해야 사람이 영적인 상태가 되는 것입니다. 영적인 상태가 되어야 하나님과 교통할 수가 있는 것입니다. 그러므로 우리는 회개의 세례인 물세례로 만족하지 않고 다음은 성령의 세례를 받아야 합니다.

세례요한은 "나는 너희로 회개하게 하기 위하여 물로 세례를 베풀거니와 내 뒤에 오시는 이는 나보다 능력이 많으시니 나는 그의 신을 들기도 감당하지 못하겠노라 그는 성령과 불로 너희에게 세례를 베푸실 것이요"(마 3:11)라고 말씀한대로 물세례를 받기 이전이든지 이후든지 체험적인 성령의 세례를 반드시 받아야 합니다.

어떤 성도들은 성령의 세례 받으면 물세례를 안 받아도 되느냐 묻는 사람이 있는데 그것은 잘못된 것입니다. 예수님께서도 세례 요한에게 직접 물세례를 받았습니다. "이때에 예수께서 갈릴리로부터 요단강에 이르러 요한에게 세례를 받으려 하시니, 요한이 말려 이르되 내가 당신에게서 세례를 받아야 할 터인데 당신이 내게로 오시나이까, 예수께서 대답하여 이르시되 이제 허락하라 우리가 이와 같이 하여 모든 의를 이루는 것이 합당하니라 하시니 이에 요한이 허락하는지라"(마 3:13-15)고 했습니다.

물세례를 행하므로 하나님께 의를 이루는 것임으로 성도는 물세례를 받아야 합니다. 그렇지만 물세례로 만족하지 말고 성령의 세례를 사모해야 합니다. 사모해야 성령으로 세례를 체험할 수가 있습니다. 물세례는 예수를 믿고, 구원 받은 사람 즉 중생한 사람의 표로 받는 것이라면 성령의 세례는 구원받은 사람이 하나님의 사역을 위해 권능을 받는 것입니다. 그리고 자신의 전 인격을 성령의 지배하에 들어가는 것입니다. 성령의 지배와 장악이 되면서 몸속의 독소들이 녹아지면서 배출이 되는 것입니다. 그래서 "성령이 너희에게 임하면 권능을 받고 예루살렘과 유대와 사마리아 땅끝까지 이르러 내 증인이 되리라"(행 1:18)고 말씀하셨습니다.

우리는 전도의 사명이 있는데 전도하는데 필수적인 도구는 성령의 세례를 받는 것입니다. 성령의 권능으로 전도하는 것입니다. 성령의 권능 없이 전도할 수가 없습니다. 세상은 마귀에게 처해 있기 때문입니다. 마귀의 종 되어 있는 세상 사람을 전도하는 것은 인간의 힘만으로는 한계가 있습니다. 반드시 성령의 권능으로 전도를 해야 합니다.

성령세례의 의미에 대해서는 교단마다 또 교회마다 또 개인에 따라서 달라지기 때문에 이것이 성령세례입니다 하고 말씀드리기는 조금 어려운 단어입니다. 일반적으로 성령세례는 두 가지 의미로 쓰인다고 봅니다. 첫째가 성령의 내주하심입니다. 우리가 예수님을 믿게 되면 성령께서 우리 안에 들어오셔서 우리와 함께 동행하시게 되는데 이것을 성령이 내주하심이라고 합니다. 또한 이것을 성령 세례라고 하기도 합니다. 바로 우리가 예수님을 믿고 하나님의 자녀가 됨으로 말미암아 성령과 연합되는 것입니다. 성령으로 거듭난다는 뜻이 바로 우리가 예수님을 믿음으로 하나님의 자녀가 되는 사건을 의미하는 것입니다. 이런 경우 성령세례란 우리의 일생에 딱 한번 있는 단회적인 사건이 되는 것입니다.

두 번째가 우리가 예수님을 믿고 나서 특별한 경험을 하는 경우입니다. 성령의 특별한 역사로 말미암아 뼛속까지 회개하는 경험도 하게 됩니다. 방언을 받게 되는 경우도 있고 성령과 친밀한 교제를 하게 되는 경우도 있습니다. 하늘의 권능을 받는 것입니다. 권능 있는 삶을 살아가는 계기가 됩니다. 성령님의 지배와 장악 속에 들어갑니다. 이런 경험을 성령세례라고 칭하는 경우도 있습니다. 이런 경우 성령세례란 우리의 일생에 한번 체험할 수 있는 사건이 될 수 있습니다. 성령의 세례를 체험하고 나면 성령에 강하게 사로잡힐 때마다 성령의 역사를 체험하게 된다는 뜻입니다.

바울 사도가 한 번은 에베소 교회를 방문했습니다. 교인들에게 바울이 "너희가 믿을 때에 성령을 받았느냐 가로되 아니라 우리는 성령이 있음도 듣지 못하였노라 그러면 너희가 무슨 세례를 받았느냐 대답하되 요한의 세례로라"(행 19:2-3)고 했습니다. 이때에 "바울이 그들을 안수하매 성령이 그들에게 임하시므로 방언하고 예언도 하니 모두 열 두 사람쯤 되니라"(행 19:6)라고 해서 성령 세례의 필요성을 알게 된 것입니다.

하나님은 성령의 세례를 체험하게 하고 단련하여 하나님 마음에 합한 자를 하나님의 일에 사용하십니다. 베드로의 경우를 예로 들어봅니다. 고기를 잡는 어부였던 베드로가 예수님의 부르심으로 그물을 버리고 주님을 따랐습니다. 주님을 따라 다니면서 문둥이를 치유하고, 죽은 자를 살리고, 오병 이어의 기적을 일으키고, 귀신을 쫓아내는 이적과 기적을 보면서 3년 동안 주님을 따랐습니다. 베드로가 이렇게 주님의 능력을 인정하고 주님을 따르면서 3년 동안 훈련을 받았지만 믿었던 주님이 십자가에 죽게 되자 세 번씩이나 주님을 모른다고 부인한 겁쟁이입니다. 왜 그렇습니까? 성령으로 세례를 받지 못해서 그런 것 아니겠습니까? 성령의 세례를 체험하지 못하고 인도받지 못하니 아직 육신적인 믿음의 수준을 넘지 못한 증거입니다.

그러던 베드로가 마가의 다락방에서 120 문도와 함께 기도하다가 성령으로 세례를 받고 완전히 사람이 변했습니다. 육신적인 사람이 초자연적인 사람으로 변화되었습니다. 성령이 베드로를 장악한 것입니다. 그러자 성령의 언어를 합니다. 어떻게 변화되었습니까? 초자연적인 성령의 사람이 됩니다. 베드로는 오순절 마가의 다락방에서 완전히 변화되어 성령 충만한 사도로 능력의 삶을 보여 주기 시작하였습니다. 귀신이 떠나가고, 병자가 고쳐지고, 죽은자가 살아났습니다. 베드로가 전하는 말씀에 감동 받아 하루에 3천명이 예수님 믿고 구원받는 역사가 나타났던 것입니다.

놀라운 일이 아닐 수 없습니다. 우리도 성령의 세례를 체험하고 성령의 인도 하에 하나님의 훈련을 순종하므로 받으면 우리에게도 베드로와 같은 역사가 나타날 수 있다고 확신합니다. 영적으로 무지하던 저도 불같은 성령의 세례를 체험하고 몸속의 독소가 녹아지면서 배출이 되니 성품이 유순하게 변하고 인내할 줄 아는 사람이 되었습니다. 기도가 깊어지고 성령의 인도에 순종하며 영안이 열려서 말씀을 볼 때 말씀 속에 있는 영적인 비밀이 보입니다. 말씀 속에서 영적인 원리를 깨달으며 말씀을 적용할 때 하나님의 기적이 일어나는 것을 체험하고 있습니다. 저도 베드로와 같이 기도할 때 병자가 치유되고 귀신이 떠나가고 상한 심령의 사람들을 치유하는 권능 있는 자가 되어가고 있습니다. 필자가 체험한 바로는 크리스천이 몸속에 쌓인 영적이고 삼리적인 독소를 배출해야 하나님께서 함께 하시는 건강한 성도로 변화된다는 것입니다. 몸속의 독소가 배출되지 않으면 육성에 역사하던 세력의 방해로 영적으로 바뀌는 것도 쉽지 않고 전인적인 건강도 누릴 수가 없다는 것입니다. 당신도 성령의 세례를 받으시기를 바랍니다. 그리고 성령의 불세례도 체험하시기를 바랍니다. 먼저 성령의 세례를 체험하려면 이렇게 하시기를 바랍니다.

성령으로 세례를 받음은 하나님의 영으로 사로잡히는 것입니다. 성령의 지배와 장악 속에 들어가는 것입니다. 성령의 세례는 성도의 마음을 그리스도에 대한 이해와 사랑과 신뢰로 가득 차게 하며, 성령이 삶의 주관자가 되게 하며, 하나님의 자녀로서 하나님의 부름에 적합하도록 능력을 부여합니다. 거듭나는 것과 성령으로 세례 받은 것과는 다른 별개의 사건입니다. "누구든지 그리스도의 영이 없으면 그리스도의 사람이 아니라(롬 8:9)"

그리스도인은 성령에 의해 태어난 사람으로 성령은 그 사람 안에서 중생의 사역을 이루십니다. 그리스도인이란 그 안에 성령이 내주 하는 사람을 지칭하며 성령세례 받은 자를 의미하는 것은 아닙니다. 거듭남으로 구원을 받게 됩니다. 즉 성령으로 거듭나서 하나님의 자녀가 되는 것입니다. 그러나 사람이 성령에 의해 거듭났지만, 성령으로 세례 받지 못한 경우도 있습니다. 그러므로 중생과 성령세례는 동의어가 아니라는 뜻입니다.

그러므로 성령으로 세례를 체험하시기를 바랍니다. 체험이라는 것은 내가 하나님의 역사하심을 눈으로 보게 된다는 뜻입니다. 성령의 세례를 받음으로 비로소 성령의 인도를 받을 수가 있습니다. 그리하여 성령으로 깊은 영의 기도를 할 수 있게 되는 것입니다. 성령으로 깊은 영의기도를 하므로 성령의 불이 임하고, 심령에서 성령의 불이 올라오는 영의 기도를 할 수 있는 것입니다. 성령의 세례는 성령의 불로 사로잡히는 것이기 때문입니다. 초자연적인 성령의 지배와 장악 속에 들어갈 수가 있는 것입니다. 몸속의 독소를 녹여서 배출시킬 수가 있는 것입니다. 우리가 성령의 세례를 체험하려면 사모해야 합니다. 하나님은 사모하는 영혼에게 만족함을 주십니다. 성령의 세례도 사모해야 받는 것입니다. 사모하고 뜨겁게 기도하면서 성령의 세례가 올 때까지 구하면서 기다려야 합니다.

성령으로 세례를 받아야 그때부터 성도가 영적으로 변하기 시작 합니다. 왜냐하면 성령의 세례를 받으면 비로소 육이 영의 지배를 받기 시작하기 때문입니다. 육이 영의 지배를 받아야 비로소 영적인 사람으로 변하기 시작하는 것입니다. 초자연적인 성령의 역사로 몸속의 독소들이 녹아서 배출이 되기 때문입니다. 성령으로 세례를 받지 않으면 육은 여전이 세상신이 장악하고 있으므로 예수를 삼십 년을 믿어도 여전이 육의 지배를 받는 것입니다.

하나님의 말씀을 들어도 비밀을 깨닫지를 못하는 고로 육의 사람의 특성인 합리를 가지고 받아들이니 기적을 체험하지 못하는 것입니다. 왜냐하면 영의 능력은 약하고 육의 능력은 강하기 때문입니다. 성령으로 세례를 받음으로 성령의 지배와 장악이 되어 성령으로 진리를 깨달을 수가 있기 때문에 성도가 변화되는 것입니다. 그렇기 때문에 성령이 아니고는 아무것도 되는 것이 없는 것입니다.

저는 성도라면 모두가 예수를 영접하고 성령으로 세례를 받아야 한다고 강조합니다. 제가 말하는 성령의 세례는 성령의 내주하심이 아니라, 성령이 전인격을 장악하는 성령 폭발을 말하는 것입니다. 내주하신 성령이 폭발하여 성도의 전인격을 장악해야 육이 치유되어 영의 지배를 받는 영의 사람으로 변하는 것입니다. 성령이 전인격을 장악해야 비로소 육체에 역사하던 세상신이 떠나가기 시작하기 때문입니다. 몸속의 독소가 녹아지면서 배출이 되기 시작을 하는 것입니다. 이는 성도에 따라 성령께서 장악하는데 시간이 다르게 걸립니다. 인내해야 합니다. 그래서 하나님은 "항상 기뻐하라! 쉬지 말고 기도하라! 범사에 감사하라! 이것이 그리스도 예수 안에서 너희를 향하신 하나님의 뜻이니라"(살전5:16-18). 하시는 것입니다. 전폭적으로 성령의 인도를 받으며 맡기는 성도는 빨리 변화가 되고, 그렇지 못한 성도는 변화되는데 시간이 더 걸릴 것입니다.

성도가 성령으로 빨리 장악이 되면 그 만큼 연단의 기간도 짧아지는 것입니다. 하나님은 성도가 성령으로 전인격이 장악이 되어 하나님이 원하시는 수준이 되어야 성도에게 배당된 하나님의 복을 풀어주시는 것입니다. 그러므로 성도는 부단하게 성령으로 세례를 받고 전인격이 성령의 지배를 받으려고 의지적인 노력을 해야 합니다. 자신의 생각이나 의지를 내려놓고 전폭적으로 성령의 인도하심을 따르면 좀 더 빨리 하나님이 원하시는 영적인 수준에 도달할 수가 있는 것입니다.

성령의 세례는 성도에게 와있는 영육간의 문제를 치유하는데도 지대한 영향을 미치게 됩니다. 성령으로 세례를 받지 않으면 치유가 되지 않습니다. 몸속에 독소가 녹아지지 않습니다. 육체에 역사하는 세상신의 힘이 강하기 때문에 좀처럼 치유가 되지 않습니다. 그러다가 성령으로 세례를 받고 뜨겁게 기도하기 시작을 하면 육체가 성령의 지배를 받게 됨으로 치유가 되기 시작을 하는 것입니다.

그러므로 성도가 당하는 영육의 문제를 치유 받으려면 최우선으로 체험해야하는 것이 성령의 세례입니다. 성령의 세례가 없이는 아무리 능력이 강한 사역자라도 치유를 할 수가 없습니다. 치유는 성령께서 하시기 때문입니다.

하나님은 영이십니다. 영육의 문제는 영이신 하나님이 치유하시는 것입니다. 하나님이 치유하시게 하려면 영적인 상태가 되어야 하는 것입니다. 영적인 상태가 되려니 성령으로 세례를 받고 성령의 깊은 임재에 들어가야 합니다. 그러면 하나님의 치유의 손길이 역사하기 시작을 합니다.

하나님의 음성을 들으려고 해도 성령으로 세례를 받아야 합니다. 상처를 치유 받으려고 해도 성령으로 세례를 받아야 합니다. 귀신을 쫓아내려고 해도 성령으로 세례를 받아야 합니다. 질병을 치유 받으려고 해도 성령으로 세례를 받아야 합니다. 재정의 문제를 해결하려고 해도 성령으로 세례를 받아야 합니다. 성령의 세례가 없이는 아무것도 이루어지지 않습니다. 그러므로 성령의 세례는 모든 성도가 꼭 받아야 합니다.

한번 성령으로 세례를 받았다고 다 되는 것이 아닙니다. 지속적으로 성령 충만해야 합니다. 많은 성도들이 성령으로 세례를 받고, 방언으로 기도하면 항상 성령 충만한 줄로 생각을 합니다. 그러나 잘못된 생각입니다. 항상 성령으로 충만 하려고 의지적인 노력을 해야 합니다. 사람은 육을 가지고 있기 때문입니다.

여기서 우리가 더 알아야 할 것이 있습니다. 첫째, 성령의 세례를 이론으로 알고 스스로 성령으로 세례를 받았다고 자처하는 성도들입니다. 이런 분들이 영육으로 문제가 생겨서 치유를 받으러 옵니다. 와서 본인이 기도를 하고, 안수를 해주어도 성령의 역사가 일어나지 않습니다. 몇 주를 다니면 그때에야 반응이 있기 시작합니다. 왜냐하면 자기만의 자아가 있어서 영적인 말씀이 귀에 들리지 않기 때문입니다.

두 번째는 몇 년 전에 성령을 체험했다고 자랑하는 성도들입니다. 얼마 전에 여 집사가 2년 전에 성령을 체험했다고 하면서 치유와 능력을 받으러 왔습니다. 2일을 기도하고 안수를 하니까, 성령의 역사가 일어나 몸이 뒤틀리고 괴성을 지르는 것입니다. 한참을 안수하니 성령이 장악을 했습니다. 귀신들이 소리를 지르면서 떠나갔습니다. 지금 교회에는 몇 년 전에 성령을 체험했다고 안심하고 지내는 성도들이 있습니다.

이런 분들이 열심히 믿음 생활을 하면서도 여러 가지 문제로 고통을 당합니다. 왜냐하면 자기에게 역사하는 상처와 악한 영의 역사로 일어나는 것입니다. 그러므로 한번 성령 체험했다고 다 된 것이 아니라, 지속적으로 성령을 체험하며 깊은 영의기도를 하여 심령을 정화시켜야 합니다. 그래야 성령의 지배와 장악이 됩니다. 성령의 역사로 깊은 영성이 되어 하나님과 교통하는 기도를 할 수가 있습니다. 한번 성령을 체험했다고 자랑삼아 말하는 분들 자기 관리에 신경을 써야 할 것입니다. 우리가 육체가 있기 때문에 영성에 꾸준하게 관심을 가져야 합니다. 한번 체험했다고 멈추면 얼마 있지 않아 육으로 돌아갑니다. 성령세례를 체험하는 것으로 만족하지 말고 이제 성령으로 지배와 장악되어 성령의 인도를 받는 수준으로 발전을 해야 합니다. 성령으로 지배와 장악이 되어야 예수님을 나타내면서 살아갈 수가 있습니다. 성령체험으로 만족하지 말고 성령의 지배와 장악이 되려고 관심을 가져야 합니다.

그래서 성도는 주일날이 중요합니다. 주일날 성령 충만을 받고 뜨겁게 기도하며 영성을 유지할 수 있기 때문입니다. 지속적으로 성령의 지배와 장악 속에 들어갈 수가 있기 때문입니다. 예배를 통하여 자신의 몸속에 있는 독소를 녹이면서 배출할 수가 있는 것입니다. 저는 교회를 개척할 당시부터 주일 예배를 성령 충만한 예배로 드리고 있습니다. 오전에 40분기도, 오후 예배에 50분 기도하여 심령을 성령으로 정화하고 성령 충만을 받습니다. 이 기도 시간에 제가 일일이 안수하여 막힌 영의통로를 뚫어주고 성령이 충만하고 기도가 깊어지도록 지도합니다. 왜냐하면 세상에서 살아가기가 그리 쉽지 않기 때문에 주일 하루 밖에 교회에 오지 못하는 분들이 많기 때문입니다. 이분들이 성령의 지배와 장악 속에 들어가 몸속의 독소를 녹이고 배출할 수 있는 시간이 주일밖에 없기 때문입니다.

25장 온몸으로 기도하며 순간치유

(유 1:20-21)"사랑하는 자들아 너희는 너희의 지극히 거룩한 믿음 위에 자신을 세우며 성령으로 기도하며 하나님의 사랑 안에서 자신을 지키며 영생에 이르도록 우리 주 예수 그리스도의 긍휼을 기다리라."

성령으로 기도를 해야 잠재의식에 쌓인 우울정신영적인 문제을 일으키는 영적이고 심리적인 독소들이 녹아서 배출이 되기 시작하는 것입니다. 기도를 성령으로 하지 않으면 절대로 잠재의식에 쌓인 영적이고 심리적인 독소들이 배출되지 않습니다. 영적이고 심리적인 독소는 반드시 강력한 성령의 역사가 자신 안에서 일어나야 녹아지면서 배출되기 때문입니다. 그래서 크리스천의 기도는 참으로 중요합니다. 기도를 통하여 모든 치유와 영성활동이 좌우되기 때문입니다. 필자가 그동안 성령사역을 하면서 체험한 바로는 크리스천들이 기도를 바르게 하지 못한다는 것입니다. 또, 기도에 대하여 관심을 갖지도 않는 것이 보통입니다. 이유는 지신은 지금 기도하고 있기 때문이라는 것이지요. 이러한 생각 때문에 기도한 만큼 전인적인 변화가 있어야 하는데 그러하지 못하다는 것입니다. 이는 이성적으로 자신만 알아주는 기도를 하기 때문입니다. 기도는 온몸으로 해야 합니다.

그럼 어떡해야 온몸으로 기도할 수 있습니까? 목으로 생각으로 말로 기도하지 말고 성령으로 기도해야 합니다. 기도할 때 주의해야 할 것은 생각이나 머리나 목에서 올라오는 소리로 기도하지 말라는 것입니다. 배꼽 아래 15센티에 의식을 두고 아랫배에다가 힘을 주고 들이쉬고 힘을 빼고 내쉬면서 기도하는 습관을 들이는 것입니다. 배에서 올라오는 소리로 기도하라는 것입니다. 이것이 제일 중요한 것입니다. 이렇게 하다가 보면 자연스럽게 온몸으로 기도하게 되어 기도하면 할수록 전인격이 치유가 되고 예수님의 성품으로 변화를 체험할 것입니다. 육적으로는 심장이 튼튼해집니다. 장이 건강해집니다. 언어가 배 속에서 올라옴으로 말을 많이 해도 성대가 상하지 않습니다. 성령의 권능, 영력이 강해지는 것입니다. 온몸으로 기도하는 비결은 차차 이 책을 읽어가면서 터득하게 될 것입니다. 제일 중요한 것은 지금까지 기도하는 습관으로 기도하지 않는 것입니다. 빨리 잘못된 기도의 습관을 바꾸려고 의지적인 노력을 해야 기도한 만큼 영육의 변화를 체험하게 될 것입니다. 자신의 기도를 정확히 분별하여 하나님의 보좌와 연결되는 기도를 해야 합니다. 내면에서 성령의 역사가 올라오는 기도를 해야 합니다.

기도가 바뀌어야 합니다. 무조건 많이 한다고 잘하는 기도가 아닙니다. 성령으로 바르게 해야 합니다. 기도가 바르지 못하니까, 10년 동안 믿음 생활을 해도 변화되지 않는 것입니다. 성령으로 바르게 기도를 하면 변화되지 말라고 해도 변화될 수밖에 없습니다. 왜 30년 믿음생활을 열과 성의를 다하여 열심히 하고, 천일을 철야하고, 영육의 문제 해결을 받고, 내적치유와 축귀능력을 받으려고 10년 이상 30군데 이상을 다니고, 정신적이고 육적이고 영적인 질병을 치유 받으려고 성령의 역사가 강하다는 15년 동안 30군데를 교회를 다니고, 능력을 받으려고 20년을 성령 사역하는 곳을 다녀도 변화가 없고 치유되지 않고 능력이 나타나지 않는 것일까요? 기도를 바르게 하지 못하기 때문입니다.

교회나 성령 사역하는 곳에 가서 말씀 듣고 기도합시다. 하면 자신이 지금까지 하던 식으로 기도를 하기 때문입니다. 이렇게 기도하니 성령의 역사가 자신 안에서 일어나지 않기 때문에 변화가 일어나지 않는 것입니다. 성령의 역사가 자신 안에서 일어나야 치유도 되고 능력도 나타나고 문제도 해결이 되는 것입니다. 이렇게 자신이 하던 방식으로 기도하니 잠재의식에 쌓인 영적이고 심리적인 독소가 녹아질 수가 없고 배출될 수가 없는 것입니다. 자연스럽게 변화되지 않고 영-혼-육의 건강도 누릴 수가 없는 것입니다. 이를 방지하기 위하여 우리 충만한 교회같이 기도할 때 담임목사가 돌아다니면서 기도를 교정하여 성령의 역사가 성도의 마음 안에서 일어나게 해야 합니다. 성도의 마음 안에 있는 성전에서 분출되는 기도가 되도록 안수하면서 교정하여 주어야 합니다. 자기가 종전에 하던 습관적인 기도를 몇 시간씩 해도 변화되지 못합니다. 자신 안에 있는 상처가 습관적인 기도에 적응이 되어있기 때문입니다. 그렇게 하지 않으면 절대로 변화를 체험하지 못합니다. 몸속의 독소가 꼼짝하지 않습니다. 그래서 모든 크리스천은 기도를 클리닉 해보아야 합니다. 이렇게 성령으로 기도하면 변화되지 말라고 해도 변화가 되고 치유가 됩니다.

몸속의 독소를 배출하는 기도는 성령으로 마음으로 예수님을 찾는 기도를 해야 합니다. 마음으로 자신 안에 성전삼고 계시는 예수님을 찾는 능력 있는 기도는 우리의 영 안에 계신 성령으로 충만하게 하는 기도 방법입니다. 마음으로 예수님을 찾는 능력기도는 다른 기도를 대치하려는 것이 아니라, 단순히 다른 기도들에게 새롭고도 충만한 시간을 갖도록 해줍니다. 기도중에는 하나님께서 내 안에 현존하시고 활동하심에 동의해야합니다. 기도를 마치고 세상에서 살아갈 때도 언제나 마음으로 예수님을 찾는 것입니다. 우리가 세상을 살아가는 시간에는 우리의 주의가 밖으로 옮겨가서 어디에나 임재 하여 계시는 하나님의 현존을 발견하게 됩니다.

기도의 단어는 내 안에서 하나님께서 현존하시면서 활동하심에 동의한다는 나의 지향을 상징하는 거룩한 단어를 선택합니다. 편안히 앉아서 눈을 감고 자세를 취한 다음에 하나님께서 내 안에 현존하시고 활동하심에 내가 동의한다는 상징으로 그 거룩한 단어를 의식 속에 불러들입니다. 어떤 잡념이 자신의 기도를 방해한다는 것을 알아차리면, 아주 부드럽게 그 거룩한 단어로 돌아갑니다. 기도가 끝날 때에는 눈을 감고 2분 여간 침묵 속에 머뭅니다.

첫째. 마음으로 예수님을 찾는 기도문의 선택. 먼저 "하나님께서 내 안에 현존하시면서 활동하심에 동의한다는 나의 지향을 상징하는 거룩한 단어를 선택합니다." 거룩한 단어는 하나님 현존 안에 머물면서 그분의 활동에 나를 맡겨드리겠다는 우리의 마음을 나타냅니다. 거룩한 단어는 간단한 기도를 하면서 성령께 우리에게 적합한 단어를 달라고 청하여 선택합니다. (예: 주님, 예수님, 아버지, 성령님, 예수능력, 예수치유, 예수권능, 예수사랑, 예수평화, 믿음, 소망, 등). 일단, 거룩한 단어를 선택했으면, 기도 중에는 바꾸지 말아야 합니다. 그렇게 되면 또 다른 잡념을 끌어들이는 계기가 될 수 있기 때문입니다.

어떤 사람에게는 거룩한 단어보다 내면으로 단순히 하나님을 바라봄이 더 적절할 수도 있습니다. 이러한 경우에는 그분을 바라보는 것처럼, 내면으로 하나님께 향함으로써 하나님의 현존과 활동에 동의를 합니다. 거룩한 단어와 같은 지침이 여기에도 적용됩니다. 하나님은 영이십니다. 하나님의 속성은 거룩입니다. 성경에 나오는 거룩한 단어를 사용하여 하나님을 찾는 것입니다. "하나님은 반석이십니다." "하나님은 요새십니다." "하나님은 피난처이십니다." "하나님은 권능이십니다."

둘째. 마음으로 예수님을 찾는 기도에 들어가기. "편안히 앉아서 눈을 감고 자세를 취한 다음, 하나님께서 내 안에 현존하시고 활동하심에 내가 동의한다는 상징으로 그 거룩한 단어를 의식 속에 불러들입니다." "편안히 앉는다."는 말은 상대적인 편안함을 말하는데, 즉 너무 편안하여 잠이 들지 않을 정도이며, 동시에 너무 불편하여 기도 중에 몸의 불편함 때문에 신경

쓰지 않을 정도를 말합니다.

어떤 자세를 취하든 등은 곧게 세웁니다. 잠이 들었었다면, 깨어났을 때에 시간 여유가 있으면 몇 분간이라도 기도를 계속합니다. 식사를 마친 뒤에 이 기도를 하면 졸리기 쉽습니다. 식사 후에는 식사 후 한 시간 정도 기다리는 것이 좋습니다. 잠자기 직전에 이 기도를 하면 잠자는 습관을 해칠 수도 있습니다. 우리 주변과 내면에서 돌아가는 것들을 떠나보내기 위해 눈을 감습니다. 부드러운 솜 위에 새 깃털을 얹듯 아주 부드럽게 거룩한 단어를 의식 속으로 불러들입니다.

셋째, 잡념이 들어 올 때 조치방법. "잡념이 의식 속에 들어왔음을 알아차리면 아주 부드럽게 거룩한 단어로 돌아가야 합니다." '잡념'이란 감각적 지각, 감정, 영상, 기억, 사색, 과거의 나쁜 기억, 그리고 비평 등과 같은 모든 지각 내용을 다 포괄하는 용어입니다. 잡념을 몰아내는 것은 마음으로 예수님을 찾는 깊은 영의기도의 중요한 관건입니다. 잡념이 들어오면 "아주 부드럽게 거룩한 단어로 돌아간다."는 말은 최소의 노력으로 하라는 말입니다. 최소의 노력으로 성령의 역사를 불러일으켜서 잡념을 몰아내는 것입니다. 사람의 힘이 아닌 성령의 능력으로 잡념을 몰아내는 것입니다. 이것이 마음으로 예수님을 찾는 깊은 영의기도 중에 우리가 하는 유일한 행위입니다.

기도 시간 중에 거룩한 단어는 아주 희미해지거나 사라지기도 합니다. 이 말은 기도에 집중하여 몰입하다가 보면 숨을 쉬는 것조차 지각하지 못하게 됩니다. 호흡하는 것도 지각하지 못하는 깊은 경지에 이르게 됩니다.

넷째, 마음으로 예수님을 찾는 기도의 비결. "기도의 끝에 눈을 감고 1,2분간 침묵 속에 머뭅니다." 이 기도를 그룹으로 할 때에는 인도자가 2-3분 동안 마음으로 예수님을 찾는 기도 중에 예수님을 만나는 경지에 이르게 해달라고 하는 '간구기도'를 하고, 다른 사람들은 호흡을 깊게 하면서 듣습니다. 이 2-3분은 우리의 정신이 외적 감각세계로 되돌아오는 데 적응하는 시간을 줄 수 있게 하며, 또 일상생활에 이 침묵의 분위기를 가져올 수 있게 도와줍니다.

먼저 소리가 작게 나는 알람을 20분으로 맞춰놓고 편안히 앉아 눈을 감습니다. 그런 다음 몸의 모든 긴장과 내면에서 떠오르는 잡념들이 떠나가게 놓아둔다는 마음으로 두세 번 정도 깊은 심호흡을 합니다. 그리고 '성령의 임재를 요청합니다.' 성령님께서 내 안에 나와 함께 계심을 의식합니다. 의식한다는 말은 하나님의 현존을 '느끼라는 것'이 아니라, '마음으로 생각 한다.'는 의미입니다. 준비기도가 끝나면 먼저 바깥에서 들려오는 모든 소음들이 의식이 되더라도 그것들에 마음을 빼앗기지 말고 자연스럽게 떠나가도록 놓아둡니다. 떠나가도록 놓아둔다는 말은 그 어떤 것에 대해서도 '관심'과 '주의'를 기울이지 않는다는 말입니다. 그런 다음 서서히 자신의 내면으로 돌아와 내면으로부터 떠오르는 모든 생각들, 즉 모든 상상력, 기억, 느낌, 계획, 성찰, 중대한 관심사 등을 떠나보내려고 애쓰지 말고 그것들이 그저 지나가도록 놓아둡니다. 성령님이 자신을 장악하면 모두 봄에 눈이 녹는 것과 같이 사라지는것이 보통입니다.

이제 마음이 가라앉고 차분해졌으면, 자신이 선택한 거룩한 단어(예수능력. 예수치유. 예수 사랑. 예수 권세 등)를 아주 부드럽게 떠올리고, 그것을 호흡을 들이쉬고 내쉬면서 지속적으로 마음으로 암송합니다. 거룩한 단어를 정확하게 발음하거나 그 의미를 생각할 필요도 없습니다. 다만 하나님의 현존과 그분의 활동에 자신을 온전히 열어드리고 내어드리면서 시간을 보내겠다는 지향의 표현으로 거룩한 단어를 떠올립니다. 그 상태에서 아무것도 하지 말고 하나님의 현존 속에 그대로 머물러 있는 것입니다. 그러면 서서히 여러 가지 잡념들이 계속해서 떠오를 것입니다. 그러나 그 어떤 것도 억지로 몰아내려고 애쓰지 말고 그냥 놓아둡니다. 그러면 그것들은 자연스럽게 흘러가 버릴 것입니다.

그러나 초심자들은 계속해서 떠오르는 잡념에 대해 관심을 갖게 되고, 잡념에 사로잡혀 가게 됩니다. 이렇게 잡념에 빠진 것을 알아차리면, 즉시 아주 부드럽게 거룩한 단어로 돌아갑니다. 거룩한 단어로 돌아가라는 말은 그 단어를 의식 속에 떠올리거나 아니면 마음으로 천천히 암송하라는 의미입니다. 이것이 마음으로 예수님을 찾는 기도 중에 우리가 하는 유일한 활동입니다.

그 밖의 모든 것은 하나님께 맡겨드리고, 그분의 현존 속에 머무릅니다. 이렇게 정한 시간(30-60분)동안 기도한 다음, 알람이 울리면 바로 눈을 뜨지 말고 주님을 찾는 기도문을 아주 천천히 암송합니다. "예수님 사랑합니다." "예수님 도와주세요." 어느 정도 시간이 지나면 성령님께 감사기도를 드리고 기도를 마칩니다. 기도를 마쳤다고 기도를 멈추는 것이 아니고, 세상을 살아가면서도 계속 마음으로 예수님을 찾는 것입니다. 그리하여 항상 자신의 마음에 예수님의 임재를 유지합니다. 세상을 살면서도 세상에서 섭리하시는 예수님을 마음으로 느끼면서 살아가는 것입니다.

지금까지 살펴보았듯이 마음으로 예수님을 찾는 기도는 하나님과의 관계를 깊게 하는 기도로, 대화를 넘어 친교로, 능동적 기도에서 수동적이고 수용적인 기도로 옮아가게 합니다. 우리는 단지 하나님께서 현존하시는 골방(우리 내면의 깊은 곳, 마음)에서 온 마음으로 자신을 온전히 열어드리고 내어드리며 '제가 여기 있나이다.'하고 주님을 기다리면서 하나님 현존과 활동하심에 동의한다는 '원래의 지향'을 유지하는 것 이외에 아무것도 하지 않습니다. 그러나 우리는 아무것도 하지 않지만, 우리 안에 현존하시는 하나님께서는 엄청난 일을 하고 계신 것입니다.

바로 당신의 사랑으로, 영으로 우리를 영적으로 충전시켜 주시면서, 우리가 그분과 깊고 친밀한 관계를 맺는 데 방해가 되는 모든 장애물 들, 즉 우리 안에 있는 모든 상처와 아픔과 어둠을 정화시켜 우리를 변형시켜 주십니다. 지속적으로 해야 합니다. 지속적으로 하다가 보면 자신도 모르게 성품이 유순하게 변하는 것을 체험하게 됩니다.

다섯째, 마음으로 예수님을 찾는 깊은 영의기도간 나타나는 현상. 가장 많이 나타나는 증상들로부터 언급하면 이렇습니다.

1)몸이 이완됩니다. 근육이 풀리면서 나른해집니다. 주의할 점은 깊이 잠들지 않는 것이 좋습니다. 깊이 잠들면 그 다음으로 이어지는 성령님의 은혜를 인식할 수 없게 됩니다. 그러나 초기에는 깊이 잠드는 경우가 많습니다. 나른하게 졸음이 오는데 억지로 졸음을 물리치려고 노력할 필요는 없습니다. 이는 육체를 치유하시는 은혜이므로 너무 아쉬워할 것까지는 없습니다. 다음에 다시 하면 됩니다. 우리의 몸으로 행한 죄의 찌꺼기를 배출하는 과정입니다. 우리 몸속에 있는 나쁜 영의 잔재들을 주님이 제거하시는 것입니다.

2)몸이 뜨겁거나 전류가 흐르는 것 같습니다. 깊은 호흡을 하면 10여분쯤 지나서 몸이 뜨거워지는 것을 느낍니다. 그리고 몸속으로 약한(처음에) 전류가 흐르는 듯합니다. 강하게 느껴지면 가만히 있을 수 없을 정도로 찌릿찌릿함을 느낍니다. 몸이 뜨거워짐으로써 우리 몸이 활동력을 얻게 됩니다. 영적인 능력이 임하게 되는 것입니다. 이 능력은 세상을 이기는 담대함과 마귀의 세력을 이길 수 있는 힘입니다.

3)몸이 무척 아픕니다. 근육에 통증이 옵니다. 심하면 도무지 견딜 수 없을 지경으로 온 몸에 통증이 와서 더 이상 호흡을

계속할 수 없습니다. 평소 몸이 아픈 곳이나 약한 부분이 아픕니다. 이는 몸속의 독소가 녹아고 배출되는 치유의 과정입니다. 우리 몸의 약한 곳을 성령님이 치유하시는 것입니다. 치유는 성령님의 일입니다. 성령님이 임재하시면 우리의 몸이 병들었거나 약한 부분을 주님은 고치십니다. 너무 고통이 심해서 견디기 어려우면 그곳에 손을 얹고 깊은 호흡으로 기도하십시오. 그리고 통증이 사라지면 다시 시작하십시오. 치유는 단번에 이루어지는 경우는 적습니다. 우리 몸은 서서히 치유되며 회복되는 것이기 때문에 너무 조급해 할 필요가 없습니다. 마음으로 예수님을 찾는 기도를 할 때마다 통증이 온다고 해서 중단하지 마십시오. 치유하는데 여러 달이 걸리는 경우도 있습니다. 치유사역자의 도움을 받으십시오. 사역자의 도움을 받아 상처를 배출해야 합니다.

4)몸속에 이물감을 느낍니다. 뱃속이 더부룩해지고 몸속에 벌레가 기어가는 것 같은 느낌을 받습니다. 마음으로 예수님을 찾는 기도 전에는 아무렇지도 않던 뱃속이 갑자기 더부룩하고, 소화가 안 되는 것 같은 느낌을 받는 것은 뱃속에 악한 영이 들어있기 때문입니다. 몸에 이물감을 느끼는 것도 그렇습니다. 성령의 강한 임재로 인하여 악한 영이 피할 곳을 찾아 돌아다니는 것입니다. 속된 표현으로 마귀의 집이라고 하는 것입니다. 우리 몸속에 들어온 악한 영이 자리를 잡고 눌러 앉으려고 만들어놓은 그들의 영역이 분쇄되는 것입니다. 머리가 심하게 어지러운 현상도 마찬가지입니다. 머릿속을 점유하고 있는 악한 영이 요

동치는 것입니다. 이 악한 영이 견디지 못하고 떠날 때까지 계속하십시오. 악한 영이 몸에서 나가면 그러한 현상이 사라지고 평안해집니다. 그렇지 않고 계속 심하고 구토가 나고 정신이 혼미해지는 등의 현상이 계속되면 축귀가 필요합니다.

심한 경우는 악령의 음성이 들리는데 매우 위협적이어서 겁이 납니다. 호흡을 중단하십시오. 계속하면 죽여 버릴 거야, 라고 협박합니다. 그래서 무서워 더 이상 마음으로 예수님을 찾는 기도를 하지 못하고 두려움에 사로잡힙니다. 이런 경우 자기 축귀를 하십시오. 그런데도 잘 되지 않으면 능력 있는 축귀 사역자에게 도움을 구하십시오. 그러면 좀더 빨리 몸속의 독소를 녹여서 배출 할 수가 있을 것입니다 .

5)서늘한 기운을 느낍니다. 서늘한 청량감이 온몸을 감쌉니다. 심하면 한기를 느낄 정도입니다. 여름인데도 온 몸이 서늘하고 만져보면 차가움을 느낍니다. 때로는 부분적으로 그러한 현상을 느끼기도 합니다. 악한 영이 드러나서 나타나는 증상입니다. 머리가 맑아지고 정신이 상쾌해집니다. 이는 몸이 정상으로 돌아왔음을 알려주는 것입니다.

6)평안하고 몸이 가벼워집니다. 이 현상은 사실 가장 많이 느끼는 부분입니다. 그런데 왜 나중에 언급하였느냐면, 앞의 현상들을 경험한 뒤에 오는 현상이기 때문입니다. 우리의 몸의 병과 죄와 악령의 영향 등의 불순한 것들이 성령의 은혜로 치유된 후에 찾아오는 평안함입니다. 몸속의 독소가 녹아서 배출되고 있다는 보증의 역사입니다. 마음으로 예수님을 찾는 기도는 이 평

안함이 계속 유지되어야 바람직한 것입니다. 성령으로 충만하고 주의 임재가 강할수록 평안하고 고요한 기분이 계속 됩니다. 주님의 위로하심이 임하는 것입니다.

그 밖에도 개인에 따라 독특한 증상들을 경험하게 되지만 그 모든 현상은 치유와 회복이라는 과정에서 나타나는 증상입니다. 그 내용이 무엇을 의미하는지 구체적으로 알 필요는 없습니다. 그것보다 더 중요한 것은 주님과 동행하는 것이기 때문입니다. 마음으로 예수님을 찾는 기도를 통해서 얻는 유익은 이루 헤아릴 수 없이 많습니다. 어떤 분들은 시작하는 그 날로 영안이 열리기도 하고 주의 음성을 듣기도 합니다. 이제까지 그토록 원하던 하나님의 임재가 이렇게 쉽게 이루어질 줄 몰랐다고들 고백합니다. 의지를 가지고 하다가 보면 자신도 깊은 경지에 들어가는 것을 몸으로 체험하여 알게 됩니다. 성령은 평안입니다. 성령이 심령을 장악하면 말로 표현 할 수 없는 평안이 올라옵니다.

여섯째, 기도하는 장소를 바르게 해야 한다. 필자가 어느 날 새벽에 기도하니까, 성령하나님께서 이렇게 감동하시는 것입니다. "왜 무당들이 유명한 산에 올라가 장구치고 북치고 하면서 기도하는지 알고 있느냐" 잠시 생각을 해보니까, 유명한 산에 역사하는 산신령을 접신 받으려고 유명한 산을 찾아 기도한다는 생각이 떠올랐습니다. 그래서 "산에 역사하는 산귀신을 접신 받으려고 산에 가서 기도하는 것입니다." 했더니 성령께서 "그렇다. 산에 역사하는 산신령을 접신 받으려고 산에 가서 기도하는 것이다." 말씀하시는 것입니다. 그러면서 자네는 어디에서 기도를 해야하느냐고 질문하십니다. 그래서 내 안에 하나님께서 주인으로 계시니 내 안에 관심을 집중하고 기도하면 된다고 했습니다.

맞는다고 하시면서 다른 목회자들이나 성도들에게 알려주어 기도 장소의 개념을 바르게 알고 기도하도록 하라고 말씀하셨습니다. 크리스천은 기도는 하나님이 계시는 자신 안에 마음 성전에 집중하여 기도하게 하라는 것입니다. 기도는 자신 안에 계신 하나님께 기도하시기를 바랍니다. 우리 성도들의 의식이 기도하려면 "기도원가야 한다. 산에 가야한다. 교회에 가야한다."로 고정되어 있기 때문에 자신의 심령 안에 관심이 두지 않습니다. 자신의 마음 안에 관심을 두지 않기 때문에 예수를 믿으면서도 변화되지 못하는 것입니다. 그렇다고 교회나 기도원에 가서 기도하지 말라는 말로 이해하면 안 됩니다. 교회에 가서 기도에 대하여 바르게 배우고 바르게 해야 합니다. 교회에 가서 성령으로 세례도 받아야 합니다. 필자는 자신 안에 계신 하나님께 관심을 가지고 기도하라는 것입니다.

기도는 자신 안에 계신 하나님께 기도하여 자신이 하나님의 입장이 되어 하나님의 길을 제대로 따라가고 있는지, 바르게 가고 있는지, 돌아가고 있는지를 보는 것입니다. 그리고 자신 앞에 있는 문제를 하나님께 기도하여 하나님의 해결 방법을 알아내는 것입니다. 그리고 알려주신 해결방법대로 순종하기 위해서 기도하는 것입니다. 기도는 하나님께 무엇을 얻어내려고 하는 것이 절대로 아닙니다. 자신의 상처를 치유하고, 성령으로 충만하며, 하나님과 대화하기 위하여 기도하는 것입니다. 지친 영혼의 쉼을 얻기 위하여 기도하는 것입니다. 기도는 영-혼-육이 쉼을 얻는 시간이라고 생각하며 성령으로 해야 합니다. 이 중요한 기도가 잘못되면 먼저 영혼이 만족을 누리지 못하는 것입니다. 다음은 혼이 만족을 누리지 못하니 정신이 안정되지 못하고 산란한 것입니다. 더 진전이 되면 육체의 질병으로 발생합니다. 따라서 예수를 믿으면서도 세상 사람들과 똑 같은 영육간의 고통을 당하고 사는 것입니다.

세상 한의학에서는 몸에 독이 싸여있다고 합니다. 사람의 몸에 독이 싸이는 원인 제공자는 스트레스, 환경의 영향, 음식이라고 합니다. 독소가 증상별로 1단계부터 6단계까지 나눠집니다. 독소의 1~2단계에서 주로 느끼는 것이 만성피로와 어깨 결림입니다. 아마 현대인이라면 다 있을 것입니다. 해독이 필요한 가장 초기단계의 증상입니다. 독소 1~2단계를 방치해서 3~4단계로 진행되면 몸이 붓듯이 살이 찝니다. 물만 먹어도 자꾸 살이 찝니다. 그리고 배설, 소화가 잘 안 됩니다. 비오는 날에 몸이 쑤시고 아픕니다. 5~6단계의 경우 중증질환이 되는 경우가 많은데 5단계 이상에서는 각종 검사 수치상에도 이상이 나타납니다. 제일 애매한 분들이 4단계 환자들이라고 합니다. 자신이 자각적으로 느끼는 통증이나 불편은 대단히 많은데 병원에 가면 이상이 없다고 하고 일반 병원이나 한의원에 가도 부분적인 통증치료나 증상환화 치료만 받는 경우가 많습니다. 세상에서 근본적인 해독을 통해서 몸이 좀 더 한 단계 업그레이드되는 방법을 찾기가 대단히 쉽지 않습니다.

우리는 예수를 믿음으로 치유받기가 쉽습니다. 먼저 성령으로 세례를 받아야 합니다. 성령으로 세례 받고 잠재의식에 형성된 영적이고 심리적인 독소를 녹이면서 배출하는 것입니다. 마음의 상처를 치유해야 합니다. 내적인 상처를 치유하는데 이성적인 치유가 아니라 영적인 치유를 받아야 합니다. 내적치유도 기도가 바르게 되어야 성령으로 충만 되어 상처가 치유되는 것입니다. 상처는 전적으로 성령으로 되는 것입니다. 기도는 자신 안에 계신 하나님께 아무 곳에서나 해야 합니다.

26장 정기적인 예배를 통하여 순간치유

(요 4:20-24)"우리 조상들은 이 산에서 예배하였는데 당신들의 말은 예배할 곳이 예루살렘에 있다 하더이다. 예수께서 이르시되 여자여 내 말을 믿으라. 이 산에서도 말고 예루살렘에서도 말고 너희가 아버지께 예배할 때가 이르리라. 너희는 알지 못하는 것을 예배하고 우리는 아는 것을 예배하노니 이는 구원이 유대인에게서 남이라. 아버지께 참되게 예배하는 자들은 영과 진리로 예배할 때가 오나니 곧 이 때라. 아버지께서는 자기에게 이렇게 예배하는 자들을 찾으시느니라. 하나님은 영이시니 예배하는 자가 영과 진리로 예배할지니라."

우리 크리스천들은 정기적인 예배를 통하여 우울정신영적인 문제을 일으키는 몸속의 독소를 배출해야 합니다. 예배가 성령의 역사가 일어나면 성령께서 몸속의 독소를 녹이시고 정화하시고 배출하도록 역사하십니다. 교회 예배당은 예배 때마다 성령의 역사가 일어나야 합니다. 성령의 역사가 몸속의 독소를 배출하기 때문입니다. 우리 충만한 교회는 모든 예배를 성령이 역사하는 집회로 인도합니다. 왜냐하면 성도들이 주일날 하루만 교회에 나오는 성도들이 있기 때문입니다. 그래서 주일 낮 예배도 동일하게 성령 집회 식으로 인도를 합니다. 왜냐하면 성도들에게 성령의 충만을 항상 유지하게 하기 위해서 입니다. 몸속에 독소를 배출하여 건강한 성도로 살아가도록 하기 위함입니다. 그리고 성령이 역사하는 체질을 만들기 위해서입니다. 우리교회 성도들은 아주 강퍅한 사람을 제외하고 주일날 하루만 나오더라도 모두 성령의 불세례를 체험함과 동시에 성령으로 지배와 장악이 되어 우울정신영적인 문제을 일으키는 몸속에 독소가 배출됩니다. 지속적으로 예배에 참석하여 성령으로 지배와 장악이 됨으로 몸속에 독소가 쌓이지 않게 됩니다.

성도들이 성령의 불로 지배와 장악이 되면 발에 발동기를 달아준 것과 같은 효과가 납니다. 이렇게 주일날 신령한 하늘의 능력을 받아 한 주 동안 세상에 나가 마귀와 대적하며 승리하는 삶을 사는 것입니다. 정말 주일이 중요합니다. 모두 중요한 주일을 잘 활용하시기를 바랍니다. 평일 날 교회에 나와서 은혜는 받고 싶으나 먹고 살아가기 위해서 여건이 되지 못하는 분들이 많습니다. 성도는 하늘의 양식을 먹고 능력을 받아야 합니다. 하늘의 양식을 먹는 시간이 예배시간입니다. 예배를 성령이 역사하는 예배를 드려야 합니다. 그래야 우울정신영적인 문제을 일으키는 몸속의 독소가 배출됩니다. 성령으로 말씀을 깨달을 수가 있습니다.

영-혼-육으로 말씀이 들려야 심령이 영적으로 변합니다. 정말로 주일은 중요합니다. 우리 성도들이 주일날 이와 같이 성령의 충만함을 체험하면서 심령의 상처와 세상 것들 몸속의 독소를 몰아내야 깊은 영성을 유지할 수가 있습니다. 예배를 거룩하게 드려야 한다고 하는 분들이 있습니다. 거룩하게 드리는 것이 영과 진리로 드리는 것입니다. 성령의 지배와 장악된 가운데 예배를 드리는 것입니다. 우리는 항상 말씀을 영적으로 해석을 해야 합니다. 영과 진리로 드리려면 성령을 체험하여 임재 가운데로 들어갈 줄을 알아야 합니다. 성령의 음성과 감동에 따라 순종하는 성도와 목회자를 영적이라고 할 수가 있는 것입니다.

성령의 인도를 받아야 영혼이 건강할 수가 있습니다. 절대로 성령의 인도 없이는 영혼이 건강할 수가 없는 것입니다. 그러므로 기본이 성령의 세례이고, 성령의 인도입니다. 성령으로 영혼이 치유가 되어 강건하게 되는 것입니다. 영혼이 성령으로 장악이 되어야 육체가 성령의 지배를 받아 건강해지는 것입니다. 이러한 영적인 법칙을 체험하고 이해한 목회자를 만난다는 것은 복중에 복입니다. 이런 교회를 다니면 매 주일 성령을 체험하고 영혼이 강건하여 영-혼-육이 건강하게 지낼 수가 있습니다. 교회는 이런 일을 하는 곳이기 때문에 교회를 잘 정해야 영-혼-육이 건강하게 지낼 수가 있습니다.

◎교회는 영과 진리로 예배드리는 곳입니다. 예배를 어떻게 드려야 하는지를 밝히 알고 행해야 합니다. 하나님은 이렇게 말씀을 하십니다. "아버지께 참되게 예배하는 자들은 영과 진리로 예배할 때가 오나니 곧 이 때라 아버지께서는 자기에게 이렇게 예배하는 자들을 찾으시느니라. 하나님은 영이시니 예배하는 자가 영과 진리로 예배할지니라"(요 4:23-24). 하나님만을 주목하는 예배, 하나님께 참되게 예배하는 것은 무엇을 의미합

니까? 어떻게 드리는 예배를 가리켜 아버지께 참되게 예배하는 것입니까?

하나님께 참되게 예배하는 자는 영으로 예배합니다. 영으로 드리는 예배가 무엇입니까? 우리가 이를 바르게 알기 위해서는 먼저 성경말씀을 바르게 알아야 합니다. 원래 헬라어 성경을 보면 24절에서 "하나님은 영이시니… 영으로 예배하라." 하는 구절의 '영'을 가리켜 '성령'(pneuma)으로 표기했습니다. 복잡하게 설명하지 않겠습니다. "하나님은 영이시니." 즉 하나님은 성령 하나님이십니다. 그러므로 "영으로 예배할지니라." 즉 성령 하나님으로 예배하라는 말씀입니다. 더 쉽게 설명을 드리면 '성령의 인도함 가운데, 성령님 안에서 예배하라.'는 것입니다.

◎교회는 성령으로 세례 받게 하는 곳입니다. 성도들은 물세례 받은 것으로 만족하면 안 됩니다. 반드시 성령으로 세례를 받아야 합니다. 교회는 성도들을 성령으로 세례를 받게 하는 곳입니다. 성령세례는 성령세례 받은 사람(담임목사)을 통하여 전이됩니다. 성령세례를 받은 사람은 자기가 성령세례 받았다는 것을 압니다. 성령세례는 우리가 의식할 수 있는 의식적 체험입니다. 오순절 성령강림이 있을 때 성령이 제자들 각 사람 위에 임하였습니다. 그리고 제자들은 나가서 복음을 증언하기 시작했습니다. 제자들에게 '여러분들은 언제 성령세례를 받았습니까?'라고 물으면 '오순절입니다' 라고 분명히 대답할 것입니다. 사도 바울이 갈라디아교회에 편지를 씁니다. "너희가 성령을 받은 것

이 율법의 행위로냐 혹은 듣고 믿음으로냐?"(갈 3:2). 사도 바울이 이 질문을 하는 것은 갈라디아교회가 성령 받은 것을 알고 있었다는 것입니다.

성경은 성령 받은 것에 대해서 많은 기록을 남기고 있습니다. 빌립이 전도했던 사마리아교회, 고넬료의 가정, 에베소교회 등 성령 받은 교회나 가정들은 성령을 받은 것을 정확히 알고 있습니다. 성령세례는 우리가 알 수 있는 분명한 체험입니다. "당신은 성령을 받았습니까?"라는 질문에 대해서 딱 부러지게 "예" "아니오"로 대답할 수 있는 체험입니다. 아울러 성령세례는 하나님과 그리스도에 대한 감사와 사랑을 불러일으킵니다.

성령세례는 예수를 믿을 때 영 안에 임재하신 성령께서 순간 전인격을 장악하는 것입니다. 성령으로 세례를 받을 때 하나님의 영광과 그분의 존재의 실상을 전인격이 자각하는 것을 의미합니다. 살아계신 성령의 역사를 몸으로 느끼고 눈으로 볼 수 있는 현상이 일어나는 것입니다. 물론 다른 사람도 자신이 성령으로 세례를 받는 것을 눈으로 볼 수가 있는 것입니다. 그래서 성령세례 받은 사람들은 이렇게 말합니다. "(벧전 1:8)예수를 너희가 보지 못하였으나 사랑하는 도다. 이제도 보지 못하나 믿고 말할 수 없는 영광스러운 즐거움으로 기뻐하니" 교회는 성도들이 성령으로 세례 받아 권능 있는 삶을 살게 하는 곳입니다. 성령으로 세례를 받아야 성도가 진정한 하늘의 사람으로 변화되기 시작합니다. 성령세례는 참으로 중요한 체험입니다. 성령으로 세례를 받아야 우울정신영적인 문제를 일으키는 독소가 배출됩니다.

◎교회는 성령으로 기도하는 곳입니다. 하나님의 나라에서 하는 기도는 땅에서 하는 기도와 완전하게 다릅니다. 영이신 하나님께 기도하기 때문입니다. 영이신 하나님께 기도하는 것이기 때문에 반드시 성령으로 기도해야 합니다. 교회에 들어오면 먼저 담임목사님으로부터 기도를 어떻게 하는지 바르게 배우고 해야 합니다. 세상에서 하던 기도방식으로 기도하면 하나님이 들으실 수가 없기 때문입니다. 기도는 참으로 중요합니다. 반드시 기도는 성령으로 해야 합니다. 기도하는 법을 배우고 해야 하는 중요한 영적 행동입니다.

◎교회는 영이신 하나님을 만나게 하는 곳입니다. 영이신 하나님은 우리 안에 임재 하여 계십니다. 영이신 하나님을 만나려면 인간적인 방법으로는 만날 수가 없습니다. 예배의식에 참석한다고 자동적으로 하나님을 만나지는 것은 아닙니다. 하나님은 시공을 초월해 계시는 영이시기 때문에 어디든 계시며, 자신을 부르면 우리 마음속을 성령으로 채우시는 분입니다. 그러므로 시간과 장소가 중요하지 않습니다. 그렇다면 하나님을 어떻게 만날 수 있겠습니까? 마음 안에 임재하신 하나님을 간절히 찾으면 만날 수 있습니다. '만일 마음을 다하고 뜻을 다하여 그를 찾으면 만나리라'(신4:29), '너희가 온 마음으로 나를 구하면 나를 찾을 것이요 나를 만나리라'(렘 29:13), '나를 간절히 찾는 자가 나를 만날 것이니라'(잠 8:17) '구하라. 그러면 너희에게 주실 것이요, 찾으라. 그러면 찾아낼 것이요, 문을 두드리라. 그러면 너

희에게 열릴 것이니… 너희 하늘 아버지께서 구하는 자에게 성령을 주시지 않겠느냐 하시니라'(눅 11:9~13). 이렇게 예수님도 말씀하셨습니다. 우리가 하나님을 만나지 못하는 이유는 하나님을 간절히 찾지 않기 때문이요, 하나님을 찾지 않는 이유는 믿음이 없기 때문입니다. 하나님은 찾아야 응답하시는 분입니다.

◎교회는 상한 마음을 치유하는 곳입니다. 교회에 들어와 성령으로 세례를 받으면 성령께서 마음의 상처를 치유하십니다. 우울정신영적인 문제를 일으키는 독소를 배출해야 합니다. 마음의 상처가 치유되어야 진정한 영의 사람으로 바뀌기 시작하기 때문입니다. 자아를 부수십니다. 자아가 남아있으면 성령의 역사를 방해하고 말씀의 비밀을 깨닫지 못하도록 방해합니다. 혈통의 문제를 해결하십니다. 세상 신을 몰아내십니다. 이 모든 영적활동이 성령하나님께서 우리들의 마음에 성전을 만드시는 일입니다. 우리는 우리 안에 거하시는 하나님과 함께 새로운 삶을 만들어야 합니다. 수평적 삶을 만들고, 수평적 사회, 사랑의 사회를 만들 수 있습니다. 그럴 수 있는 능력이 있습니다.

크리스천이 되고, 풍성한 삶을 누린다는 것은 이러한 관계를 새롭게 창조해나가는 삶을 살아간다는 것입니다. 나를 변화시키고, 이웃을 변화시키는 것입니다. 이것이 내적치유입니다. 사람들은 많은 칭찬은 쉽게 잊어버리는 반면에 단 한마디의 상처를 주는 비평은 잊지 않고 기억합니다. 자신이 행한 일보다는 자신의 인간성에 대한 긍정적, 또는 부정적 말을 훨씬 더 깊게 받아드립니다. 인간성을 깎아 내리는 말은 자존감에 심각한 영향을 줍니다. 사람들은 상처를 당할 때에 자기의 감정을 억누르고 상처를 빨리 싸매어 버리기 때문에 아무도 눈치 채지 못합니다. 그러나 그 상처는 소독을 하지 않았기 때문에 곪게 되고, 시간이 흐르면 싸맨 곳을 통하여 고름이 새어나오기 시작합니다. 이것이 오래 전의 상처가 현재 삶에 영향을 미치는 것입니다. 상처를 받지 않고 살 수는 없지만, 치유는 하면서 살 수 있습니다. 상처는 일단 받으면 다른 사람에게 상처를 주게 되어있습니다. 상처의 악순환, 빈곤한 삶의 악순환입니다.

상처를 받지 않을 수는 없지만, 상처를 치유할 수는 있습니다. 상처를 치유해야 이 악순환에서 벗어날 수 있게 됩니다. 상처 권에서 벗어날 수 있게 됩니다. 드디어 풍성한 삶으로 나아갈 수 있게 됩니다. 상처가 별로 나에게 영향을 주지 않게 되고, 남에게도 상처를 주지 않는 부드러운 성품이 되며, 상처가 주는 감정에 휩쓸리지 않는 든든한 삶을 살게 됩니다. 말씀과 성령으로 자신의 무의식과 잠재의식에 있는 상처를 찾아서 의식수준으로 가지고 나와서 치유하여 배출해야 합니다. 자꾸 심령에서 성령의 역사를 일으키면 상처는 치유되게 되어 있습니다. 그러므로 상처치유에만 치중하지 말고 성령으로 충만한 임재 상태에 들어가도록 노력해야 합니다. 우리 안에 성전을 성령께서 만드시기 위하여 마음의 상처를 치유하십니다. 자아를 부수십니다. 혈통에 역사하는 귀신을 축귀하십니다. 마음을 열고 받아들여야 합니다.

◎교회는 성도들의 우울정신영적인 문제을 일으키는 몸속의 독소를 배출하는 곳입니다. 몸속에 독소가 쌓여서 영-혼-육에 문제가 생기고, 환경에 현실문제가 있을 때 하나님의 해결방법을 알아내라고 주신 것이 바로 기도입니다. 하나님께서는 예수 그리스도를 믿는 자녀들에게 주신 것이 바로 기도입니다. 기도는 하나님의 뜻을 알아내는 중요한 수단입니다. 크리스천이 속에 독소가 쌓여서 영-혼-육에 문제가 생기고, 환경에 현실문제가 발생했을 때 하나님의 해결방법으로 문제를 해결해야 합니다. 기도는 하나님의 해결방법을 알아내는 중요한 수단입니다. 기도는 하나님의 지혜와 권능을 받는 적극적인 수단입니다. 예수를 믿는 크리스천은 모든 문제를 하나님의 방법으로 해결해야 합니다. 하나님께 기도하여 알려주시는 방법으로 순종하면 문제가 기적같이 해결이 됩니다. 문제가 있을 때 성령으로 기도하십시오. 어려움을 당할 때 성령으로 기도하십시오. 몸이 아플 때 성령으로 기도하십시오. 기도는 하나님께 문제해결방법을 알아내는 것입니다. 현실 문제란 어떤 것일까요? 부부불화가 있다. 어깨통증이 있다. 등과 허리에 통증이 있다. 머리가 아프다. 어지럽다. 불면증이 있다. 불감증이 있다. 우울증이 있다. 꿈이 많아 깊은 잠을 자지 못한다. 위궤양이 있다. 잘 놀란다. 교통사고, 사고, 수술 후유증이 있다. 불안과 두려움이 심하다. 온몸에 근육통증이 있다. 허리와 목 디스크로 고생한다. 요통이 있다. 골반 통증이 있다. 가슴이 답답하다. 기도가 안 된다. 늘 피곤하다. 늘 졸린다. 아랫배에 통증이 있다. 이해하지 못할 사고를 잘 당

한다. 생각하지 못한 일로 물질이 손해가 난다. 역류성 식도염이 있다. 공황장애가 있다. 불안장애가 있다. 서러움이 많다. 짜증과 혈기가 심하다. 부모님이 중풍이 있다. 부모님이 치매가 있다. 자녀가 정신문제로 고생한다. 자녀가 학교에서 왕따 당한다. 귀신역사로 고생한다. 신 끼로 고생한다. 식탐으로 먹고 토한다. 이런 모든 것이 현실 문제입니다. 크리스천들이 바르게 알아야 할 것은 하나님은 성도들의 몸속의 독소나 현실의 문제를 성령으로 인도하시면서 해결하게 하십니다. 신구약 성경을 자세히 보면 믿음의 사람들은 모두 현실의 문제를 하나님께 문의하여 해결하며 믿음의 사람이 되었습니다.

◎교회는 영육의 병을 고치는 곳입니다. 성도들은 질병이 생기면 하나님께 기도하여 하나님의 방법으로 질병을 치유해야 합니다. 세상 의술도 이용해야 합니다. 인간의 힘으로 안 될 때, 성령의 권능이 역사하는 교회에 와서 우리가 기도하면 하나님의 기적이 나타나는 것입니다. 하나님이 원하시는 것은 치료에 있지 '병원에 가서 치료를 받아서 나았느냐, 주님이 안수기도를 해서 나았느냐' 그것을 따지지 않습니다. 크리스천이 치료해서 건강해지기를 하나님이 원하시는 것입니다. 그러므로 질병이 있을 때 하나님께 기도하면 병원에 보내서 병원의 도움을 받게 하기도 하시고, 그렇지 않으면 주님이 주님의 일꾼을 통해서 직접 안수해서 고쳐주기도 하시는 것입니다.

그러므로 방법에 대해선 걱정하지 말고, 구원의 치료를 받는

다는 그 목적을 주님께서 관심을 가지고 계시다는 것을 잊지 마시기 바랍니다. 사도행전 10장 38절에 보면 "하나님이 나사렛 예수에게 성령과 능력을 기름 붓듯 하셨으매 그가 두루 다니시며 선한 일을 행하시고 마귀에게 눌린 모든 사람을 고치셨으니 이는 하나님이 함께 하셨음이라" 모든 사람을 고쳤습니다. 특별한 사람만 고친 것이 아닙니다.

하나님께서 예수님을 보내시매 그가 두루 다니시며 모든 사람을 고쳐주셨습니다. 크리스천 한사람 한 사람이 예수님의 몸이니깐, 유형교회 와서 기도를 통해서 예수 그리스도의 음성을 듣고 순종하면 불치병도 낫는 것입니다. 교회에 나와 예배를 통하여 예수님을 만나면 그 만남은 은혜 속에서 주님이 고쳐주시는 것입니다. 고치는 것이 하나님의 뜻이요, 안 고치는 것은 마귀의 뜻인 것입니다. "도적이 오는 것은 도적질하고 죽이고 멸망시키는 것뿐이요 인자가 오는 것은 양으로 생명을 얻게 하되 더 풍성히 얻게 하려고 오노라" 죽이는 사망의 역사는 마귀가 가져오고 생명의 역사는 하나님의 아들이 가지고 오시는 것입니다. 축복을 받는 것은 하나님의 아들이 주시는 것이요, 패망케 하는 것은 원수마귀가 하는 것입니다.

◎교회는 땅의 사람을 하늘에 속한 사람으로 바꾸는 곳입니다. 그래서 하늘의 말로 바꾸기 위하여 사도행전 2장 1-4절에 보면 "오순절 날이 이미 이르매 그들이 다같이 한 곳에 모였더니, 홀연히 하늘로부터 급하고 강한 바람 같은 소리가 있어 그들

이 앉은 온 집에 가득하며, 마치 불의 혀처럼 갈라지는 것들이 그들에게 보여 각 사람 위에 하나씩 임하여 있더니, 그들이 다 성령의 충만함을 받고 성령이 말하게 하심을 따라 다른 언어들로 말하기를 시작하니라." 성령이 오셔서 언어를 먼저 바꾸셨습니다. 교회는 말과 행동과 사고와 생각 등등이 하나님의 나라에 맞도록 바꾸는 곳입니다. 그래서 하나님의 나라에 적응하는 시간동안 고통이 있을 수도 있습니다. 왜냐하면 성령의 역사가 일어나야 천국인으로 바뀌기 때문입니다. 성령으로 세례를 받을 때 이해하지 못하는 현상이 일어날 수가 있기 때문입니다. 이는 학생들이 전학을 가면 적응하는 기간이 있어야 하는 것과 같은 것입니다. 잠시 고통이 있을 수가 있다는 것입니다. 참고 인내해야 합니다. 그래야 하나님의 나라 자녀로서 복과 행복을 받아 누릴 수가 있습니다.

◎교회를 통하여 진리의 말씀을 주시며 기적을 베풀어 주십니다. 오직 예수님만이 진리이십니다. 성령으로 진리를 깨달은 만큼 믿음도 강해집니다. 권능도 강해집니다. 진리는 혼자 성경을 만 독을 한다고 깨달아 지는 것이 아닙니다. 교회에 와서 진리를 삶에 적용하여 깨달은 담임목사님으로부터 설교를 들으면서 깨닫는 것입니다. 많은 사람들은 세상이나 거짓이 진리인양 살고 있지만, 그것은 어둠의 권세가 장난치기 때문입니다. 하지만 오직 예수님만이 우리를 자유하게 하고 우리에게 소망을 주시며 예수님만이 우리를 구원의 길로 인도하십니다.

예수를 구주로 받아들인 사람은 진리를 알게 됩니다. 진리란 무엇입니까? 주의 법이 곧 진리입니다(시119:142). 하나님의 말씀이 바로 진리입니다. 예수를 믿는 성도는 교회에 들어와 진리를 바르게 듣고 깨달아야 하나님의 복과 기쁨과 행복을 누리면서 살아갈 수가 있습니다. 성도들은 바른 진리를 듣고 깨달아야 신앙이 자라고 하나님과 관계를 바르게 할 수가 있습니다.

◎교회는 마음에 행복을 주는 곳입니다. 성령이 충만하면 영의 만족을 누리게 됩니다. 영의 만족을 누리면 혼과 육의 모든 것이 정상적으로 작동을 합니다. 정상적인 활동을 하여 행복한 나날을 영위할 수 있습니다.

◎교회는 성도들의 신앙을 자라게 하는 곳입니다. 교회는 그냥 텅 빈 모임을 위한 공간이 아니라, 예수님의 이름을 붙인 성령님의 전인 것입니다. 교회 오는 사람들이 반드시 알아야 할 사항은 성령께서 교회를 세우셨고, 예수님은 어제나 오늘이나 영원토록 동일하시고, 우리와 함께 임재 하여 계심으로 우리는 교회의 살아있는 역사 속에 예배드려야 되는 것입니다. 목회자의 신앙지도를 받으면서 믿음이 자라게 해야 합니다. 거기다가 성령의 역사로 문제를 해결 받고, 상처를 치유하며, 병을 고치고, 스트레스나 몸속의 독소를 성령의 역사로 몰아내는 것입니다. 성령으로 귀신을 몰아내는 곳입니다. 예수 그리스도는 어제나 오늘이나 영원토록 동일하시고, 성령도 동일하시니 교회에 나와

서 예수님을 만나고 성령 충만해지고 죄 사함을 받고, 마귀를 쫓아내고, 저주에서 해방되어 축복을 받고, 은혜를 받아 천국을 선물로 가슴에 품고 매일매일 성령의 도우심을 받아 죄악을 씻고 주님 나라를 앙망하는 그곳이 교회인 것입니다.

◎교회는 우리에게 믿음을 줍니다. 믿음이 없이는 하나님을 기쁘시게 할 수 없습니다. 믿음은 환경을 바라보는 것이 아닙니다. 하나님께서는 우리가 바라보고 선포하며 하나님을 의지하며 나가면 그대로 이루어주십니다. 지금 환경을 바라보고 좌절하면 안 됩니다. 믿음은 바랄 수 없는 중에서도 바라는 것임을 알아야 합니다. 힘들고 어려울 때도 좋은 것을 바라보고 될 것을 기대해야 합니다. 바랄 수 없는 중에 바라보는 것이 바로 믿음입니다. 교회는 바로 믿음을 주는 곳입니다. 믿는 자에게는 능치 못함이 없습니다. 믿음으로 간구한 것은 받은 줄로 아십시오. 우리가 간구하고 받지 못하는 것은 의심하기 때문입니다. 내가 할 수 있는 것은 하나님을 신뢰하고 하나님을 믿는 것입니다. 우리 자신들에게는 한계가 있을 수밖에 없지만 하나님을 의지할 때 불가능이 가능으로 바뀌게 됩니다.

◎교회는 하나님의 음성을 듣는 방법을 배우는 곳입니다. 하나님의 음성을 들어야 살 수 있기 때문입니다. 하나님의 음성을 들으려면 모든 통로를 열고 들으려고 노력해야합니다. 하나님의 자녀가 하나님의 음성을 듣는 것은 생사 간에 문제입니다. 자세

한 것은 "하나님의 음성을 쉽게 듣는 법" 책을 참고하면 됩니다.

◎성령님과 동행하는 방법을 배우는 곳입니다. 성령님과 동행하는 삶을 살아가야 합니다. 하나님은 우리가 푸른 초장 맑은 시냇물 가에 있을 때에나, 사망의 음침한 골짜기를 지날 때에나 항상 함께 계십니다. 우리가 세상에서 어렵고 힘들고, 병들어 고통스러운 환난을 당하고 있다 할지라도 여전히 성령 하나님께서는 우리와 함께 동행 하십니다. 다윗은 "내가 사망의 음침한 골짜기로 다닐지라도 해를 두려워하지 않을 것은 주께서 나와 함께 하심이라."(시 23:4)고 노래했습니다.

성도는 주일날이 중요합니다. 주일날 성령 충만을 받고 뜨겁게 기도하며 영성을 유지할 수 있기 때문입니다. 지속적으로 성령의 지배와 장악 속에 들어갈 수가 있기 때문입니다. 예배를 통하여 자신의 몸속에 있는 독소를 녹이면서 배출할 수가 있는 것입니다. 저는 교회를 개척할 당시부터 주일 예배를 성령 충만한 예배로 드리고 있습니다. 오전에 40분기도, 오후 예배에 50분 기도하여 심령을 성령으로 정화하고 성령 충만을 받습니다. 이 기도 시간에 제가 일일이 안수하여 막힌 영의통로를 뚫어주고 성령이 충만하고 기도가 깊어지도록 지도합니다. 왜냐하면 세상에서 살아가기가 그리 쉽지 않기 때문에 주일 하루 밖에 교회에 오지 못하는 분들이 많기 때문입니다. 이분들이 성령의 지배와 장악 속에 들어가 우울정신영적인 문제을 일으키는 몸속의 독소를 녹이고 배출할 수 있는 시간이 주일밖에 없기 때문입니다.

27장 개별 정밀집중정밀치유로 순간치유

(시 38:8)"내가 피곤하고 심히 상하였으매 마음이 불
안하여 신음하나이다."

우울증이나 조울증이나 악성두통이나 공황장애나 울화병 등
을 일으키는 몸속에 독소가 강하게 뭉쳐서 스스로 예배나 기도
를 통하여 배출할 수 없는 경우에 개별정밀집중치유를 하는 것
입니다. 충만한 교회는 매주 화-수-목요일 정기적인 성령치유
집회가 있습니다. 많은 분들이 이 집회에 참석하여 영-혼-육체
에 끼어있는 독소를 배출하고 있습니다. 그런데 앞에 설명된 여
러 부분들을 읽어보시면서 깨달은 분들이 계시겠지만 영-혼-육
체에 끼어있는 몸속의 독소가 쌓인 기간이 길고 독소가 강하게
뭉쳐서 도저히 해결이 40-50분 기도하여 우울정신영적인 문제
을 일으키는 독소가 배출이 되지 않는 분들이 계십니다. 이런 분
들이 사전에 예약하여 개별정밀집중치유를 받습니다.

우울증이나 조울증이나 악성두통이나 공황장애나 울화병 등
으로 고통당하던 분들이 집중정밀치유를 1-2회만 받아도 마음
이 평안하고 내가 언제 우울증, 조울증, 악성두통, 공황장애, 울
화병 등으로 고생했는가 싶을 정도로 평안한 상태로 변화됩니
다. 성령님께서 전인격을 지배하고 장악하시기 때문에 우울증,
조울증, 악성두통, 공황장애, 울화병 등을 일으키는 독소들이 배
출되고 진리의 말씀과 성령으로 채워지기 때문에 일어나는 자연

스러운 현상입니다.

우울증, 조울증, 악성두통, 공황장애, 울화병 등은 세상 방법으로는 치유가 불가능합니다. 잠재의식에 독소들이 끼어있어서 일어나는 현상이기 때문에 반드시 성령의 강력한 역사가 환자의 안에서 일어나서 잠재의식의 독소들의 정체를 폭로하여 밖으로 배출해야 치유되기 때문입니다.

기도하는 시간이 길어서 성령의 지배와 장악이 수월하여 깊은 곳까지 영-혼-육체에 끼어있는 독소를 성령의 역사로 녹이면서 배출합니다. 아주 강력한 성령의 역사가 장악하니 몇 십년간 숨어서 고통을 가하던 독소들이 정체를 폭로하고 녹아지면서 배출이 됩니다. 환자가 최단기간 제일 빨리 치유되는 것을 느낄 수가 있고 체험하며 실제적인 치유가 일어나는 사역입니다.

첫째, 개별집중정밀치유를 받는 분들이다. ◎ 기존 화-수-목 집회에 참석해도 몸속의 독소가 시원하게 배출되지 않는 분. ◎ 영의 만족을 누리지 못하여 방황하는 분. ◎ 기도할 때뿐이고 마음이 답답한 분. ◎ 가슴이 답답하고 기도하기가 힘이 드는 분. ◎ 강 목사가 가진 성령의 은사를 전이 받고 싶은 분. ◎ 우울증, 공황장애, 조울증, 불면증, 울화병 등으로 고생하시는 분. ◎ 삶에서 하나님을 누리는 축복의 통로를 뚫고 싶은 분. ◎ 성령사역을 하실 분으로 최단 단기간에 능력 받아 사역하실 분. ◎ 부모가 자녀들의 상처를 치유해주고 싶은 분. ◎ 성령의 불세례를 체험하고 지배와 장악되고 싶은 분. ◎ 불치병, 귀신 역사로 고통이 심하여 해결 받고 싶은 분. ◎ 직장과 학업, 생업으로 평일 날 시간 없어 집회에 참석하지 못해 치유 받지 못하는 분. ◎ 마음의 참 평안을 체험하고 느끼고 싶은 분으로 세상 사람들이 맞는 프로포폴 효과보다 더 오래가고 더 깊은 평안을 누릴 수가 있습니다. ◎ 목 디스크, 허리디스크, 어깨통증, 허리통증, 근육통, 온몸이 아프고 무거워 생활하기 어려움을 순간치유 받고 싶은 분. ◎ 난치병, 영적인 문제로 고통당하고 계시는 분 등입니다. 어떤 문제와 불치병, 난치병이라도 3-번만 받으면 치유가 됩니다.

둘째, 몸속 독소로 나타나는 영적인 고통. 스트레스를 받다가 해소하지 못하고 몸속에 독소가 쌓이면 영적으로 변화를 체험적으로 느낄 수가 있습니다. 스트레스는 영적인 생활에도 지대한 영향을 미칩니다. 그래서 스트레스를 만 가지 문제의 근원이라고 하는 것입니다.

◎ 기도하기가 힘들어 집니다. 스트레스로 무기력과 탈진에 빠져서 영혼이 자유 함을 누리지 못하면 기도의 문이 막혀서 기도하기가 힘듭니다. 기도하지 못하여 영육의 기능이 비정상적으로 되기 때문에 분노와 혈기와 찌증이 심해집니다. 가장 신뢰하고 사랑해야 할 부부 사이에 불화가 생깁니다. 자기의 잘못을 인정하기보다 다른 사람에게 책임 전가를 하는 이기주의자가 됩니다. 하는 일마다 잘 되지 않아 경제적인 고통이 찾아옵니다. 살아가는 것이 짐으로 느껴집니다. 거짓말을 스스럼없이 하고 삽니다. 하나님보다 사람의 눈치를 보며 삽니다.

습관적인 죄에 빠지며 삶의 변화가 없는 입술의 고백만을 하고 삽니다. 마음이 불안하고 답답하며, 심각한 정신 질환인 우울증, 조울증, 공황장애, 불안장애, 울화병, 치매 등으로 고통을 당하기도 합니다. 시기 질투가 강하여 다른 사람을 죽이고 싶은 충동까지도 종종 느끼게 됩니다. 양방과 한방의 약을 사용해도 아무 효력이 없는 원인 모를 육신의 질병으로 고생하기도 합니다. 심리치료, 찬양치료 등으로 치유가 불가능합니다. 이곳저곳에 뼈와 신경의 질병과 근육통이 생깁니다.

영적인 질병으로 발전이 되어 가위눌림을 당하기도 합니다. 필자도 스트레스로 영육이 정상이지 못할 때 가위눌림을 당하여 죽는 줄만 알았습니다. 귀신들림으로 고통을 당할 수도 있습니다. 육신이 병든 증거로 고통이 극심함과 같이, 영혼이 병들은 증거도 이와 같이 영적 고통이 임하는 것입니다. 영에서 병이 드니 정신으로 육체로 병이 진전되는 것입니다. 그래서 크리스천이 영혼의 만족은 참으로 중요합니다.

◎ 말씀이 들리지 않고 보이지 않습니다. 필자역시 교회를 개척하고 부흥되지 않아 스트레스를 받다가 스트레스에 걸려 영적인 무기력과 탈진에 빠지니까, 무엇보다도 괴로운 것은 말씀이 들리지 않고 보이지 않는 것입니다. 은혜를 받겠다고 성령집회에 찾아가면 말씀을 들을 수가 없었습니다. 잡념과 졸음으로 집중을 하지 못하였습니다. 그렇게 6개월여를 고통을 하다가 하나님께 지혜를 구했습니다.

그랬더니 이렇게 감동하시는 것입니다. 말씀을 받아쓰기를 하라는 것입니다. 그리고 녹음을 하라는 것입니다. 이유는 이렇습니다. 받아쓰기를 하면 집중할 수가 있기 때문입니다. 녹음을 하는 이유는 받아쓰기를 못한 부분은 교회에 돌아와 저녁에 녹음한 것을 들으면서 보강하라는 것입니다. 그러면서 서서히 집중력이 생기고 말씀이 들리기 시작했습니다. 본인이 노력을 하여 극복하려고 해야 좀 더 빨리 해방이 될 수가 있습니다.

◎ 영육으로 무기력해 집니다. 스트레스를 받다가 스트레스에 걸려 무기력과 탈진에 빠져서 영혼이 불만족한 사람은 방향감각이 없습니다. 필자가 교회를 개척하고 부흥되지 않아 스트레스를 받을 때 항상 머리가 묵직하고 멍했습니다. 생각이 떠오르지 않는 것입니다. 육체는 망가져서 속은 쓰리고 아프고 조그마한 소리에도 참지 못하고 분을 발했습니다. 금방 굶어서 죽는 것과 같았습니다. 믿음이 아예 없었던 것입니다.

하나님을 믿지를 못하는 것입니다. 모든 것을 필자가 해야 하는 것으로 생각하니 매사가 불안하고 두려움이 떠나가지를 않는 것입니다. 정신이 흐리멍덩하며 자신이 지금 어디로 향하고 있는지 위치 파악이 안 되는 것처럼, 스트레스로 인하여 탈진에 빠진 사람은 지금 자신이 가고 있는 방향이 어디인지를 모릅니다. 목표와 방향이 없기 때문에 왜 신앙생활을 해야 하는지를 모릅니다. 무엇 때문에 목회를 했는지 모릅니다. 무엇 때문에 말씀을 전해야 하는지도 모르고 전합니다. 아무리 앉아서 기도하려고 해도 기도가 되지를 않습니다. 죽고 싶은 생각만 났습니다. 사당역에서 몇 번이나 전철에 뛰어들려고 생각했다가 어린 자식들과 사모가 살아가려면 얼마나 고생할까, 내가 자살하는 것은 무책임한 일이다고 생각하고 접었습니다.

◎ 영적의지를 발휘하지 못합니다. 정상적인 신앙생활을 하던 크리스천이라도 스트레스를 지속적으로 받아 탈진 상태에 빠지면 혈통이나 육체에 역사하던 귀신이 현재의식을 장악하여 정상적인 의지를 하지 못하게 합니다. 마음이 어두워지고 평안과 기쁨과 감사를 잃어버립니다. 귀신이 사람의 의지를 잡으니까, 일어나는 현상입니다. 미운 생각, 세속적 생각, 교만한 생각, 부정적 생각의 사람이 됩니다. 항상 생각이 부정적이 되어서 정상적인 사람들과의 대화가 되지를 않습니다. 은혜가 소멸되어 기도와 교회가 멀어지고 말씀을 불순종하며 거역합니다.

귀신에게 영이 눌려서 잠을 자니 생명의 말씀이 깨달아지지 않기 때문입니다. 차가운 사람, 불순종의 사람, 거짓을 말하고 증오를 합니다. 좋은 이야기를 해도 의심하며 받아들이지 않기 때문에 정상적인 사람들이 대화하기를 꺼려합니다. 양심이 마귀의 화인을 맞아 죄책을 느끼지 못합니다. 스트레스로 인하여 귀신이 마음을 억압하면 자신을 학대하게 되는데 의욕상실, 우울증, 불면증, 울화병, 패배감, 자포자기, 환각, 환청, 자살충동, 정신이상 등 자신의 본래 모습을 상실하고 맙니다. 옛사람이 나타나서 유혹의 욕심을 따라서 정욕으로 행합니다. 우상을 좇습니다.

허영을 좇습니다. 음욕이 불타서 성적인 범죄를 저지릅니다. 환경에 지기 때문에 심령이 병드는 것입니다. 스트레스로 환경과 자신을 이기지 못하면 마치 막 5장의 군대 귀신들린 자의 모습(막5:1-20)이 됩니다. 자기 몸에 상처를 내며 사람들에게 공포를 조성하는 사람이 됩니다. 이 모든 일들이 스트레스를 제때 해소하지 않고 잠재의식에 독소가 쌓여서 일어나는 영적인 현상입니다.

셋째, 몸속의 독소로 인한 건강 적신호. 적당한 스트레스는 삶의 활력소가 되지만 현재 세상에서 살아가는 대다수 사람들은 지나친 스트레스를 받고 있습니다. 스트레스를 해소하지 못하여 몸속에 독소가 쌓이면 건강에 문제가 생기기 시작을 합니다. 스트레스로 인하여 몸속의 독소가 쌓여서 일어나는 건강적신호는 이렇습니다. 바르게 알고 예방하는 것이 좋습니다.

◎ 이유 없는 피로감. 평소의 생활하는 대로 변화 없이 살아가는데 갑자기 극심한 피로감이 느껴지고 지속적으로 그렇다면 스트레스에 의한 간장 쪽에 이상이 생겼을 때 흔히 나타나는 증상이라고 합니다. 우리 몸에 필요한 해독기능을 담당하는 간장에 이상이 생기면 스트레스, 과로 등으로 생긴 유해물질, 독소 등을 제대로 분해하지 못합니다. 그렇게 되니 항상 만성 피로에 절어서 살게 됩니다. 잠을 충분히 자도 피곤이 풀리지 않는 것은 잠재의식에 스트레스가 쌓여 건강에 이상이 생긴 것입니다. 극심한 피로는 스트레스로 인해서 갑상선에 문제가 생겼을 때 벌어집니다. 부신은 아드레날린과 다른 호르몬이 분비되는 기관인데 이곳에 이상이 생기면 피로가 잘 풀리지 않게 됩니다. 실제로 갑

상선에 질환이 생긴 사람들은 만성 피로를 호소합니다. 장기에 문제가 없더라도 스트레스가 심하면 낮에는 병든 닭과 같이 꾸벅꾸벅 졸기 일쑤입니다. 영적치유를 겸하여 받아야 해방될 수가 있습니다.

◎ 두통과 가슴통증. 많은 분들이 필자에게 찾아와 가슴이 답답하고 소화도 잘되지 않는다고 호소합니다. 특별하게 명치끝이 아프고 답답하다고 합니다. 그러나가 기도하면서 안수 받고 얼마 있지 않아서 답답함이 사라졌다고 합니다. 스트레스로 발생한 것입니다. 평소에 두통이 없던 사람이 갑자기 심한 두통을 호소하면 뇌종양의 가능성이 있어서 진단받아 봐야 합니다. 물론 스트레스로 인해 그럴 수도 있으니 진단을 바르게 하고 평소에 관리를 잘 해야 할 것입니다. 폐암 환자의 30%정도는 가슴에 통증을 느낀다고 합니다. 그래서 이유 없이 가슴이나 복부 상단에 통증이 있다면 검사를 받아보는 것이 좋습니다.

◎ 기침과 쉰 목소리. 스트레스가 심하면 목소리가 변합니다. 아마 많이 경험해 보았을 것입니다. 잦은 기침을 하면서 목소리가 쉰 소리가 나온다면 역류성 식도염일 수도 있습니다. 역류성 식도염역시 스트레스로 발생하는 경우가 있습니다. 이는 위장 속 내용물이 식도 쪽으로 역류하는 질환입니다. 위에는 위산으로 부터 보호하는 점막이 있는데 식도에는 보호막이 없어서 쉽게 염증이 생길 수 있어서 만성 기침 증상이 있는 것입니다. 자연스럽게 성대가 망가지니 쉰 목소리가 나오는 것입니다. 마른 기침이 계속 되고 신물이 올라오거나 목소리가 자꾸 쉰다면 역

류성 식도염일 수 있습니다. 스트레스로 심장이 자기 기능을 하지 못하여 생기는 현상입니다.

◎ 배변습관의 변화와 혈뇨. 스트레스를 해소하지 못하고 쌓이면 항문출혈이나 변비와 설사를 할 수가 있습니다. 소변에 피가 섞여 나올 수가 있습니다. 항문 출혈이나 변비, 설사 등 갑자기 배변습관이 바뀌었다면 대장암 쪽일 수도 있습니다. 반복적으로 눈에 띄는 피가 소변에 섞여 나오고 배뇨 통이 있다면 스트레스로 인해서 발생할 수 있습니다. 필자가 군대에서 전역하기 전에 스트레스가 과하여 소변에 피가 나오고 소변볼 때 아프고 힘이 들었습니다. 일주일 입원하여 치유한 경험이 있습니다. 여성이라면 요로감염증일 수 있습니다.

◎ 뒷목 당김과 두통. 많은 분들이 필자에게 찾아와 뒷목이 당기고 머리가 아프다고 호소합니다. 모두 스트레스에 의해서 발생한 것입니다. 과도한 스트레스는 근육 수축의 원인이 되며, 허리의 경우 근육의 빈번한 팽팽함은 근육의 정렬을 무너뜨릴 수 있고, 허리 쪽으로 산소와 영양을 공급하는 혈관들을 수축시킬 수 있으며, 이로 인해 요통을 유발할 수 있습니다. 그리고 긴장된 근육이 목뼈를 잡아당기게 되면 목의 형태를 변화시키고, 목뼈 사이에 있는 디스크가 변형된 형태의 목뼈에 눌려서 압박을 받으면 목 디스크가 생길 수 있습니다.

오랜 시간 앉아서 일하는 직장인들, 책상을 떠날 수 없는 학생들 사이에서 목통증을 호소하는 사람들이 급격하게 증가했습니다. 피로하거나 스트레스를 많이 받으면 뒷목이 뻣뻣한 것을 느끼며, 뒷목에 피가 몰려있는 것 같이 당기고, 목을 원활하게 돌릴 수 없을 때가 있는데, 이런 경우 역시 스트레스 때문에 생리작용이 원활하게 이루어지지 않기 때문입니다. 스트레스로 인한 목통증을 가벼운 피로 누적으로 쉽게 생각할 수 있는데 이러한 증상이 지속될 경우 목 디스크 부위에 질환이 생길 확률이 높아지니 주의해야 합니다.

◎ 체중감소. 딱히 체중관리를 하지 않았는데도 체중감소가 일어난다면 건강에 문제가 생겼을 수 있습니다. 식욕은 많은데 체중은 줄어든다면 당뇨병일 수 있습니다. 그 외에도 다른 질병일 수도 있습니다. 중년이상의 연령층에서 일반적으로 증상이 나타나는데 암의 초기 증상일 수도 있기 때문에 정확한 진단을 받아봐야 합니다. 반대로 식욕이 줄고 체중도 빠진다면 스트레스로 인한 것이니 관리가 필요합니다. 불려서 상상해서 생각 말고 정확한 진단이 필수입니다.

◎ 평소처럼 잠을 이루지 못한다. 평소에 잠을 자던 패턴과 크게 달라졌다면 건강에 이상이 생긴 것일 수 있습니다. 적어도 불면증이 생겼다면 꼭 건강을 체크해야 합니다. 불면증의 가장 큰 이유는 스트레스라고 합니다. 이러한 수면 장애가 문제가 되는 것은 우리 몸이 잠을 자는 동안 놀라운 일들을 하기 때문입니다. 인간은 수면 상태에 빠지면 몸에서 코르티솔(cortisol) 양이 줄어듭니다. 코르티솔은 스트레스를 주관하는 호르몬으로 우리 몸에서 중요한 역할을 담당합니다. 그런데 잠을 자는 동안 신체가 제 기능을 발휘하지 못하고 코르티솔 분비량이 줄어들지 않으면

건강에 이상이 생기는 전조인 것입니다. 잠을 자는 동안 우리 몸에는 다양한 호르몬이 분비돼 다양한 기관을 회복시키고 신체의 에너지를 재충전 시켜줍니다. 스트레스를 받으면 불면증이 생기는 경우가 많다는 통계가 있습니다.

◎ 밤새 기분 나쁜 꿈에 시달린다. 꿈은 수면 중에 점차적으로 긍정적으로 변하는 경향이 있기 때문에 사람들은 잠자리에 들 때 보다 일어났을 때 기분이 더 좋다고 합니다. 하지만 스트레스를 받아 수면 중 자주 깨게 되면 꿈이 긍정적으로 변하기 전에 중단되어 밤새도록 기분 나쁜 꿈만 계속해서 꾸게 된다고 합니다. 가위눌림을 당하기도 합니다. 건강한 수면을 위해 하루 7~8시간 수면을 취하고 취침 전 카페인과 알코올 섭취를 피하는 것이 좋습니다.

◎ 단 음식이 자꾸만 당긴다. 스트레스가 단 것에 대한 욕망을 더 유발할 수 있습니다. 여성에게 단 것에 대한 욕망을 자극하는 것은 호르몬보다는 스트레스와 같은 다른 요인인 것 같다고 미국 필라델피아 병원 의학연구팀은 밝혔습니다.

◎ 피부 가려움증에 시달린다. 성인 남녀 2000명을 대상으로 한 최근 연구결과에 따르면 소양증(pruritis)이라 알려진, 만성 가려움을 가진 사람들은 그렇지 않은 사람에 비해 스트레스를 받을 확률이 2배 높은 것으로 나타났습니다. 가려움은 스트레스를 유발하지만 스트레스 또한 가려움을 유발하고, 피부염, 건선, 아토피, 습진과 같은 피부 질환을 악화시킬 수 있다고 합니다. 전문의는 "스트레스는 신경섬유를 활성화하여 가려움을 유발할

수 있다"고 말했습니다.

◎ 복통이 생긴다. 스트레스는 두통, 요통, 불면뿐 아니라, 위경련이나 복통을 야기할 수 있습니다. 많은 분들이 저에게 찾아와 배가 아프다고 호소합니다. 얼마간 기도하게 하고 안수하면 통증이 없어졌다고 합니다. 심장이 스트레스로 인하여 정상 기능을 하지 못하여 발생하는 것입니다. 1953명의 성인 남녀를 대상으로 한 실험에서 가장 스트레스를 많이 받는 사람이 복통을 겪을 확률이 3배 이상 높았습니다. 뇌가 정신적 스트레스를 받을 때, 같은 신경경로를 이용하는 내장도 동일한 신호를 받는 것입니다. 이런 분들이 사전에 예약하고 오셔서 견고하게 뭉쳐진 몸속의 독소를 배출하고 영육의 건강을 회복하여 생기 있는 삶을 살아가고 있습니다.

넷째, 개별 집중정밀치유 간 몸속독소가 배출되며 일어나는 현상. 몇 년 전 추석연휴 기간 동안 성령께서 감동을 하셔서 처음 사역을 시작했습니다. 결과 말로 표현할 수 없는 역사가 일어났습니다. 지금도 매주 정밀치유 시 동일한 현상이 일어나면서 강한 우울증이나 조울증이나 악성두통이나 공황장애나 울화병 등을 일으키는 몸속의 독소들이 녹아지고 배출이 됩니다. 상황을 요약해서 정리하면 이렇습니다. 안수기도를 하고 상당한 시간이 흐른 다음에는 상처가 치유되었습니다. 악~악~악~ 하면서 분노가 터져 나왔습니다. 40대 중반의 여성은 손가락을 입어 넣고 빨면서 엄마를 찾았습니다. 야~ 이 새끼야~ 그래 잘났다. 잘

낮어! 하면서 욕을 해대는 여성도 있었습니다. 으흐응~ 으흐응~ 으흐응~ 하면서 앓는 소리를 하는 70대 여성도 있었습니다. 이렇게 상처가 치유가 되었습니다.

상처가 치유되고 조금 더 시간이 흐르니, 이제 세대의 영들이 축사되었습니다. 아이고~ 아이고~ 아이고~ 곡을 하면서 떠나는 귀신도 있었습니다. 나갈게 나가면 되잖아~ 하면서 떠나는 귀신도 있었습니다. 손발이 오그라들면서(중풍) 떠나가는 귀신도 있었습니다. 야! 내가 이년을 관절염에 걸리게 해서 걷지 못하게 하려고 했는데 이제 틀렸다. 내가 나가야 하다니 원통하다. 하면서 나가기도 했습니다. 이 집사님은 무릎관절로 고생을 하던 분입니다. 다른 분에게서는 아이고~ 아이고~ 내가 지금까지 여기에서 살았는데 어디로 가라는 거야! 하소연을 한동안 하다가 떠나가기도 했습니다. 어떤 성도는 괴롭히는 귀신은 예수 이름으로 명령하니 떠나가라. 했더니, 그래 간다. 이 자식아~ 가면 되잖아 하면서 떠나기도 했습니다.

오십견을 일으키던 귀신은 악~ 악~ 하면서 어깨통증을 일으키며 떠나갔습니다. 현장에서 오십견, 허리디스크, 근육통 복부통증 등등이 치유가 되었습니다. 허리와 근육에 강한 통증을 유발하며 떠나갔습니다. 시간이 많이 흐른 다음에는 세대의 영들이 별별 희한한 행동과 소리를 하면서 떠나갔습니다. 늦은 분들은 아주 많이 시간이 흐른 다음에 악한 영들이 떠나갔습니다. 우울증이나 조울증이나 악성두통이나 공황장애나 울화병 등을 일으키는 독소들은 흐느끼면서 울면서 악을 쓰면서 등 여러 가지

현상을 일으키면서 배출이 되었습니다. 정말로 유익한 시간을 보냈습니다. 그래서 매주 토요일 날 희망하는 분들을 대상으로 사역을 하려고 하는 것입니다. 제가 이 사역을 하면서 깨달은 것은 나름대로 성령이 충만하다고 자부하는 사람들에게도 몸속에 독소가 있고 귀신이 역사하고 있었다는 것입니다. 이 독소가 녹아져서 배출되고 귀신들이 떠나가는데 상당히 오랜 시간이 걸린다는 것입니다. 성령께서 완전하게 지배하고 장악이 되어야 독소가 녹아져서 배출되고 귀신들이 떠나가기 때문입니다. 사람마다 성령께서 환자를 지배하고 장악하는 시간이 많이 걸립니다. 집중 정밀치유를 해야 된다는 것입니다. 그래서 성령께서 필자에게 감동하여 알려주신 시간이 맞아떨어진다는 것입니다. 좌우지간 어떤 강한 우울증이나 조울증이나 악성두통이나 공황장애나 울화병 등을 일으키는 몸속의 독소라도 귀신 역사라도 마음을 열고 3-5회만 받으면 모두 녹아지고 배출되어 새로운 삶을 살아갈 수가 있습니다. 하나님은 하시지 못하는 것이 없으신 초자연적인 하나님이시기 때문입니다.

28장 해지기 전에 분을 풀며 순간치유

(엡 4:26)"분을 내어도 죄를 짓지 말며 해가 지도록 분
을 품지 말고"

하나님은 "분을 내어도 죄를 짓지 말며 해가 지도록 분을 품
지 말고, 마귀에게 틈을 주지 말라(엡 4:26-27)" 말씀하셨습니
다. 이유는 이렇습니다. 해가지도록 분을 해소하지 않고 잠을 자
는 경우에 잠재의식에 스트레스와 독소가 쌓이기 때문입니다.
독소가 잠재의식에 쌓이다가 보면 결국 영육에 밸런스를 깨뜨려
서 우울정신영적인 문제을 일으키거나 영적인 탈진이나 심인
성 질환이 발생할 수가 있기 때문입니다. 하나님은 크리스천들
을 특별하게 사랑하십니다. 사랑하시기 때문에 해가 지도록 분
을 품지 말라고 말씀하시는 것입니다. 필자가 평소에 생각하고
있는 것은 하나님의 말씀대로 살아가지를 않기 때문에 영육의
질병이 발생한다고 믿고 있습니다. 성령의 인도를 받지 않고 자
신의 욕심을 따라 살기 때문에 스트레스에 의하여 영육의 질병
이 발생하는 것입니다. "분을 내어도 죄를 짓지 말아야"합니다.
분은 불꽃과 같습니다. 화를 내거나 심히 노를 발한 후에 그 남
은 분노가 불꽃같이 마음에 분을 뿜습니다. 분을 삭이지 못해서
계속 품고 있으면 그 영향으로 죄를 짓게 되며 해가 지도록 분을
품고 있으면 그 기회를 쫓아 마귀가 들어와서 집을 짓게 되고 도
적질하고 죽이고 멸망시키는 큰 해를 끼치게 되는 것입니다.

첫째, 분을 내면 죄를 짓게 된다고 한다. 요사이 무시무시한 범죄가 많이 일어나는데 그 배후에 보면 분노가 꼭 자리 잡고 있는 것입니다. 최근 세상에 큰 문제를 일으킨 땅콩 회항 사건은 참지 못한 분노가 큰 사고를 저지른 것입니다. 마음에 스트레스가 쌓여서 분노를 조절하지 못하여 발생한 사건입니다. 스트레스는 만 가지 문제의 원인이라고 하는 것입니다. 하나님은 이를 아시기 때문에 "분을 내어도 죄를 짓지 말며 해가 지도록 분을 품지 말고, 마귀에게 틈을 주지 말라(엡 4:26-27)" 말씀으로 강조하시는 것입니다.

하버드대 보건대학원에서 발표한 바에 의하면 분노는 뇌졸중, 심장마비 등의 위험을 높인다고 합니다. 하루에 다섯 번 이상, 화를 내면 건강상 위험 상태에 이른다고 말합니다. 화를 낸 상태에서 잠을 자면 깨어났을 때 마음에 불행도가 높아지고 부정적인 감정이 더 악화된다고 합니다. 잠재의식에 우울정신영적인 문제을 일으키는 분노가 집을 지었기 때문입니다. 분노 뒤에 귀신이 역사하니 더 악화되는 것입니다.

분을 품고 잠을 잘 수 없지 않습니까? 그러나 분을 품고 잠을 자면 치료를 받을 것 같은데 잠을 잘 때에 잠재의식에 스트레스가 쌓이게 됩니다. 잠재의식에 스트레스가 쌓이니 귀신의 거처 독소가 되는 것입니다. 잠재의식에 스트레스가 쌓여서 귀신의 거처가 되니 아침에 일어나도 개운하지 못하고 마음에 불행한 느낌이 더 크다는 것입니다. 하나님은 크리스천들을 사랑하시기 때문에 에베소서 4장 26절로 27절에 "분을 내어도 죄를 짓지 말며 해가 지도록 분을 품지 말고 마귀에게 틈을 주지 말라"고 경고하시는 것입니다. 잠언 12장 16절에 "미련한 자는 당장 분노를 나타내거니와 슬기로운 자는 수욕을 참느니라" 잠언 29장 11절에 "어리석은 자는 자기의 노를 다 드러내어도 지혜로운 자는 그것을 억제하느니라" 그런데 분노를 억제하려면 마음에 여유가 있어야 가능한 것입니다. 마음에 여유는 하루하루 해가 지기 전에 생명의 말씀과 성령으로 스트레스를 정화해야 가능합니다. 성령으로 충만할 때 우울정신영적인 문제를 일으키는 분노를 억제할 수 있는 여력이 생기는 것입니다.

성경에 보면 제일 먼저 사람을 죽인 사람이 가인입니다. 가인은 논농사, 밭농사 이런 것을 지었고 아벨은 양을 쳤습니다. 하나님께서 그 두 사람에게 분명히 1년에 한 번씩 하나님 만나러 올 때 제사를 드리되 어린 양을 잡아 피를 쏟고 향기로운 제사로 불을 태워 하나님께 올리라고 말씀을 했을 것입니다. 그런데 1년간 농사를 짓고 난 다음에 가인은 역시 내가 손으로 지은 열매를 가지고 하나님께 드려야지. "하나님께서 내 손의 열매를 받으십시오." 하고 열매 맺은 곡식단을 들고 와서 하나님께 드렸습니다. 그런데 하나님은 그것을 보시고 고개를 흔들었습니다. 왜, 하나님이 원하는 제사를 지내야지 하나님이 원치 않는 제물을 가인이 자기 원하는 것으로 드렸던 것입니다.

그러나 아벨은 양 한 마리를 잡아서 피를 뿌리고 불을 붙여서 향기로운 냄새가 나는 제사를 드렸습니다. 피를 흘려서 속죄 제사를 드린 것입니다. 하나님이 아벨의 피의 제사를 기쁘게 받았습니다. "가인과 그의 제물은 받지 아니하신지라. 가인이 몹시 분하여 안색이 변하니 여호와께서 가인에게 이르시되 네가 분하여 함은 어찌 됨이며 안색이 변함은 어찌 됨이냐 네가 선을 행하면 어찌 낯을 들지 못하겠느냐 선을 행하지 아니하면 죄가 문에 엎드려 있느니라 죄가 너를 원하나 너는 죄를 다스릴지니라 가인이 그의 아우 아벨에게 말하고 그들이 들에 있을 때에 가인이 그의 아우 아벨을 쳐죽이니라"(창 4:5~8). 제일 첫 살인 사건이 에덴동산에서 일어난 것입니다.

시편 37편 8절에 "분을 그치고 노를 버리며 불평하지 말라 오히려 악을 만들 뿐이라" 분이 곧 삭여지지 아니하면 악을 행하게 되는 것입니다. 분의 결과로 악을 행하여 살인도 하게 되고 파괴하고 무서운 일들이 생겨날 수 있는 것입니다.

미국 하버드대 보건대학원의 연구 결과는 분노가 우리의 건강과도 밀접한 관련이 있다는 것을 보여 줍니다. 분노가 폭발하고 난 뒤 2시간 이내에는 심장마비, 부정맥, 뇌졸중의 위험도가 무려 4-5배 이상 증가한다는 것입니다. 분노 횟수가 축적되면 심장마비 위험률이 높아지는데, 하루에 다섯 번 이상 분노를 발하면 위험한 상태에 이른다고 경고합니다. 빈번한 분노는 결국 자신의 건강과 정신을 망가지게 하는 행위라는 것입니다. 그러므로 자신에게 화를 끼치지 않도록 분노를 발하면 안 됩니다. 매일 해가 지기 전에 분노를 정화해야 자신이 행복합니다.

둘째, 화는 고통스러운 결과를 초래한다. 분노를 통해서 화를 내면 시야가 좁아져서 자동차 운전을 할 때 사고를 낼 확률이 높습니다. 그리고 분을 낸 사람에게 사연을 설명해도 이해를 하지 않습니다. 사고가 좁아지기 때문인 것입니다. 화를 낸 상태에서 식사를 하면 소화기능이 떨어져 설사나 변비가 오며 고당 분 음식을 선호하게 됨으로 혈당이 높아지고 건강에 지장이 다가오는 것입니다. 욥기 5장 2절에 "분노가 미련한 자를 죽이고 시기가 어리석은 자를 멸하느니라"고 말한 것입니다.

2005년 "최장수 부부"로 기네스북에 올랐던 부부가 있습니다. 남편인 퍼시 애로스미스와 아내인 플로렌스 애로스미스인데, 남편이 105세이고, 아내가 100세입니다. 그들이 기네스북에 올랐을 때 한 기자가 금슬이 좋고 장수한 비결을 묻자, 아내가 이렇게 대답했습니다. "우리라고 해서 남들처럼 다투지 않겠어요? 우리도 종종 다투는데 그러나 화가 난 채로 잠자리에 들어가지 않습니다. 항상 화가 나면 그 화를 서로 대화하여 다 풀고 난 다음에 잠자리에 들어가서 등을 서로 대고 자지 않습니다." 한평생을 안고 잤다는 것입니다. 표창 받을 만하지요? 하나님이 그렇게 인정 있게 사는 부부에게 장수의 은혜를 주신 것입니다. 잠들 때는 언제나 친구처럼 포옹한 채로 잠이 들었다는 것입니다. 이 부부가 평생 실천했던 말씀은 에베소서 4장 26~27절, "분을 내어도 죄를 짓지 말며 해가 지도록 분을 품지 말고 마귀에게 틈을 주지 말라" 하는 말씀이었습니다. 화가 난 상태에서 잠을 자면, 자는 동안 부정적인 감정들이 잠재의식에 집을 짓기 때문에, 하나님의 말씀에 순종하여 화를 풀고 잠자리에 들어가야 부정적인 감정이 사라지는 것입니다.

셋째, 분을 품거나 화를 내지 않기 위하여. 김이라는 목사님이 충남 면소재지에 있는 교회에 부임하셨습니다. 교회의 실정을 파악하면서 성도들에게 이 교회에서 부부 금술이 제일 좋은 부부가 누구냐고 질문했답니다. 교인들이 하는 말이, 저 앞 산 밑 사시는 70대 집사님 부부가 제일로 금술이 좋은 잉꼬부부라고 대단한 칭찬을 하는 것입니다. 그래서 대관절 어떻게 살고 계시기에 노부부가 잉꼬부부로 정평이 날 정도로 잉꼬부부인가 직접 확인을 하고 배워서 목사님 부부도 그렇게 살기로 하셨습니다. 아침 일찍 집사님 댁에 방문하여 부부가 행동하는 일거수일투족을 보셨습니다. 그런데 아침부터 부부가 말다툼을 하면서 일을 하는 것입니다. 그렇게 말다툼을 하다가 오후에는 여 집사님이 속이 상해서 방안으로 들어가 버리는 것입니다.

목사님이 생각하기를 저렇게 아침부터 다투는데 무슨 소문난 잉꼬부부인가 과장된 것이라 생각하면서 인내를 가지고 하루 종일 부부의 행동을 관찰기로 했습니다. 어느덧 해가 뒷동산에 걸쳤습니다. 그러자 남편 집사님이 이렇게 말하는 것입니다. 여보! 해가 넘어갑니다. 그러니까, 부인 집사님이 방안에서 나와서 서로 손을 잡고 기도를 하더니 다정하게 대화하며 방안으로 들어가 저녁을 드시는 것입니다.

그때 목사님이 깨달았습니다. 부부가 낮에 다투다가 해가지기 전에 기도하며 화해하고 잠자리에 들어간다는 것입니다. 아~

그래서 부부간에 의가 상하지 않고 응어리가 생기지 않고 잉꼬부부로 살아가는 구나하면서 낮에 단면만 보고 판단한 것을 회개했다는 것입니다. 목사님도 해가지도록 분을 가지고 살지 않기로 했답니다. 분명하게 이 부부는 하나님의 말씀과 같이 "분을 내어도 죄를 짓지 말며 해가 지도록 분을 품지 말고, 마귀에게 틈을 주지 말라(엡 4:26-27)"는 말씀을 지키면서 살아가기 때문에 잉꼬부부로 살아갈 수가 있었던 것입니다.

우리가 살아가는 동안에 많은 시련과 환난을 당하는데 시련을 당할 때 좋으신 하나님이 우리들을 버리지 않기 때문에 모든 것이 합력하여 유익을 이루어서 나중에 좋게 만들어 주는 것입니다. 하나님께서 무조건 누구나 좋게 만들어 주시는 것이 아니고, 하나님께서 자신 안에 성전삼고 주인으로 계실 때 가능한 것입니다. 요셉이 형들에게 말하기를 "형들은 나에게 해를 주려고 애굽의 종으로 팔았지만 하나님은 오히려 이것을 돌이켜 선이 되게 해서 오늘날 수많은 사람을 굶주림에서 건지는 아버지 노릇을 하게 하셨다"고 했습니다. 하나님을 사랑하는 자 곧 그 뜻대로 부르심을 입은 자들에게는 모든 것이 합력하여 선을 이루느니라. 이 말은 참 맞는 말입니다. 어려운 일을 당할 때 분을 내거나 화를 내지 말고 하나님께 엎드려서 성령의 임재가운데 모든 일을 하나님께 고백하면 하나님께서 자신을 붙들어서 모든 것이 합력하여 선을 이루게 되는 것입니다. 놀라운 일이 일어나게 되는 것입니다.

바울도 분 냄을 새로운 피조물이 된 사람들이 버려야 할 죄악의 목록에 포함시키고 있는 것입니다. 에베소서 4장 31절로 32절에 "너희는 모든 악독과 노함과 분냄과 떠드는 것과 비방하는 것을 모든 악의와 함께 버리고 서로 친절하게 하며 불쌍히 여기며 서로 용서하기를 하나님이 그리스도 안에서 너희를 용서하심과 같이 하라" 하나님은 예수 그리스도 안에서 우리들을 철저히 용서해 주신 것입니다. 예수 그리스도는 영원한 하나님 아닙니까? 육신을 쓰고 영원한 하나님이 오셨는데 예수님이 우리 대신하여 재물이 되고 심판을 받았는데 영원한 예수님이 우리 위하여 심판을 받았기 때문에 영원히 심판을 받았습니다. 영원한 예수님이 우리 재물이 되어서 제사를 드렸으니까 다시는 드릴 제사가 필요 없습니다. 한 제사로써 모든 것이 다 이루어진 것입니다. 우리는 죄를 짓고 불의하고 추악하고 버림을 받아야 마땅한 존재임에도 불구하고 죄지은 그대로 못난 그대로 빈 손 든 그대로 주님께 나와서 주님을 구주로 모시면 그 보혈이 우리 보고 이 제사로써는 너는 영원히 사함을 받았다 그렇게 말하는 것입니다.

그러므로 그리스도의 구원이 얼마나 철저한지 이루 말로 다할 수 없습니다. 우리들이 주님 앞에 나와서 영원히 용서를 받아 버렸으니 다음에 용서받을 죄가 없습니다. 주님은 우리들을 영원히 용서하시고 그 다음에는 성령을 보내 주셔서 보혜사 성령이 우리 안에 거하면서 거룩하게 살게 되도록 가르쳐주시는 것입니다. 우리 예수 믿는 사람들은 하나님께서 우리를 위해서 구원의 터를 다 닦아 놓으시고 우리에게 구원을 주시는 것을 알아야 되는 것입니다.

마음의 즐거움은 양약이라도 심령의 근심은 뼈를 마르게 하느니라. 마음의 즐거움은 아주 좋은 약입니다. 요사이 저는 암에 걸려서 죽어가는 사람이 주님 안에서 기뻐하고 즐거워하고 웃고 그래서 암이 나았다는 간증을 많이 듣고 있습니다. 몸이 약한 사람은 집에서 자꾸 웃어야 됩니다. 남편은 아내를 웃기십시오. 웃기면 양약이 되는 것입니다. 아주 좋은 약을 대접하게 되는 것입니다. 야고보서 1장 19절로 20절에 "내 사랑하는 형제들아 너희가 알지니 사람마다 듣기는 속히 하고 말하기는 더디 하며 성내기도 더디 하라. 사람이 성내는 것이 하나님의 의를 이루지 못함이라" 로마서 12장 17절로 19절에 "아무에게도 악을 악으로 갚지 말고 모든 사람 앞에서 선한 일을 도모하라 할 수 있거든 너희로서는 모든 사람과 더불어 화목하라. 내 사랑하는 자들아 너희가 친히 원수를 갚지 말고 하나님의 진노하심에 맡기라 기록되었으되 원수 갚는 것이 내게 있으니 내가 갚으리라고 주께서 말씀하시니라"

하나님께서는 우리가 직접 원수 갚기를 원하지 아니하시고 원수는 주님이 갚아 줄 테니까 주님께 다 맡기라 하는 것입니다. 주님께 맡겨 놓으면 주님이 안 갚을 때가 많습니다. 주님은 우리를 불쌍히 여기기 때문에 내게 맡겨라. 내가 대신 갚아 줄 테니까 맡기라고 말씀하십니다. 예수님께 맡기라는 말은 마음에 맺힌 것을 마음 안에 주인으로 계신 예수님에게 다 이야기해서 예수님이 해결하게 하라는 말입니다.

빌립보 감옥에서 바울과 실라가 분노를 기도와 찬송으로 삭인 것을 기억해 보십시오. 그들이 빌립보에서 복음을 증거 하다가 귀신 쫓아내고 나니까 더 이상 점을 치지 못하므로 그 주인이 돈벌이가 없어져서 온 아는 사람을 다 충동해서 바울과 실라를 고소, 고발했습니다. 감옥에 갇혔는데 밤중에 그 사람들이 배도 고프고 몸에 맞은 데가 피가 흐르고 쓰라리기도 한데 불평이나 원한이나 분을 내지 않고 찬송을 불렀습니다. 둘이가 쇠고랑에 묶여 있으니까 박수는 못 치고 서로 아마 부딪치면서 찬송을 불렀습니다. 바울과 실라가 성령으로 충만한 상태에서 부르는 그 찬송소리에 빌립보 교도소가 천국이 된 것입니다. 천국에는 교도소가 없으니 하나님이 지진을 보냈습니다. 찬송소리에 맞춰서 지진으로 박자를 쳤습니다. 온 빌립보 시가 지진에 울렁거리고 죄수들이 갇혀있는 방문들이 다 열리고 차꼬가 다 풀리고 자유와 해방이 다가온 것입니다. 우리가 마음에 기쁨과 감사를 가지면 자유와 해방을 체험하게 되는 것입니다. 우리 주님의 역사에는 언제나 자유와 해방이 있습니다.

예수 믿는 사람이 그저 기독교라는 의식만 가지고 율법주의자로 살아가는 것은 기독교 신앙이 아닙니다. 예수님께서 자기 고향땅 나사렛에 돌아와서 이 세상에서 왜 왔느냐 말씀하실 때 주의 성령이 내게 임하셨으니 이는 나로 하여금 가난한 자에게 복된 소식을 전하게 하려고 기름을 부으시고 그러니 예수님은 복음을 전할 때 가난한 사람들에게 복된 소식을 전하는 것이 제일 첫째 사명입니다. 가난을 원치 않습니다. 에덴에서 주님은 아담과 하와를 위해서 얼마나 준비를 잘해 놓았는데 결국 반역하고

쫓겨났기 때문에 가시와 엉겅퀴가 나고 축복을 **빼앗겼지** 하나님
은 우리들을 아브라함의 복과 형통을 받도록 하는 것입니다.

그래서 우리 주님이 계신 곳에는 언제나 해방과 자유가 있는
데 어떤 해방이냐, 가난에서 해방인 것입니다. 가난을 생각하지
말고 생각을 언제나 부요를 생각하십시오. "아브라함의 복이 내
게 있다. 아브라함의 형통이 내게 있다." 그것을 늘 생각하십시
오. 그 다음에는 "가난한 자에게 복된 소식을 전할 뿐 아니라 포
로된 자에게는 자유를 마음에 염려, 근심, 불안, 초조, 절망, 우
울증 같이 포로된 자에게 해방을 주시는 일을 하신다. 그리고 병
든 자는 고쳐주는 것은 눌린 자를 자유하게 하신다."는 것입니
다. 마귀는 사람을 눌러서 병들게 하는 것입니다. 사도행전에 보
면 하나님께서 나사렛 예수에게 성령과 능력을 기름 붓듯 주시
며 저가 두루 다니며 착한 일을 행하시고 마귀에게 눌린 모든 자
를 고치셨으니…. 마귀가 누르니까, 병이 드는 것입니다. 마귀가
압박하고 있습니다. 그것을 주님께서 자유롭게 해주시는 것입니
다. 그리고 은혜의 해를 전파함이라. 우리가 율법을 지키므로 고
행을 하므로 구원을 받는 것이 아니라, 하나님의 은혜로, 은혜는
선물입니다. 예수님은 가난한 자에게 복된 소식을 전하시지요.
포로 된 자에게 자유를 주시지요. 눈먼 자에게 보게 해주시지요.
눌린 자에게 자유를 주시지요. 은혜의 해를 전하시지요. 우리에
게 오면 엄청나게 좋은 일을 하기 위해서 오신 것입니다. 오늘
이 시간 생명의 말씀을 들으면 생애 속에 가난 귀신이 물러가고
축복과 형통의 생각이 들어오게 될 것입니다. 그러면 "네 믿음대

로 될지어다." 하시며 이루어지게 하십니다. 그리고 성령이 오셔서 영안을 여셔서 하늘나라를 바라보게 해주시고 마음에 포로된 자, 육체에 포로된 자, 생활에 포로된 자, 자유와 해방을 얻게 되는 것입니다. 상처와 스트레스로 고난스러운 것을 주님께서는 갖고 살기를 원치 않습니다.

예수 이야기만 하면 해방과 자유입니다. 눈에 보이지 않는 원수 마귀에게 해방과 마귀가 가져온 모든 고통에서 자유를 얻게 되니 그 기쁨은 말로 다할 수 없습니다. 그런데 항상 알아야 될 것은 마음에서 먼저 일어난 일이 밖에서 일어나는 것입니다. 예수님의 십자가 보혈로 죄 사함을 받은 것을 마음속에 확실히 알아야 죄에서 이길 수 있는 것입니다.

허물에서 씻음 받은 것을 담대하게 믿을 때 성결한 사람이 되는 것입니다. 저가 채찍에 맞음으로 나음을 입었느니라, 마음속에 생각이 병에서 놓여남을 받은 생각을 하게 되면 바깥에 체험의 치료가 다가오게 되는 것입니다. 마음속에서 내가 축복을 받아서 형통하고 아브라함의 부요함이 들어온 것을 능력으로 믿으면 환경에서 그런 일이 일어나게 되는 것입니다. 마음으로 천국 고향이 가득하고 죽음이 겁나지 않는 사람은 죽으면 낙원에 가는 것입니다. 해가 지기 전에 분을 풀면서 사는 습관을 들이시기를 바랍니다. "분을 내어도 죄를 짓지 말며 해가 지도록 분을 품지 말고, 마귀에게 틈을 주지 말라(엡 4:26-27)"란 이렇게 이해하시면 쉽습니다. 크리스천이 악함이 판을 치는 세상에서 살아가는 것이 스트레스입니다. 이 스트레스를 잠자기 전에 마음으로 하나님을 찾으면서 기도하면 5차원의 초자연적인 영적인 상태가 되는 것입니다. 영적인 상태에서 생각나는 일들을 영상으로 보면서 회개하고 용서하는 것입니다. 회개하고 용서하지 않아도 5차원의 초자연적인 상태가 됨으로 세상에서 받은 스트레스난 상처가 밖으로 밀려나가면서 정화되는 것입니다. 절대로 말로 머리로 해서는 스트레스나 상처가 정화되지 않습니다. 반드시 성령의 임재가운데 스트레스나 상처가 정화되는 것입니다. 그렇기 때문에 성령으로 세례 받고 성령으로 충만한 믿음생활이 되어야 해가 지기 전에 분을 풀면서 살수가 있는 것입니다. 전적으로 성령께서 분을 풀도록 하시기 때문입니다.

해가 지기 전에 분을 푸는 방법은 사람과 관계에 얽혔으면 성령의 임재가운데 영상으로 그리면서 화해하십시오. 마음에 상처를 받았다면 침소에 들어가 기도하세요. 호흡을 들이쉬고 내쉬면서 기도하십시오. 이렇게 하면 됩니다. 배꼽아래에 의식을 두고 "호흡을 들이쉬면서 예수님! 내쉬면서 도와주세요." "다시 호흡을 들이쉬면서 예수님! 내쉬면서 사랑합니다." 이렇게 지속적으로 하다가 보면 성령의 깊은 임재가운데 들어가게 됩니다. 임재가운데 들어가 스트레스와 상처받는 현장을 보면서 풀어냅니다. 그러다가 자기도 모르는 순간에 깊은 잠에 들어가는 것입니다. 이렇게 매일 깊은 영의기도를 습관적으로 하면 주간동안 마음에 쌓인 스트레스와 상처가 마음 안에 집을 짓지 못하게 됩니다. 본인의 의지와 노력과 습관이 되어야 합니다.

29장 영적검진 받고 배출하며 순간치유

(요삼 1:2)"사랑하는 자여 네 영혼이 잘됨 같이 네가
범사에 잘되고 강건하기를 내가 간구하노라"

하나님은 예수를 믿고 성령으로 거듭난 크리스천들이 영육으로 건강한 삶을 살아가기를 소원하십니다. 건강하게 살기 위해서 주기적으로 건강진단을 받아야 하는 것처럼, 건강한 영적 삶을 살기 위해서는 주기적으로 영적 진단을 받을 필요가 있습니다. 필자는 주기적인 영적진단을 아주 많이 강조합니다. 예방신앙이 되어야 하기 때문입니다. 몸속의 독소가 쌓이지 않게 하기 위해서입니다. 성령의 역사가 강한 장소에 가서 자신의 영적인 상태를 주기적으로 진단하는 것입니다.

암은 조기에 진단하면 100% 치유가 되지만, 검진을 하지 않으면 말기가 될 때까지 우리 몸은 암을 느끼지 못합니다. 그래서 의사들이 하는 말이 암을 발견하는 것은 주기적인 검진 밖에 없습니다. 라고 합니다. 영적인 병도 이렇습니다. 병의 바이러스인 마귀나 귀신이 들어왔는데도 우리의 몸이 느끼지 못하는 경우가 많습니다. 영은 신호를 보내는데도 무지해서 그 신호를 놓치는 경우가 많습니다. 그러므로 주기적으로 자신의 영적인 상태를 점검할 필요가 있습니다. 주기적인 영적 상태 점검은 무엇보다 중요합니다. 세대에 역사하는 영적인 존재들은 태중에서 들어옵니다. 이것들이 평소에는 잠복하여 있다가 스트레스를 받고

몸속에 독소가 쌓여서 취약한 시기가 되면 고개를 들고 일어나 우울정신영적인 문제를 일으키는 것입니다. 이를 예방하기 위하여 주기적인 영적 검진이 필요한 것입니다. 저는 평소에 이렇게 말합니다. 예수를 믿고 교회에 들어오면 먼저 성령으로 세례를 받아야 합니다. 성령으로 세례를 받은 다음에 말씀과 성령으로 내면의 상처를 치유하는 것입니다. 상처를 치유 받으면서 병행하여 자아를 십자가에 매다는 것입니다. 우울정신영적인 문제을 일으키는 몸속의 독소를 녹여서 배출하는 것입니다. 성령의 역사가 자신 안에서 일어나면 성령께서 몸속의 독소를 배출하십니다. 어려울 것이 없습니다. 문제는 자신이 다니는 교회에 성령의 역사가 일어나느냐 일어나지 않느냐가 문제입니다. 성령의 역사가 일어나면 성령께서 몸속의 독소를 배출하십니다. 성령님은 우리 개인의 심령의사로 오셔서 주인으로 계시기 때문입니다. 자신의 마음 안에서 성령의 역사만 일어나면 몸속의 독소는 녹아지고 배출이 됩니다. 성령께서 성도들의 몸속에 독소가 쌓이는 것을 불허하기 때문입니다.

교회에 나와서 예배드리면서 자신의 영적 상태를 진단받는 것입니다. 자신이 마음만 열면 성령께서 하십니다. 물로 처음 성령을 체험하는 분은 거북스러울 수가 있습니다. 초자연적인 성령님이 자신을 지배하고 장악할 때 일시적으로 일어나는 현상입니다. 이는 누구나 필연적으로 체험하는 것입니다. 자신이 영이시고 권능이신 하나님께서 지배하고 다스리게 됨으로 일어나는 현상입니다. 이런 살아계신 초자연적인 성령의 역사가 일어나야 몸속의 독소가 녹아지고 배출되는 것입니다.

교회에 나와서 졸기나 하고 예배드리지 않으면 문제가 생길지도 모르기 때문에 의무로 생각하고 예배에 참석하면 안 됩니다. 교회에 나와서 예배를 드리는 것은 담임목회자에게 얼굴 도장 찍기 위해서 교회에 나오면 안 됩니다. 이런 의식을 가지고 있으면 예배시간에 졸음이 오고 졸다가 예배 끝내는 것입니다. 예배는 자신을 살리는 것입니다. 자신을 위하여 드리는 것입니다. 예배를 통하여 모든 것이 이루어집니다. 마음을 열고 영과 진리로 예배를 드리면서 잠자는 영혼을 깨우기도 합니다. 설교 말씀을 들으면서 영이 자립니다. 기도하면서 몸속의 독소를 녹이기도 하고 배출하기도 합니다. 기도하면서 영적진단을 받는 것입니다. 예배는 참으로 중요한 시간입니다.

그래서 교회는 참으로 중요한 곳입니다. 교회를 잘 찾아가야 합니다. 교회마다 성령의 나타남이 각각 다르기 때문입니다. 이유는 무엇입니까? 그것은 한마디로 교회의 담임목회자가 추구하는 방향에 따라 성령의 역사가 다르게 나타나는 것입니다. 많은 성도들이 성령의 다양한 은사들을 사모함에도 불구하고 자신의 교회 안에서는 잘 일어나지 않는데, 기도원이나 치유센터나 부흥회와 같은 특별한 성격의 집회에서 잘 일어나는 까닭이 무엇인지 궁금해 하는 분들이 많을 것입니다. 그토록 사모했고 기도도 많이 했는데 혼자 할 때나 교회 안의 집회에서는 전혀 받을 수 없던 은사가 특별한 모임에서는 흔히 나타나는 것을 누구나 알고 있을 것입니다.

그래서 은사를 사모하는 사람들은 그런 집회를 찾아가게 되는 것입니다. 오랜 신앙생활을 했음에도 불구하고 방언조차 하지 못하던 목회자들이 특별한 집회에 참석했다가 뜻하지 않게 방언을 받는 경우가 흔히 있습니다. 우리가 알아야 할 것은 혼자 기도하여 방언의 은사조차 받기가 쉽지 않습니다. 어쨌든 교회 안에서 열리는 모임에서는 그토록 사모하건만 잘 되지 않던 영적 경험이 영성집회에서는 쉽게 경험할 수 있는데, 은혜를 경험하고 다시 교회로 돌아오면 얼마 가지 못해서 다시 냉랭해지는 것입니다. 일종의 영적 '요요현상'인 것입니다. 이는 자기 교회에서는 영성집회와 같은 성령의 역사가 일어나지 않기 때문에 나타나는 현상입니다. 사람은 육이 있기 때문에 항상 성령으로 충만한 곳에서 말씀을 듣고 기도하지 않으면 육으로 돌아가기가 쉬운 것입니다. 목회자들도 자신의 교회 안에서 뜨거운 성령의 역사가 일어나기를 간절히 사모함에도 불구하고 좀처럼 역사가 일어나지 않기 때문에 갈등이 심합니다.

이런 영적 경험이 교회 안에서 나타나지 않는 이유는 개 교회마다 다를 수 있겠으나 원칙적으로 성령의 역사를 사모하느냐 아니냐에 따라서 성령께서 역사하시고 나타나는 것입니다. 현대 교회는 보수성이 강한 편이고 다양한 영적 현상들을 적절히 다룰 수 있는 수준에 이르지 못한 것이 가장 큰 이유입니다. 그렇기에 성령께서 사모하지 않고 관심을 두지 않는 보수적인 교회 안에서 강력하게 역사할 수 없는 것입니다. 성령님은 인격이시기 때문에 관심을 가지고 사모하고 받아들일 때 역사하십니다.

앞에서도 말씀드렸지만 목회자의 영성과 추구하는 목회방향에 따라 성령의 역사가 다른 것입니다. 목회자가 성령의 역사를 사모하고 관심을 가지고 목회하면 나타나지 않을 수가 없는 것입니다. 성령은 성령의 사람을 통하여 나타나기 때문입니다.

목회자로부터 성도에 이르기까지 신령한 은사에 관한 이해가 부족한 현실에서 교회 안에서 성령의 역사가 광범위하게 일어나게 되면 고린도교회와 같은 오류를 범할 수 있습니다. 교회 안에는 성숙한 성도와 미숙한 성도가 섞여 있을 뿐만 아니라 다양한 형태의 믿음을 소유한 사람들이 모여 있습니다. 목회자가 성도들의 수준을 어느 정도 높여서 그 차이를 좁혀놓아야 할 뿐만 아니라 성향도 일정한 형태로 변화시켜주어야 합니다. 그런데 목회자가 성령의 역사와 은사에 대하여 박식하지 못해서 성령의 깊은 것까지 이해하지 못한 연고입니다. 그래서 목회자가 성령과 은사에 대하여 알고 체험하고 이해하는 수준에서 성령의 역사가 일어나는 것입니다.

목회자가 큰 은사가 있는 경우에 그 교회에 모이는 성도들은 그와 같은 은사를 사모하는 사람들이 대부분입니다. 우리 충만한 교회의 경우가 그러한데, 성령의 세례와 내적치유, 몸속의 독소를 배출하는 일, 성령의 은사를 비롯해서 그 밖의 은사를 사모하는 사람들이 모입니다. 경건하고 거룩한 예배를 지향하는 사람들은 우리 충만한 교회에 오지 않습니다. 일정한 성향을 지닌 사람들이 모이는 교회에서는 성령은 역사할 수 있는 바탕이 마련되기 때문에 강하게 역사가 일어나는 것입니다. 우리 충만한 교회의 경우 주일 예배에도 성령의 강한 역사가 일어납니다. 충만한 교회에 오시는 분들이 성령의 역사를 사모하고 예배에 참석하기 때문입니다. 예배에 참석한 모든 사람들이 성령을 체험하고 영육을 치유하며, 귀신을 떠나보내고 몸속의 독소가 배출됩니다. 정말 대단한 성령의 역사가 일어납니다.

성령의 은혜를 경험하게 되면 자신도 모르게 고린도 교인들과 같은 생각을 하게 됩니다. 대체로 감성적인 사람은 지성이 딸리는 법이기에 제 멋대로 생각하고 판단하는 경향이 강합니다. 즉 은혜를 받는 사람은 하나님이 더 사랑하고, 그렇지 못한 사람은 바리세인들처럼 형식적인 신앙생활을 하거나 아니면 죄가 있을 것이라는 생각을 하게 됩니다. 따라서 교회가 은혜 받은 사람들과 받지 못한 사람들로 나뉠 가능성이 많습니다. 이것은 바람직하지 못할 뿐만 아니라 위험하기까지 합니다. 이러한 현상을 담임 목회자가 하나로 만들어야 합니다. 하나를 만드는 제일 좋은 수단이 말씀과 성령의 역사입니다. 목회자가 성령의 강력한 역사가 모든 성도들을 장악하여 뜨겁게 기도하게 해야 합니다.

그 다음 이유는 교회 안의 영적 분위기에 기인합니다. 성령의 역사는 다양한 영적 주체들의 작용에 의해서 일어납니다. 즉 수많은 천사들이 주의 명령에 따라서 역사를 수행하게 되는데, 기도원이나 치유센터와 같은 장소는 그곳에 이미 성령으로부터 보내심을 받은 일정한 기능을 담당하는 천사들이 있습니다. 이들은 기도원이나 치유센터의 전임 사역자에게 부여된 직임과 연관되어 있기 때문에 보다 더 강력하게 역사하게 됩니다.

기도원이나 치유센터의 사역자는 자신에게 이미 주어진 은사를 통해서 능력을 행하게 되지만 교회는 그렇지 못합니다. 교회는 능력을 행하는 것이 우선이 아니라 가르치고 양육하는 것이 우선이기 때문에 그 속성이 다를 수밖에 없습니다. 치유센터와 기도원은 능력을 행하는 천사들이 많은 반면 교회는 지혜의 영들이 많은 것입니다. 따라서 보편적인 교회 안에서는 능력 행하는 역사가 일어나지 않는 것입니다.

목회자들의 수준을 높여야 교회마다 강력한 성령의 역사가 일어날 것입니다. 성도들 역시 성령의 역사와 지배와 장악과 인도를 사모해야 합니다. 안타까운 일이지만 개인적 영적 경험은 경험으로만 머무는 수준에 그치고 있습니다. 경험으로부터 출발해서 그 다음 주께 헌신하되 어떤 방향으로 헌신할 것인지 그리고 그런 경험이 자신을 새로운 출발점에 서게 하고, 주신 은사와 능력으로 어떤 위치에서 섬김으로 나갈 것인지를 고민하면서 풀어나가야 합니다. 그런 구조가 아직 교회 안에는 제대로 되어 있지 않기 때문에 교회 안에서의 성령의 나타나심은 아직은 소극적일 수밖에 없는 것입니다.

성령의 역사하심은 이미 설명한 것이지만 영적 분위기가 무척 중요합니다. 성령은 모성성이기 때문에 분위기를 무척 타는 분입니다. 즉 여성은 분위기를 좋아하는 것처럼, 성령의 역사는 반드시 영적 분위기가 되어야 합니다. 그런데 개인이나 교회는 남성적인 사고구조로 오랫동안 내려왔기 때문에 분위기에 어색합니다. 무뚝뚝한 남자들처럼 삭막한 것이 우리 교회 현실이 아닙니까? 분위기를 잘 타는 여성들에게 숨이 막힐 지경입니다. 그러니 성령 또한 숨이 막히는 것입니다. 그러니까 영적인 것을 아는 성도들은 이곳저곳을 돌아다니면서 부족한 영성을 채우려고 하는 것입니다.

청춘 남녀가 사랑을 고백하기 위해서는 분위가 좋은 장소로 가야 합니다. 그리고 그윽한 조명 아래에서 사랑을 고백한다면 성공할 것입니다. 그런데 이런 분위기를 모르고 시장 한 복판 분식점에서 고백한다면 뺨을 맞을 것입니다. 성경의 아가서가 무엇을 의미하는 줄 아시지 않습니까? 하나님과 사랑의 고백이 아닙니까? 우리는 그런 그윽한 분위기를 좋아하시는 성령님의 취향을 이해해야 합니다.

교회는 그윽한 분위기를 잡기에는 다소 모자라는 곳입니다. 그렇기 때문에 분위기를 바꿀 필요가 있습니다. 목회자부터 고답적이고 권위적인 분위기에서 벗어나야 합니다. 목회자가 성령으로 변화되어야 합니다. 그래야 교회 전체에 흐르는 영적 분위기가 바뀌게 됩니다. 목회자가 변하지 않으면 절대로 교회가 성령으로 충만 할 수가 없습니다. 교회는 목회자의 영적 성향으로 인해서 성도들이 자신도 모르게 솔타이(영의얽힘)가 되어 있습니다. 이것이 성령의 역사를 가로막는 중요한 장애가 되기도 합니다.

자신이 다니는 교회 안에서는 부흥회 때 단회적으로 밖에 일어날 수 없는 성령의 역사가 교회 밖, 치유센터나 기도원 등 다른 곳에서는 흔히 일어나는 것을 조금 이해가 되었을 것입니다.

성령의 역사하심이 얼마나 신앙생활에 중요한 것인지는 말하지 않아도 잘 알 것입니다. 결혼한 사람은 정서적으로 안정을 갖는 까닭은 사랑하는 사람이 있기 때문입니다. 그 가족의 사랑이 힘들고 어려운 세상을 이기게 하고 인간다운 삶을 살게 해줍니다. 그러나 가족을 이루지 못한 사람은 자신들은 잘 몰라도 어딘가 부족함을 주변 사람들은 느낍니다. 주님의 사랑은 성령을 통해서 경험하게 됩니다. 그 사랑이 날마다 확인되고 넘쳐 난다면 영적 삶은 분명히 다르게 될 것입니다. 영적 경험은 혼자 하기란 쉽지 않습니다. 그래서 경건한 사람들이 여럿이 모여서 기도회를 한다면 보다 쉽게 경험하게 될 것입니다.

성령의 역사는 장작불의 원리입니다. 성령으로 충만한 성도들이 모인 장소에 성령의 역사가 강하게 나타나는 것입니다. 성령은 자신 안에 계십니다. 그리고 우리 안에 계십니다. 성령의 임재 하에 전하는 말씀 안에 성령님이 계십니다. 그러므로 성령으로 충만한 사람들이 모인 장소에 성령이 강하게 역사하는 것입니다. 일반 교회에서 영적현상이 나타나는 것이 미약한 것은 성령의 역사를 거부하는 사람들이 있기 때문에 영적 현상이 약하게 일어나는 것입니다. 이는 마가복음 6장 4-5절을 보면 알 수가 있습니다. "예수께서 그들에게 이르시되 선지자가 자기 고향과 자기 친척과 자기 집 외에서는 존경을 받지 못함이 없느니라 하시며, 거기서는 아무 권능도 행하실 수 없어 다만 소수의 병자에게 안수하여 고치실뿐이었고" 알고 대비하시어 항상 성령의 영적현상이 일어나는 교회가 되도록 하기를 바랍니다. 이를 위하여 담임 목회자부터 성령의 역사의 중요성을 깨닫고 성령의 지배와 장악이 되고 성령의 인도를 받는 사람으로 변해야 할 것입니다. 목회자가 변하지 않고는 절대로 교회에서 성령의 역사가 일어날 수가 없습니다. 그래서 담임 목회자의 추구하는 목회 방향과 영성이 중요한 것입니다. 성령의 역사를 예배마다 체험하고 싶은 분은 우리 교회에 성령의 역사가 일어나지 않는 다고 불평하지 말고, 그런 성향의 교회를 선택하여 믿음 생활을 하면 쉽게 해결이 될 것입니다.

교회에 나와서 예배를 드리면서 성령의 역사로 몸속에 쌓인 독소를 녹이고 배출하며 혈통에 대물림되는 악한 영을 축귀하는 것입니다. 그리하여 영적체질을 만드는 것입니다. 이는 어려서부터 적용해야 되는 것입니다. 세대에 역사하는 악한 영을 성령의 역사로 들어내어 미리 축귀하는 것입니다. 그래서 저는 우리 충만한 교회에 다니고 있는 성도들의 자녀를 매주 안수를 해서 영적으로 맑은 상태를 유지하게 합니다. 이렇게 주기적으로 안수를 받으니 영적으로 깨끗해지는 것은 물론이고 육적으로도 건강하게 지냅니다.

기존 성도들은 주일날 영적점검을 받는 것입니다. 성령의 역사가 강하게 나타나니 세대에 대물림 되던 악한 영이 더 이상 숨어있지 못하고 정체를 폭로하는 것입니다. 폭로되어 떠나가게 하고 매 주일 성령의 역사를 체험하며 영적 상태를 유지하는 것입니다. 저는 항상 이렇게 말합니다. 성도들은 주일날이 아주 중요하다고 말입니다. 요즈음 세상 살아가는 것이 힘이 들어 주일 하루 밖에 교회를 나오지 못하는 분들이 많습니다. 이 중요한 주일을 성령으로 충만하게 예배를 드려서 영성을 유지하는 것입니다.

이렇게 신앙생활을 하지 못하니 세대에 역사하던 악한 영들이 예수를 믿어도 꼼짝하지 않고 숨어 있다가 영육으로 취약한 시기에 고개를 들고 나와 문제를 일으키는 것입니다. 제가 지금까지 성령치유 사역을 하면서 체험한 바로는 세대에 역사하던 악한 영이 장로가 된 다음에도 영육으로 이해 못하는 고통을 가하는 것입니다.

우리 충만한 교회 성령치유 집회와 주일 예배에 참석하여 성령의 강한 역사를 체험하고 자신 안에 도사리고 있던 중풍의 영들이 정체를 폭로하여 떠나보낸 분들이 부지기수입니다. 또 무속의 영들이 숨어 있다가 정체를 폭로하여 떠나보낸 성도 목회자가 많습니다. 이는 현재 진행형입니다. 지금도 역사가 일어난다는 것입니다. 오늘도 일어날 것입니다. 이렇게 사전에 성령의 역사로 정체를 폭로하여 떠나보내지 않고 취약한 시기에 드러나서 고통을 당하다가 찾아오는 분들 또한 부지기수입니다.

고통을 당하다가 이렇게 해도 안 되고, 저렇게 해도 안 되니, 할 수 없이 저희 교회 같은 곳에 치유를 받는 것입니다. 그런데 때는 이미 늦은 것입니다. 이미 정체를 드러냈기 때문에 치유하려면 시간이 많이 걸리는 것입니다. 세대에 역사하는 악한 영은 태중에서 침입을 합니다. 침입하여 정체를 드러내는 시기는 두 가지가 있습니다. 첫째로 성령의 역사에 의하여 정체를 드러냅니다. 이것이 제일로 좋은 현상입니다. 두 번째는 여러 가지 상황이 좋지 못하여 스트레스를 당하여 영육으로 취약한 시기에 드러내는 것입니다. 이 상황이 제일로 나쁜 것입니다. 이런 취약한 시기에 드러나는 것을 방지하기 위하여 주기적인 영적 점검을 하여 악한 영들을 드러내는 것입니다. 그래서 성도는 교회를 잘 정해야 합니다. 그리고 주일을 효과적으로 보내면서 주기적인 영적 점감을 받아야 합니다. 많은 성도들이 이렇게 주기적인 영적 점검을 받지 않음으로 인하여 불필요한 고통을 당하고 있습니다.

어떤 분은 목사가 된 다음에 악한 영들이 드러나 고생을 합니다. 어떤 분은 안수 집사가 된 다음에 악한 영이 드러나 말로 표현 못하는 고통을 당하기도 합니다. 저는 하나님의 은혜로 성령 치유 사역을 하고 있습니다. 사역을 하다가 보면 영적으로 무지하여 예수를 잘 믿으면서 불필요한 고통을 당하면서 사는 분들을 볼 때 참으로 안타깝기 짝이 없습니다.

참으로 안타까운 일입니다. 필자는 참으로 안타까운 전화를 많이 받습니다. 목사님! 저희 어머니는 젊었을 때 노방전도도 열심히 하셨고, 교회에서 기도도 봉사도 열심히 하셨습니다. 그런데 갱년기에 들어서니 점점 영적인 상태가 좋지 못하시다가 지금 치매가 와서 요양원에 계십니다. 목사님! 저의 어머니를 치유할 수 있을 까요? 다른 사정은 우리 딸이 어려서부터 믿음이 좋아서 교회를 그렇게 잘 다녔습니다. 그런데 고등학교에 들어가더니 시름시름 아프다가 지금 영적이고 정신적인 문제가 발생하여 학교를 다니지 못합니다. 어찌해야 하겠습니까? 모두가 정기적인 영적검진을 받지 않아생긴 일입니다. 영적검진을 받았으면 사전에 예방이 가능한 질병입니다. 예방신앙이 정말로 중요합니다.

기독교 신앙은 예방 신앙입니다. 주기적인 영적검진이 필요한 것입니다. 다시 한 번 강조합니다. 우상 숭배가 혈통에 대물림되는 성도는 반드시 들어납니다. 어떤 사람은 17세에 발생합니다. 어떤 사람은 20세에 발생합니다. 어떤 분은 26세에 발생하기도 합니다. 어떤 분은 34세에 발생할 수도 있습니다. 어떤 분은 43세에 발생할 수도 있습니다. 드러나는 시기는 스트레스를 받고, 충격을 받다가 독소로 변하여 혼이 감당하지 못할 때 정체를 드러냅니다. 거의 태중에서 들어온 존재들이 영혼육의 상태가 정상일 때는 숨어있다고 상황이 악화되면 정체를 폭로하는 것입니다. 대략 이런 증상이 발생하는 사람의 유형을 보니 집안에 우상의 숭배가 심한 집안의 내력이 있는 가문에서 발생을 합니다. 그리고 태중에서나 유아시절에 상처를 많이 발생한 분들이 많이 발생이 됩니다. 대개 심장이 약하여 잘 발생합니다. 그러므로 제가 강조하는 것과 같이 불같은 성령을 체험하고 내적치유를 미리 받아야 합니다. 그러면 성령의 임재로 사전에 상처가 드러나서 치유가 됩니다. 정기적인 영적 진단이 아주 중요합니다.

그리고 병이 들었을 때 주변에서 안다고 해서 그 사람이 고치지 못하듯이 영적 질환도 같은 이치입니다. 병이 들면 전문의의 도움이 필요하듯이 영적 질병 역시 전문 사역자의 도움이 필요한 것입니다. 목회자는 부분적으로 고칠 수는 있습니다. 그러나 전문가가 접근하는 방식과는 다릅니다. 전문가는 총체적으로 접근하며 병의 뿌리를 제거합니다. 그래서 전문가가 있는 것입니다. 영적 진단은 주기적으로 받아볼 필요가 있습니다. 병의 근원을 조기에 발견하면 치유가 쉽습니다. 그러나 그 시기를 잃게 되면 거의 치유가 되지 않습니다. 치유가 된다하더라도 시간과 노력이 많이 듭니다. 조기 검진 이것이야말로 효과적인 치유의 지름길입니다.

주기적인 영적진단을 하여 영육의 문제가 발생하기 전에 치유를 받는 것입니다. 그러면 불필요한 고생을 방지 할 수가 있습니다. 저는 군에서 지휘관을 했습니다. 군대는 정말로 예방활동이 중요한 곳입니다. 그런데 목사가 되어 영적인 면을 깨닫고 보니 교회가 예방 신앙을 철저하게 해야 한다는 것입니다. 그런데 일부 성도들이나 성도들이 예방신앙을 잘 이해하지 못합니다. 그래서 방심하고 지내다가 영육의 문제가 발생한 다음에 해결을 하려고 하니 힘이 듭니다. 우리 주기적으로 영적인 진단을 받아 예방 신앙을 생활화 합시다. 그래서 귀중한 생명과 재산을 보호합시다. 영육의 문제가 발생한 다음에 불 필요한 곳에 에너지를 투자하지 말고 예방하여 시간과 물질을 절약하여 하나님의 나라에 투자합시다.

이 책을 통해 예수님이 땅끝까지 전파 되기를 소원합니다.
(출판으로 인한 이익금은 문서선교와 개척교회 선교에 사용합니다.)

우울증 순간치유

발 행 일 1 2017. 9. 13초판 1쇄 발행

지 은 이 1 강요셉

펴 낸 이 1 강무신

편집담당 1 강무신

디 자 인 1 강요셉

교정담당 1 강무신

펴 낸 곳 1 도서출판 성령

신고번호 1 제22-3134호(2007.5.25)

등록번호 1 114-90-70539

주   소 1 서울 서초구 방배천로 4안길 20(방배동)

전   화 1 02)3474-0675/ 3472-0191

E-mail 1 kangms113@hanmail.net

유   통 1 하늘유통. 031)947-7777

ISBN 1 978-89-97999-62-0 부가기호 1 03230

가   격 1 16,000원